★ 연설을 빛내는 ★

世界 스피치 명언·명구

강 태 정 엮음

일신서적출판사

머 리 말

스피치는 어려운 것이다. 스커트와 스피치는 짧을수록 좋다고는 하지만, 형식적인 퉁명스러운 말로 어서 책임량을 끝내야겠다는 의식이 드러나 보이게 해서는 안 되며, 그렇다고 지루하게 장광설을 늘어놓는 것도 듣는 사람의 입장이 되면 견디기 힘든 노릇이 아닐 수 없다.

따라서, 스피치는 무엇보다도 그 내용이 중요하다. 기승전결(起承轉結)에 신축성이 있고, 자신이 무엇을 말하고 싶어한다는 논지가 분명해야 한다. 그렇지만 지금껏 수많은 스피치를 들어왔어도 '이것이다'고 할 만한 스피치에는 접할 기회가 많지 않았다.

한편 동서 고금의 이름난 스피치란 걸 분석해 보면, 연설자의 강렬한 정신이 단적인 말로써 표현되어 있음을 알 수 있다.

예컨대, 링컨 대통령의 "국민의, 국민에 의한, 국민을 위한 정치"나 케네디 대통령의 "국민은, 국가가 나를 위해 무엇을 해 줄 수 있느냐가 아니라, 자신들이 국가를 위해 무엇을 할 수 있는가를 생각해 주기 바란다"고 호소한 연설 등은 이미 그것만으로도 무엇을 주장하고 호소하고 있는지를 잘 알 수 있다.

대체로, 국가적인 위기를 극복한 지도자들의 스피치에는 역사에 남는 명문구(名文句)가 많은데, 어떤 의미에서는 이러한 스피치가 역사를 바꾸고 창출(創出)했다고도 할 수 있을 것이다.

스피치에 능하다는 말을 듣는 사람은, 스피치의 구성이나 내용은 말할 것 없고, 반짝 빛나는 쇼트 센텐스(Short sentence)를 교묘하게 구사할 수 있는 사람이다.

명구(名句)를 손수 창작하지 못할 경우에는 동서 고금의 금언 명구 및 소설이나 시(詩), 또는 연극의 대사 등을 능숙하게 '인용(引用)'함으로써, 자기의 스피치를 고조시키기도 하고 인상깊게 할 수도 있다.

본서는, 스피치를 보다 인상깊게 하고 효과를 더해 줄 수 있도록 하기 위해, 동서 고금의 명구의 일부를 발췌하고 그 출전(出典), 의미, 배경 등을 곁들여 해설함으로써 스피치에 인용하고 활용할 수 있도록 하였다.

아무쪼록 본서가 스피치로 고민하는 독자에게 있어서, 무엇인가 힌트를 제공할 수 있기를 바라는 마음이다.

엮은이

제2장　동서 고금의 명연설 모음 ─────────────── 335

제 1 장

스피치를 위한
금언 명구 및 격언 모음

가난은 수치가 아니다. 그렇지만 명예(名譽)라고도 생각지 말라

★ 유태의 속담.

불교나 그리스도교적인 사고 방식의 세계에 사는 사람에게는 허를 찔린 것 같은 생각이 들기도 할 것이다. 청빈(淸貧)을 칭송하는 말에 한국인은 자위해 왔던 것은 아닐까? 유태인의 세계에는 청빈이라는 관념이 없다고 한다. 금전에 대한 그들의 사고 방식은 돈에 얽힌 다른 격언에서도 찾아볼 수 있다.

* 금전은 기회를 제공한다.
* 돌 같은 마음은 황금의 망치로 열 수 있다. 그렇지만, 금전이 만능이라고는 생각하지 않는다.
* 돈은 인간에 대하여 의복이 인간에게 주는 의미 외에는 주지 못한다.(돈 자체가 인간의 본질을 바꿀 수는 없다.)
* 가난한 사람이니 옳고, 부자이기 때문에 옳지 못하다고는 할 수 없다.

이상에서 유태인은 금전으로부터 생기는 효용과 한계를 잘 알고 있었음을 알 수 있다.

☆ 세상에서의 95퍼센트는 금전으로 해결할 수 있다. 그렇지만, 돈만으로 해결할 수 없는 일이 있는 것도 사실이다. 우리는 지금까지 나머지 5퍼센트 쪽에 너무 중점을 두었던 것 같다. 95퍼센트의 것을 해결할 수 있는 돈에 관해 선악을 빼고 생각하는 습관도, 앞으로 세계의 여러 나라 사람과 사귀게 될 때에는 필요한 일일 것이다.

가르치는 것은 두 번 배우는 일이다

★ 18세기 후반에서 19세기 초에 걸쳐 깊은 사색에 의한 숱한 수상집(隨想集)을 낸 프랑스의 모럴리스트, 조제프 주벨의 말.

남에게 사물을 가르치려면 우선 자기 자신이 그 사물을 충분히 이해하고 있지 않으면 안 된다. 조금이라도 이해가 안 되는 부분이 있다면 다시 한 번 공부를 하는 등, 그에 상응한 준비가 필요하다.

또, 가르치는 상대에게서도 배운다는 겸허한 마음을 잊어서는 안 된다. 즉, 남에게 사물을 가르친다는 것은 곧 자기의 공부도 된다는 뜻이다. 고대 중국의 『예기(하권)』에도 "가르치는 것은 배우는 게 반이다."라고, 가르치는 자의 자기 수양이 중요하다는 것을 훈계하고 있다.

☆ 교육자나 트레이너 등 남에게 가르치는 입장에 있는 자 모두가 조심해야 할 말이다. 또, 판매에 종사하는 지의 접객 때의 마음가짐으로서도 인용할 수 있는 말이다.

물건을 팔 때 손님에게 상품 지식을 일방적으로 떠맡기며 팔려고 하는 판매원이 있다. 그렇지만 물품이 충족되고 가치관도 다양화한 작금에는, "권하기"보다도 우선 손님의 말을 "듣는다"는 자세가 중요하다

상품 지식이라는 것은, 손님에게 가르치는 것과 동시에 손님으로부터 "듣는" 것으로 다시 배워야 하는 것이다. 솜씨 있는 판매원은 그렇게 해서 손님의 생활 방식이나 기호성 등의 정보를 입수하면서, 상품 지식을 보다 확실한 것이 되게 한다.

【비슷한 말】남을 가르치는 것은 자기 자신을 가르치는 일이다.

가슴 속에 이미 반점(半點)의 물욕(物欲)이 없다면, 이미 눈이 노염(爐焰)에 꺼지고 얼음이 태양에 녹는 것과 같다

★ 이 구절에 이어 "눈앞에 만약 일단(一段)의 공명(空明)이 있으면, 그때에 달은 청천에 있고 그림자는 물결에 있음을 본다."고 되어 있다. 『채근담(菜根譚)』의 한 구절.

마음속에 한 조각의 물욕도 없으면 온갖 근심이 없다. 모든 집착심은 난로의 불에 녹는 눈처럼, 또 얼음이 햇빛을 받아 녹듯이 꺼져 버린다. 사물을 보는 눈이 물욕에 의해 흐려지지 않고 분명하게 있으면, 달이 하늘에 걸리고 그 그림자가 물결에 비쳐진 것을 보듯 이 세상의 일을 순수하고 올바르게 볼 수 있다. 결국 물욕이 없으면 정신이 안정되고 사물을 통찰할 수 있다는 뜻이다.

물욕이 모든 번뇌의 근원이라고 설명하는 말은 많지만, 이 구절은 그 중에서도 특히 산뜻하고 아름답다.

☆ 만약 물욕이나 집착심이 없다면 과연 이 세상을 살아갈 수 있을까? 물욕이나 집착심은 살기 위한 원동력이다. 그렇지만 그 원동력이 미망이나 번뇌의 근원이 되어 우리를 괴롭히고 있는 것이다. 그것이 강하면 강할수록 미망이나 번뇌가 많고, 약하면 약할수록 적어진다는 사실도 잘 알고 있다.

그렇지만 누구나 미망과 번뇌로 괴로와하고 있을 때는 그 일로 머리가 꽉 차서, 근원인 물욕이나 집착심을 줄여야 하는 것을 미처 깨닫지 못한다.

가장 간단한 대답은 실행이다

★ 영국의 속담.

알고 있어도 실행하기란 좀처럼 쉽지 않다. 무엇인가를 시키면 "어째서 나에게 시키느냐?", "그럴 경우의 보수는 어떻게 되느냐?", "만약에 실패하면 누가 책임을 지느냐?"는 등, 되묻고 싶어지는 것이 일반적이다.

비지니스 사회에서는 상급자의 명령은 군대처럼 절대적이기는 하지만 군대와 다른 점은 질문이 허용되는 점이다. 그렇지만 이러한 서구식 비지니스 룰이, 어느 틈에 하고 싶지 않다는 감정이나 구실을 표명할 수도 있다는 식으로 착각하게 되었고, 그것이 민주적인 관리(管理)라는 식으로 잘못 이해되고 있는 경향도 있다. 질문과, 감정이나 구실을 표명하는 것과는 근본적으로 다른 것이다.

특히 젊은 비지니스맨에게 이런 경향이 강하다. 그들은 그것이 안 되는 것은 아니지만, 힌 마디 하지 않고서는 실행에 옮기지 않는다는 감각을 가지고 있는 것 같다. 신인류(新人類)라고 부르는 까닭이라고나 할까?

☆ 설교가 되면 싫은 소리로 들리겠지만, 비지니스맨 상대로 명령이나 지시를 받는 법의 교훈으로서 인용할 수 있는 말이다. 또한, 부부나 친구 사이의 코뮤니케이션의 바람직한 상태나, 신뢰받는 인물의 행동 방식 같은 주제로도 인용될 수 있다.

【비슷한 말】 불언실행(不言實行)

가장 견고한 결심은, 가장 유용한 지식이다

★ 이 말의 의미는 "지식을 아무리 얻어도 그것이 활용되지 않는다면 아무 쓸모가 없다. 또 지식이 너무 많으면 여러 가지로 망설이다 실행에 옮겨지지 않는 경우가 있다. 무슨 일을 하더라도, 먼저 그것을 해내겠다는 결심이 지식보다도 도움이 되는 법이다."라는 뜻.

나폴레옹의 말이다. 나폴레옹은 주지하는 바와 같이 한낱 병졸에서 유럽 전체를 통일한 일대의 영웅으로서, 그 궤적(軌跡)은 과감한 행동력에 바쳐지고 있다. 그 중에도 알프스를 넘어서의 원정(遠征)은, 그야말로 지식 이전에 견고한 결심이 없으면 실행이 불가능했을 것이다.

이 말은 어쩐지 현대의 지식 편중주의(偏重主義)를 비꼰 것처럼 들리기도 한다. 우수한 인간이라는 것이, 인간성보다도 "머리가 좋다"는 것으로 측정되는 시대이다. 그러면서도 그들 젊은 남녀들의 대부분은 우유 부단해서 결단이나 실행력이 부족하고 행동력도 없다. 말하자면 체제 순응형(體制順應型)의 지식인이 늘어났다.

지식은 필요하기는 하지만, 그것으로 충분하다고는 할 수 없다. 나폴레옹의 시대하고는 사회 양상이 다르다고 하면 그만이지만, 어떠한 지식도 행동이 따르지 않으면 탁상 공론에 지나지 않게 된다.

☆ 일을 실현하자면 지식도 필요하지만, 그것을 실현한다는 결심이 중요하다는 것으로, 장래나 진로 때문에 망설이고 있는 사람이나 비지니스맨, 세일즈맨 상대로 인용할 수 있는 말이다.

가장 아름다운 화음은 불협화음(不協和音)에서 생겨난다

★ 기원전 500년 무렵의 그리스 철학자 헤라클레이토스가 한 말이다.

그는 변증법(辨證法)의 창시자로, 유동(流動)하고 변전(變轉)하는 현실을 이해하자면 모순이나 대립이 지닌 의의를 적극적으로 인정해 가지 않으면 안 된다고 역설했다. 이 말은 그의 이러한 철학적 사고에서 생겨난 명언이다.

새롭고 아름다운 화음은 본래 조화되지 않은 음과 음을 조화시키는 것으로 만들어진다. 이것은 작곡 이론상의 사실이기도 하지만, 동시에 인생 만반(萬般)에 통하는 의미까지도 지닌다. 즉, 얼핏 보기에 모순되고 대립해 있는 것처럼 생각되는 것 중에도 조화의 가능성은 감추어져 있는 것이다.

헤라클레이토스는 그것을 '반발적 조화 결합(反撥的調和結合)'이라고 불렀는데, 현실 사회 안에서 찾아내어 소화로써 조립해 가려고 하는 탐구심(探究心)과 행동이, 새로운 것의 창조로 이어져 가게 되는 것이다. 로망 롤랑도 이 말을 좌우명으로 삼아 한평생 사랑했다고 한다.

☆ 사내(私內) 활성화나 팀워크 등에 관해서 훈시할 때에 인용.

확고한 목적 의식, 그것에 뛰어난 리더십만 존재한다면, 의견의 대립이나 갈등은 오히려 일의 달성에는 플러스 면으로 작용한다. 그것이 창조적인 것을 낳게 하고, 사내 활성화에도 이어지는 것이다. 반대로 사고 방식이나 유형이 비슷한 사람끼리의 친목으로 인해 그룹적 직장에는 팀워크 같으면서도 그렇지 않은 한통속 의식이 발생하고, 그것이 전진적인 일에 대한 도전을 저해한다.

개가 사나우면 술은 신맛이 나서 팔리지 않는다

★ 다음과 같은 중국의 고사에 의한다.

종(宗)나라에 한 술집이 있었다. 그런데 이 술집은 중량도 정확하고 품질 좋은 술을 팔았으며, 게다가 값싸고 손님 접대도 깍듯이 하였으나 술은 팔리지 않았고, 그 때문에 결국 술은 쉬고 말았다.

몹시 난처해진 술집 주인이 마을의 훈장에게 그 까닭을 묻자, 훈장은 "당신은 가게 앞에 맹견을 키우나?" 하고 그에게 물었다. 그가 그렇다고 하자 "그렇다면 팔리지 않는 게 낭연하오. 사람들이 당신의 가게에 가려고 해도 맹견이 무서워서 갈 수 없기 때문이오."라고 말했다 한다.

이 얘기는 『한비자(韓非子)』에 의하면, 황제 측근에 간신(姦臣)이 있으면 양신(良臣)이 멀리한다는 훈계의 고사로 나온다.

현대에서는 맹견을 잡상인의 출입 금지를 위해 기르고 있지만, 굳이 맹견이 아니더라도 이것에 가까운 인간은 많이 존재한다.

상점의 경우, 상점 주인은 붙임성이 있어도 점원이 무뚝뚝해서 두번 다시 가고 싶지 않다고 말하는 사람들이 많다. "문 앞의 맹견은 참으로 유용한 사람을 멀리하게 하고, 몸 속의 해충은 안으로부터 몸을 망친다."는 것이리라.

☆ 장사에 있어서의 고객 심리의 미묘한 멋을 시사해 주는 말이다. 따라서 상점 경영자 세미나, 전개의 방식에 따라서는 인사 관리의 얘기 소재로서도 인용할 수 있는 말이다.

개라도 직권으로 짖으면 사람이 따른다

★ 셰익스피어가 쓴 작품 중 비극의 최고봉 『리어왕』에서 황야를 헤매는 리어왕이 시종 그로스터 백작에게 말하는 대사.

들개가 짖어대도 태연해 하는 부랑자도 번견(番犬)이라는 이름의 직권을 부여받은 개가 짖어대면 당장에 살금살금 도망치고 만다. 셰익스피어는 리어왕의 대사를 빌려 권위라는 것은 일종의 마력이 있는 것이라고 말하고 있다. 아뭏든 사람은 권위 앞에서는 무조건으로 두려워하는 경향이 있으며, 권위라는 옷 밑에 숨겨져 있을지도 모르는 잘못이나 악까지 놓치기 쉽다. 권위나 직권이란 이렇게도 큰 영향력을 가지고 또한 사람을 현혹시킨다.

리어왕의 이 극중 대사는 권위를 가진 자의 그 남용을 훈계하고, 또한 그것을 따르는 입장에 있는 자에게는 함부로 권위를 맹신하지 말라고 가르치고 있다.

☆ 신임 감독자에게 리더십에 관해 훈시할 때와 같은 경우에 이용할 수 있는 말이다.

셰익스피어는 권위라는 것에는 일종의 마력이 있다고 비유적으로 가르치고 있다. 직장에서 ○○장(長)이라는 직함이 붙으면 그에 부합되는 권위와 직권이 주어진다. 그리고 그 직함에 따른 직권을 행사하지 않더라도 그것이 있다는 것만으로도 부하에게 영향력을 주게 된다. 그렇지만 직함만으로는 리더십을 발휘할 수가 없다. 웃사람으로서 갖춰야 할 인간적인 기량과 관리 능력이 뒤따라야 비로소 직권이 살아나는 것이다.

거기서 물러서 주시오, 그늘이 지니

★ "통의 디오게네스"라고 불리며 수많은 에피소드를 남긴, 그리스의 철학자 디오게네스의 말이다.

인간의 자연스러운 욕망은 간단하고 안이한 방식으로 만족시키는 것이 좋고, 문명이란 건 반자연적(反自然的)인 것이다——라고 생각한 천성적인 자유인, 디오게네스는 평생 옷 한 벌과 지팡이 하나와 큰 주머니로 지내며, 나무통을 자신의 주거로 삼고 있었다.

알렉산더 대왕이 찾아와서 "원하는 것이 있으면 무엇이든지 들어 주겠다, 말해 보라."고 했을 때에, 햇볕을 쬐고 있었던 그가 대답한 말이다.

그 말을 들은 대왕은 "나도 디오게네스가 되고 싶다."며 감탄을 했다고 한다.

☆ 굳이 사치스럽지 않더라도 정신적으로 풍요한 생활을 지향할 때, 또는 두름을 먹고 있어도 큰 일을 할 때의 비유로 쓸 수 있을 것 같은 에피소드.

한편으로는, 알렉산더 대왕이 아닌 관공처 관리가 찾아와서 경영, 기타 비지니스의 세계에 이것저것 참견을 하며 불필요한 통제를 할 때에, 그 같은 말을 외쳐대고 싶기도 하다.

거친 말을 쓰지 말라. 그것은 반드시 자신에게 되돌아온다

★ "거친 말을 쓰지 말라, 그것은 반드시 자신에게 되돌아온다. 성낸 말은 고통이다, 보복의 채찍이 너의 몸에 이를 것이다." (『법구경(法句經)』)

불교에서는 "입"에 관한 악업(惡業) 네 가지를 들고 있다. 악구(惡口), 양설(兩舌), 기어(綺語), 망어(妄語) 이다.

'악구'란 거친 말을, '양설'이란 남을 헐뜯는 말, 거짓말, 남의 사이를 갈라놓는 말을 뜻한다. '기어'란 남의 환심을 사기 위한 무의미한 아첨, 나쁜 농담이며, '망어'란 거짓으로 속이는 말인 것이다.

구약성서(舊約聖書)에「네 이웃에 대하여 거짓 증거하지 말지니라 (『출애굽기』 제20장)」고 양설을 훈계하고 있으며, 또 잠언(箴言) 10장 11절에는「의인의 입은 생명의 샘일지나, 악인의 입은 독을 머금었느니라」고 했다.

말에 관해서는 불교와 그리스도교 뿐만 아니라, 그 외의 많은 가르침이 이것을 취급하고 있다. 인간 형성의 중요한 포인트라고 할 수 있을 것이다.

☆ 남의 험담을 하지 않겠다고 마음속에 맹세하는 것은 금연보다도 어렵다. 몇 번이나 결심해도 실패하고 만다. 그처럼 남의 험담을 하는 것은 매력적이다. 술좌석에서 동료와 상사의 험담을 하는 것은, 샐러리맨에게 있어서 무상의 즐거움이다. 옆에서 보면 재미있는 광경으로 보이기도 하지만, 때론 한심하기도 하다. 험담 같은 것은 재미있는 정도에서 그치고, 지나치는 것을 억제해야 한다. 훗날 자기 혐오의 감정에 시달리게 될 것이다.

게으른 자의 혀는 결코 게으르지 않다

★ 게으른 자에 한해서 말만은 능란한 법이라는 뜻으로, 유럽 전체에서 비교적 널리 쓰이고 있는 속담이다.

말이 능란하기 때문에 게으른 자라고 하는 것은 말에 어폐가 있다. 말도 잘하고 일솜씨도 좋은 사람도 개중에는 있다. 그렇지만 일을 제대로 하기만 하면 불필요한 말을 할 필요가 없다는 것도 사실이다.

실력을 누구에게서나 인정을 받으면서 더구나 말수가 적다고 한다면 더 바랄 것은 없다. 이러한 사람의 과묵함은 아마도 능력이 뒷받침된 여유에서 생기는 것이리라.

어떤 저널리스트가 이런 얘기를 한 적이 있다. "어느 신문사나 어떤 기자 모임에서 '쓰지 않는 대기자(大記者)'라는 말을 듣는 사람이 있다. 평소에는 천하 국가를 도도히 논하고 신인 기자에게 설교를 늘어놓기도 하지만, 기사 마감 시간이 되면 행방을 감춘다. 게으른 버릇이 본래의 능력을 무디게 하고 그것을 말재주로 속이고 있다."

어떻든지 간에 이러한 데서는 신뢰 관계가 생겨날 수 없다.

☆ 일을 할 수 있는 인간은 기초도, 순서도, 일의 진행 방식도 잘 알고 있다. 또한 상급자가 원하고 있는 것에 부응하는 것이니 정정당당하다. 변명이나 속임수가 필요하지 않다. 최소한의 필요한 어구(語句)로 보고도 하는 것이 된다. 변명이 많은 부하에게 "보고가 한마디로 끝날 수 있도록 일을 해 주게." 하고 때로는 가볍게 일침을 놓을 필요가 있다.

겨울이 오면 봄은 멀지 않다

★ 영국의 시인(詩人), 셸리의 시의 한 구절이다.

『서풍(西風)에 실려서』라고 제목을 단 시에서 "If winter comes, can spring be far behind?"라고 노래하였다.

젊은 나이에 사고사(事故死)한 이 시인의 일생은 로맨틱하며, 한편으론 슬프고 드라마틱하다. 좋은 집안에서 태어난 셸리는 어릴 적부터 몽상(夢想)과 반항, 이상과 혁명을 좋아해서 옥스포드 대학에서는 퇴학 처분을 당했으며, 16세의 미소녀 핼리엣이 학대받고 있는 것에 분개하고 사랑의 도피행을 하여 결혼한다.

그러나 다시 다섯 살 연상의 메어리와 사랑의 도피를 함으로써 절망한 핼리엣은 연못에서 투신 자살을 한다. 수영을 못하였으나 배와 바다를 좋아했던 셸리는 끝내 요트 놀이를 하다가 폭풍을 만나 죽는다. 30세였다.

☆ 사업이 궁지에 몰리고 앞날의 전망이 보이지 않을 때에 모두를 격려하는 데 응용할 수 있는 말이다. "아침이 오지 않는 밤은 없다.", "화복(禍福)은 새끼줄이 꼬인 것과 같다. 이 화를 전환하여 복으로 삼자."는 등의 말과 같이.

그렇지만, 시인이 조난을 당해 죽었다는 건 숨겨 두는 쪽이 무난하지 않을까 싶다.

계구(鷄口)는 될망정 우후(牛後)는 되지 말라

★『사기(史記)』의 「소진전(蘇秦傳)」에 나오는 말.

책략가이자 능변가였던 소진이 강대국인 진나라의 주변 6개국에 호소하여 진나라에 대한 6개국 동맹, 이른바 합종책(合縱策)을 꾀하였다.

그때 한왕(韓王)에게 말하기를 "속담에도 있지 않습니까? 소의 꼬리가 되어서 멸시당하기보다는, 오히려 닭의 주둥이가 되어 중요시되는 쪽이 낫다고. 진나라에 복종하는 것은 소의 꼬리가 되는 것과 같은 것입니다."

☆ 옛날부터 중국이나 우리 나라에서는 젊은 사람에게 설교할 때에 "큰 단체에서 남의 부하가 되기보다는, 작은 단체의 우두머리가 되어서 자기의 능력을 발휘하는 쪽이 낫다."는 말을 써서 충고로 삼았다.

물론 현재도 쓰일 수 있는 말이지만 "나는 우후(牛後)도 좋다. 이왕 의지할 바에는 힘이 있는 사람에게 의지하는 것이 더 낫지 않겠느냐?"는 사람도 변함없이 많다.

그런 반면, 모처럼 입사한 대기업을 버리고 자신이 원하는 개성적이거나 개인적인 일을 찾는 사람이 늘어나는 것도 사실이다. 그러나 그렇게 되면 닭의 주둥이가 되겠다는 사람 뿐이고, 소의 꼬리가 되겠다는 사람이 없어진다——고 걱정하는 경향도 있음직하다.

'계획'과 '실행'이란 한 직무의 두 부분이지, 두 가지 직무는 아니다

★ P.F. 드래커가 지은 책『현대의 경영』중에서, 이른바「과학적 관리법」의 맹점으로서 들고 있는 것 중의 하나이다.

계획이 면밀하면 실행은 그만큼 용이해지고 성과도 그만큼 커지는 것이니, 드래커가 말하는 것처럼 계획은 직무의 중요한 부분을 차지한다. 따라서 계획과 실행의 차이에 대한 인식은 중요한 일이다.

그렇지만 일이 계획과 실행의 두 가지 부분으로 분리된다고 해서, 계획자와 실행자는 별개의 사람이 아니면 안 된다는 결론은 나오지 않는다고 드래커는 말한다.

☆ 요즘 직무 충실(job enrichment)이 일컬어지고, 풀 잡(full job) 의 원칙이라는 것이 일컬어지고 있는데 이미 20년 이전부터 지적되고 있는 것이다.

"사는 보람"이라든지 "일하는 보람" 같은 것이 문제가 되는 배경의 일면에서는 이것이 붙어다닌다고 할 수도 있을 것이다.

대개의 직장에서 "직무"를 주지 않고 "동작(動作)"을 지시하는 경우가 적지 않다. 특히 아이디어 경영자, 단독 경영자가 이끄는 기업에서 볼 수 있는 경향이다.

기획, 계획의 담당자 연수 때에 인용할 수 있는 말이다. 또 관리자와 감독자에 대해 부하를 부리는 마음가짐을 일깨워 주는 데도 인용할 수 있다.

고독(苦毒)은 피하기 쉽고, 감독(甘毒)은 피하기 어렵다

★ 『채근담』이나 『취고당 검소(醉古堂劍掃)』가 편찬된 명나라 시대는 아포리즘(경구, 잠언)의 황금기라고도 할 수 있으며, 그 무렵에 여곤(呂坤)의 손에 의해 엮어진 것 중에『신음어(呻吟語)』라는 책이 있다.

그 중에 "고독은 피하기 쉽고, 감독은 피하기 어렵다."는 금언이 있는데, 이것은 쓴 독은 누구나 다 마시려고 하지 않으나 감칠맛 나는 달콤한 독은 저도 모르게 마시기 쉽다는 뜻이다.

이 어구 뒤에는 진나라에서 우나라로 보냈던 벽옥(璧玉)과 준마, 제나라가 노나라에 보냈던 가희(歌姬), 월나라가 오나라에 바친 미녀, 보옥, 견직물 등은 독과 같은 것이었지만 그런 줄을 깨닫지 못하는 어리석은 자에게는 꿀처럼 먹기 쉬운 것이었으며, 결국은 이러한 감독을 입에 댔기 때문에 나라를 멸망시켰다는 것을 적고 더구나 이런 일은 누구에게나 있기 쉬운 일이니 충분히 조심하라고 이르고 있다.

☆ 은감 불원(殷鑑不遠), 우리 주변에서도 이러한 감독 사건은 수없이 많고, 또한 포식(飽食) 시대를 반영해서 항간에는 당뇨병 환자가 늘어나고 있는데, 그들은 술이나 맛있는 음식이 감독이라는 것을 깨닫지 못하는 것일까? "맛을 아는 자는 조심하라",『신음어』에서 말하고 있는 대로이다.

감독은 온갖 곳에 도사리고 있으니 모든 사원에게 그 무서움을 인식시키도록 한다.

고요한 바다에서는 누구든지 수로(水路) 안내인이다

★ "고요한 바다에서는 누구든지 키를 잡을 수 있다.", "바다가 잔잔해지거나 날씨가 좋은 날에는 수로 안내인의 가치를 알지 못한다." 등의 표현도 있다. 서양의 속담이다.

본래는 일국의 재상(宰相)에 관해 평할 때의 말이지만, 어떤 사람의 경우에도 바꾸어 말할 수 있다. 태평한 세상의 정사를 맡은 재상은 훌륭한지의 여부를 알지 못한다. 비상시에 임무를 다하는 재상이야말로 진실로 명재상(名宰相)이다.

보통 인간은 평상시에 큰소리를 치지만 일단 유사시에도 냉정, 과감하게 행동할 수 있다고 할 수는 없다. 범부(凡夫)의 한심스러움은 오히려 혼란을 가중시키는 경우가 많다. 실력의 반도 발휘하지 못하고 끝나는 것이다.

제2차 대전시, 나치에 대해 반공(反攻)을 한 처칠이 자포 자기나 순간적인 생각에 의한 행동이 아니라는 데에 진가가 있다.

☆ 일이 순조로울 때는 남의 배나 되는 일을 해내지만, 일단 책임을 맡거나 문제가 생기면 거짓말처럼 쓸모없게 되는 사원이 있다. 기업 활동이란 것은 항상 순조로울 수만은 없다. 말단 사원에게 있어서도 그것은 마찬가지인데, 책임을 맡으면 강한 사원은 '기다리는 것'을 알고 있다. 그것은 소극책으로서가 아니고, 적극적인 의지에서의 '기회'인 것이다. 책임을 맡은 약한 사원이 거친 바다에서 헤엄쳐 나가도록 하기 위해, 아무렇지도 않은 듯하게 인용해 보고 싶은 문구이다.

공과(功過)를 조금도 혼동하지 말아야 한다. 혼동하면 곧 사람은 태타(怠惰)한 마음을 갖게 된다

★『채근담(菜根譚)』의 한 구절.

'태타(怠惰)한 마음'이란 나태한 마음. 이어서 "은수(恩讐)는 크게 밝히지 말아야 한다. 밝히게 되면 곧 사람은 휴이(携貳;두 마음을 가짐)의 뜻을 일으키리라."고 되어 있다.

공로가 있었던 사람은 반드시 칭찬하고 과실이 있었던 사람은 반드시 책망해야 한다. 남의 위에 있는 사람은 신상 필벌(信賞必罰)을 분명히 하고 혼동해서는 안 된다. 만약 공과를 혼동하여 공이 있어도 칭찬받는 일이 없고 반대로 죄가 있어도 벌을 받는 일이 없다면, 아무도 부지런히 일하는 사람이 없이 나태해지고 말 것이다.

또 은혜와 원한을 너무 명료히 해서도 안 된다. 은의(恩義)있는 사람을 편애하여 후대하고, 반대로 원한이 있는 사람은 냉대하는 차별이 있으면 부하는 그 조처에 의심을 품고 마음을 돌려 반항하게 될 것이다.

☆ 관리자 중에는 부하에 대해 화합을 신조로 삼고 엄격한 태도를 취하지 않는 사람이 있는데, 업신여김을 당하는 원인이 될지도 모른다. 신상 필벌은 분명히 해 놓아야만 한다.

또 자신에게 아첨하는 부하나 마작, 골프의 일행이 되고 있는 부하와는 친히 담소하고 그렇지 않은 사람에게는 냉정한 태도를 취하여 차별한다면, 부하들은 따르지 않게 된다.

위가 밑을 보기보다 밑이 위를 보는 눈 쪽이 더 매섭다. 날마다 반성하고 조심해야 할 일이다.

공부의 최대 적은 자기 마음속에 상주해 있는 유혹이다

★ 맹렬한 독서가로 알려져 있는 처칠 영국 수상의 말이다.

그는 금세기 최대 정치가의 한 사람으로 일컬어지지만, 정치가의 직함 외에도 군인, 저널리스트, 저술가, 화가라는 직함으로도 통용된 다재(多才)한 인물이었다.

그와 같은 재능을 발휘할 수 있었던 것은 두말 할 나위 없이 공부라고 그는 말한다. 그리고 때로는 한 가지 일에 만족하고 말면 유혹이 생기게 되는데, 그것을 극복하는 것에 의해서만 비로소 성장하는 것이라고 말한다.

우리 같은 범인으로서는 그 같은 다재함은 바랄 수 없다. 오히려 한 가지 일만 해도 좀처럼 만족할 만한 결과를 얻기가 어렵다. 그렇지만 그것을 가로막고 있는 것이 마음속에 도사리고 있는 유혹이라는 것이란 점에서는 처칠과 마찬가지이다.

위대한 인물은 그러한 유혹을 물리치거나 억제할 수 있는 사람이겠지만, 적어도 범인으로서는 지지 않도록 적당히 공존할 수 있는 정도까지만 억제할 수 있으면 된다고 하겠다.

☆ 말 그대로 면학을 권장할 때에 학생들을 대상으로 인용할 수 있는 말이지만, 말이 단순하기 때문에 처칠이라는 인물의 소개가 필요하다. 또 유혹은 현대적인 것을 적당히 결부시켜서 예시(例示)한다.

구하라, 그러면 주실 것이다

★ 『신약 성서』의 「마태복음 7장」에 나오는 그리스도의 말.

"구하라, 그러면 너희에게 주실 것이요, 찾으라, 그러면 찾을 것이요, 문을 두드리라, 그러면 너희에게 열릴 것이니라. ("Ask, and you will receive; seek, and you will find; unock, and the door will be opend to you.)" 하는 설교의 대목.

무엇이든지 시도해 보라. 활로는 열린다——의 뜻으로「하면 된다, 일이 안 되는 것은 노력하지 않기 때문이다」,「의지가 있는 곳에 길이 있다」,「뜻있는 일은 끝내 성사된다」,「정신을 집중해서 노력하면 어떤 일이라도 이룰 수 있다」는 등의 가르침이나 격언과 같은 말이다.

☆ 이것은 "일단은 해 보자"는 정신이다. 이것저것 공상하거나 몽상에 잠기며 생각만 할 것이 아니라, 구하라, 찾으라, 문을 두드리라는 것이다.

그렇지만 노력도 필요하다. 신도 너그럽기만 한 것은 아니다. "신은 스스로 돕는 자를 돕는다. (God helps those who help themselves.)"는 격언도 있듯이.

군자는 그릇〔器〕이 아니다

★ 『논어』 위정편(爲政篇)의 한 대목.

군자는 특히 일예 일능(一藝一能)에 빼어난 사람이 아니라 모든 것에 걸쳐 균형이 잡힌 원만한 인격자라는 뜻이다.

논어의 하학(下學) 중에서 공자와 제자의 문답 중에 나온다. 제자가 "사회 생활의 달인(達人)"이란 명성이 있는 사람을 가리키느냐고 묻자, 공자가 말하기를 "명성은 다만 '문(聞)'이며 '달(達)'에 이르지 못한다."고 했다. 그리고 "달인이란 성실하고 정직하며 올바르고, 말의 숨은 뜻을 이해하고 안색이나 태도로 마음속까지 간파하는 지극히 사려 깊고 겸허한 존재인 것이다."고 했다.

제자가, 그러하다면 자신은 벌써 달인이 되어 있는 것이 아니냐고 묻자, 공자 가라사대 "그대는 그릇이다." 라고 했다. 즉 그릇(도구)처럼 용도는 한 가지밖에 없는 사람이라는 것이다. 전문적인 것이 지나치면 대성하지 못한다고 하며, 제자와 달리 군자는 "그릇이 아니다" 하여 모든 것에 걸쳐 균형이 잡혀 있어야 한다고 훈계하고 있다.

☆ 도구라는 것은 각각의 목적에는 아주 유용하지만 그 밖의 일에는 도움이 되지 않는다. 인간이 그릇(도구)처럼 한 가지 일밖에 할 수 없다면 곤란하다. 기술 혁신의 시대에서는 고정 관념을 타파하고 자유스러운 발상 하에서 일에 매진해 주기 바란다.

"물은 담는 그릇에 따라 달라진다.", 즉 사람은 환경이나 친구에 따라 좋게도 나쁘게도 감화된다는 말도 있듯이 자유스러운 생각이 기업을 이끌어 나갈 것이다. 공자의 '군자는 그릇이 아니다'라는 말처럼 철학, 비젼을 가진 폭 넓은 사원이 되기를 기대한다.

군자는 화(和)하되 동(同)하지 않고, 소인은 동하되 화하지 않는다

★ 『논어』의 자로편(子路篇)에 나오는 말로서, 진부한 감은 있지만 아직도 음미해 봄직한 공자의 잠언이다.

군자란 교양이 있는 자이므로 마음이 온화하고 협조심이 강하며 주위와도 친하게 지내지만, 상대방의 언행이 도리에 어긋날 경우에는 이득이나 사사로운 감정 같은 것에 좌우되어서 도를 그르치는 일이 없다. 소인은 그 반대로, 사리 사욕에 따라 정견(定見)을 무시하고 표면상은 영합(부화 뇌동)한 듯 보이지만 내면에서 반드시 화해한 것은 아니라는 뜻이다.

자기가 덕보기 위해서라면 수단 방법을 가리지 않고 타인이나 공(公)에의 고려 같은 것은 손해라고 생각하는 현대의 풍조 속에서는 공자의 교훈 같은 것은 바로 넌센스일지도 모른다. 하지만 언젠가는 사람들이 "사물"을 중심에 두는 것에 지치고 "마음"이라는 샘을 원하는 계절을 맞이했을 때, 어느 쪽이 넌센스로 영락하는 것일까?

☆ 입사식(入社式), 전체 회의, 의식 교육 같은 데서의 훈시, 인사에 응용할 수 있다.

"집단에서는 남과의 협조가 있어야만 상호의 원만이 유지된다. 그렇지만 그것은 무조건으로 우고 좌면(右顧左眄)하며 부화 뇌동하라는 뜻은 아니다. 공자는 함부로 남의 언행에 동조하는 것에 대해 경계했다. 자신의 지혜를 가지고 신념적 언행을 취하면서 협조와 절차 탁마(切磋琢磨)가 있어야만 집안의 화(和)와 발전이 조성되는 것이다. 지위가 높아질수록 자주성을 가지고 깊이 정진해 주기를 바란다."고 보충하면 더한층 효과적일 것으로 생각된다.

굴복은 경우에 따라서는 최상의 성공법(成功法)이다

★ 서양의 속담.

끝까지 고집을 부리는 것이 아니라, 굴복하거나 양보하는 쪽이 좋을 때도 있다는 뜻. "지는 것이 이기는 것이다", "굴복은 모든 싸움을 끝나게 한다", "영리한 쪽이 굴복을 한다(독일)" 등의 비슷한 구절이 있다.

일에는 박력과 패기가 필요하다. 그것이 설득성(說得性)과 표리일체(表裏一體)를 이루는데, 감정론(鑑定論)으로는 이야기가 결말이 나지 않는다. 물러설 곳은 물러서고 상대방의 주장을 받아들임으로써 반대로 플러스를 손에 잡을 수도 있는 것이다.

손해를 보고 덕본다는 것은 어떤 일인가. 생각해 보면 이야기는 간단하다. 자기가 벌고 싶으면 상대방에게도 벌게 하라는 것이다. 상대방에게 빚지게 하고 감사한 생각을 가질 수 있게 한다면 뜻대로 된 것이다.

굴복은 수치가 아니다. 때가 되면 가장 적극적인 책략이 된다.

☆ 자기 주장을 굽히지 않고 동료 뿐만 아니라 고객과도 마찰을 일으키고 있는 젊은 사원은 어디에나 있다. 착실하고 부지런한 유형이 많지만, 반대로 경험의 채널 수가 적고 종합 판단력이 모자란다고도 할 수 있다. 그런 사원에게 "뒷걸음치지 못하는 차는 결함차"라고 타이르고 싶다.

굽어진 막대기에는 굽어진 그림자가 있다

★ 영국의 속담.

"만약 지팡이가 굽어졌다면, 그 그림자는 곧을 수가 없다", "파종하는 방법이 나쁘면 수입도 나쁘다"는 유의구(類義句)도 있다.

원인과 결과가 같은, 인과 응보(因果應報)인 셈이다. 절대로 된다고 믿었던 계획이 실패로 끝났을 때, 반응은 사람에 따라 한결같지가 않다. 자신(自信)을 상실한 자, 책임을 남에게 전가시키려고 하는 자, 함부로 아우성치는 사람도 있다.

도전 정신을 더욱 불태우는 인간이 되기를 바란다. 가능하면 실패의 원인을 냉정히 파악하고 다음 계획에 활용해야 한다. 실패하든 성공하든 원인은 확실히 있다. 누구나 실패는 하지만 같은 실패를 몇 번이나 되풀이하게 된다면 문제이다.

외적(外的) 요인, 즉 급격한 경기의 변동이나 천재에 의해 계획이 좌절되는 것은 도리가 없을 것이다. 여기서 중요한 것은 말할 것 없이 내적(內的)인 요인이다.

☆ 인간의 감각, 가치관, 착안점(着眼点) 같은 것은, 급격히 바꾸어질 수 있는 것이 아니다.

자신을 가지고 있는 인간일수록 남에게서 한두 마디 말을 듣는 것쯤으로는 자기를 개선하지 않는 경향이 있다. 이것이 두렵다. 하면 안 되는 실패를 반복할 가능성이 그것에 있다. "실패에는 꼭 원인이 있다.", "그대의 계획은 여기가 빠져 있다."——젊고 활기찬 부하를 거느린 관리자의 솜씨를 보이는 점이고, 설득할 점이다.

권리를 위한 투쟁은, 권리자의 자기 자신에 대한 의무이다

★ 이어링의 『권리를 위한 투쟁』 중에서의 한 구절.

"권리"는 남으로부터 주어지는 것이 아니라 본래 스스로의 힘으로 쟁취하는 것이다.

권리에는 기본적 인권을 비롯해서 노동권, 공정한 재판을 받을 권리, 알 권리 등 가지각색의 권리가 있다. 권리를 요구하는 권리도 권리이지만, 이러한 것은 어느 것도 앉아서 기다린 채 얻어질 수 없다는 것은 수많은 역사가 가르치는 바이다.

권리를 획득하기 위해 때로는 폭력을 휘두르지 않을 수 없는 경우도 있지만 그것은 권리가 피로써 얻을 가치가 있기 때문일 것이다.

권리에 대응하는 개념으로써 의무가 있는데, 양자는 대극(待極) 관계에 있다고 하기보다도 권리에는 의무가 따른다는 관념으로 포착해야 할 것이다. 최근의 노동 운동 등에서 일부 사람은 소극적으로 처신하면서, 권리의 취득을 남에게 맡기고 그 과실만을 안이하게 탐내는 경향이 있는데 이는 좋지 않은 일이다.

☆ 이 문구는 조합 활동을 비롯한 권리를 추구하는 운동의 리더가 의식을 환기시킬 때에 그대로 인용할 수 있는 말이다.

규보(跬步)를 쌓지 않으면 천리(千里)에 이르지 못한다.

★ 중국 전국시대 말기의 유가 학파인 순자(荀子)의 『권학편(勸學篇)』에 나오는 한 구절.

규보(跬步)란 발을 한 걸음 앞으로 내딛는 것을 말한다. 천리 길은 멀다. 한 걸음을 아끼다가는 어떤 가까운 곳에도 이르지 못하지만, 한 걸음 한 걸음을 쌓아올리면 언젠가는 도달할 수 있다. 티끌 모아 태산이 되고 개울물도 여럿이 모이면 큰 강이 되고 바다가 되는 것이다.

무슨 일을 성취하더라도 착실하게 작은 일부터 실천하고 쌓아올리지 않으면 달성할 수가 없다. 『열자(列子)』에도 "우공(愚公), 산을 옮긴다"는 명언이 있는데, 키를 가지고 날마다 열심히 흙을 날라서 끝내는 산 하나를 옮겼다고 한다.

어떤 목표를 향해 지치지 않고 꾸준히, 한결같이 노력하게 되면 언젠가는 커다란 성과로써 결실맺게 되는 것이다. 이러한 말은 지속해서 노력하는 것이 얼마나 중요한가를 가르치고 있다.

☆ 창업 ××주년 기념 파티에서의 축사 등에 삽입해서 쓸 수 있다.

회사라는 것은 하루 아침에 커지는 것은 아니다. 아무리 큰 회사라고 해도 처음에는 한 개의 상점, 한 개의 영세공에서 시작해 오늘에 이른 것이다. 회사의 번영은 창업시에서 오늘까지 적을 둔 많은 사원이 규보의 걸음으로 쌓아올리기를 한 결과로써 이루어지게 된 것이다. 대량 업체로서 더한층의 발전을 기하기 위해서는 앞으로도 사원 한 사람 한 사람의 착실한 노력이 요구된다.

【비슷한 말】천리길도 한 걸음에서부터 시작된다.

규칙은 종교 의식처럼, 어리석게 보여도 그것이 인간을 만든다

★ 『야간 비행(夜間飛行)』이나 『어린 왕자』로 알려져 있는 프랑스의 작가 쌩떽쥐뻬리의 말이다.

파일럿의 경험에 입각한 행동주의(行動主義) 문학으로 인간성(人間性)에 대한 신뢰와 연대 의식(連帶意識)의 필요성을 추구한 쌩떽쥐뻬리다운 말이다.

일정한 형식과 순서에 따라 이루어지는 종교 의식은 대개 지루하고 어리석다는 생각이 든다. 그렇지만 그 동작과 문구(文句)의 하나하나에 의미가 있으며, 그것을 지키고 따르는 것으로 신앙심이 고양(高揚)되고 신자의 종교적 연대감도 강해지는 것이다.

규칙이라는 것은 말하자면 그런 종교 의식과 비슷한 데가 있다. 확실하고 상세하게 정해진 규칙이나 규율에는, 얼핏 보기에 번거롭고 의미가 없다고 생각되는 점이 있다. 그렇지만 사람은 집단 속에서 사는 이상 아무 제약도 없이 사유 분방하게 행동할 수는 없다. 여러 가지의 제약 조건이나 약속한 일이 있는 가운데에서 그것을 지키며 살아가는 데에 자기 단련이 있고, 또한 상호 신뢰나 연대감도 조성되어 가는 것이다.

☆ 신입 사원에 대한 취업 규칙의 설명이나 규칙 위반 사원에 대한 징계 설유(說諭) 등에 인용할 수 있을 것이다.

신입 사원 중에는 취업 규칙을 읽고, 참으로 자질구레한 번거로운 일이 적혀 있구나 하고 생각하는 사람도 있을 법하다. 그렇지만, 이것은 회사라는 조직을 효과적으로 운영해 가자면 필요 불가결한 것이고, 동시에 개개인이 좋은 비지니스맨으로 성장해 가기 위한 행동 규범이기도 한 것이다.

그는 아무것도 모르는데도 무엇인가를 알고 있다고 믿으며, 이것과는 반대로 나는 아무것도 모르지만 알고 있다고도 생각지 않는다

★ 이어서 "……그러면 나는 그 사람보다 지혜에 있어서 조금은 뛰어난 것같이 생각된다."고 씌어 있다. 소크라테스의 유명한 '부지(不知)의 지(知)', '무지(無知)의 자각'이다. 젊은이를 속인다고 해서 고발된 소크라테스가 아테네 시민을 향해 변명했을 때의 말이다. 제자 플라톤이 소크라테스 사후에 쓴 『소크라테스의 변명』에 나와 있다.

현명하다는 말을 듣는 정치가나 시인, 손의 기능을 익히는 수공업자를 차례차례로 돌아보고 모두가 자신을 박식하다고 생각하는 것에 놀라고, 아무것도 모른다는 것을 알고 있는 자기가 더 낫다고 생각한다.

커다란 눈을 움직이면서 거리 거리마다에서 당시의 지식인이나 지도자를 논파(論破)했기 때문에 많은 적을 만들게 된 소크라테스는 끝내 탈옥하라는 권유도 뿌리치고 스스로의 이성을 따라 독배를 마셨다.

☆ 일류 대학을 졸업하고 무엇이든지 알고 있다고 믿는 젊은이들을 훈계하는 말이다. 혹은 자신들의 계획이 어설펐기 때문에 사업이 벽에 부딪쳤을 때 "우리가 무지했다는 것을 이제야 알게 되었다. 그러나 실패한 것은 아니다. 이제부터 출발점에 서는 것이다."라고 깨우치면 좋을 것이다.

그래도 지구는 움직인다

★ 이탈리아의 물리학자, 수학자, 천문학자인 갈릴레오 갈릴레이는 코페르니쿠스의 지동설(地動說)을 지지, 옹호했다. 그렇지만 지구가 돌고 지구는 우주의 중심이 아니라는 설은, 그리스도교에서 이제까지 생각했던 것과는 위반되는 생각이었다.

1616년 교황청에서 학설의 금지가 통고되었다. 그러나『천문 대화(天文對話)』를 출판하는 등 변함없는 지동설로 결국 갈릴레이는 1633년 종교 재판에 회부되고 강제로 그 주장을 포기하게 되었다. 그때 갈릴레이가 한 말로서 대단히 유명한 말이다.

☆ 1964년 1월, 중국과 프랑스 국교가 회복되려고 할 당시 교섭을 진행하고 귀국한 전(前) 프랑스 수상 폴은 신문 기자를 향해 국교 회복은 당연한 추세로 설령 중공을 승인하지 않는다고 해도 "그래도 중국은 존재하니까요." 하고 갈릴레이의 말을 인용하였다.

직장 등에서 상급자가 이해를 못하고 억지로 그 계획이 중지되었을 때 "그래도 소비자는 이 상품을 원하고 있다.", "그래도 이 생각은 살아 있다."는 식으로 반론할 수 있다.

올바른 기획, 진실, 정론은 후일에 가서 증명되는 경우가 많다. 한편으론, "그래도~" 하는 식으로 중얼거리지 말고 그 자리에서 반항, 실시하는 용기도 필요하다.

그림자가 몸에 달라붙듯이

★ "일은 마음에 입각해서 마음을 주(主)로 삼고 마음에 의해 만들어진다. 깨끗한 마음을 가지고 말하거나 혹은 행한다면 복락(福樂)이 그를 따르는 것이 마치 그림자가 몸에 달라붙음과 같을 것이다." 이것은 『법구경(法句經)』에 나오는 글로서, 마음의 움직임에 관한 구절이다.

인간의 근원이며 우리가 가장 의지하고 있는 "마음"이 얼마나 혼들리기 쉽고 믿을 수 없다는 것은 자기 자신이 가장 잘 알고 있는 일이다. 어떤 일에 임했을 때 본능적으로 자기 중심적인 생각을 가지게 되고 무의식중에 탐욕이나 집착이 생긴다.

불교에서는 일관해서 마음의 바람직한 상태, 마음의 바람직한 포착 상태가 논해지고 있으며 마음의 원만하고 완전한 육성 방법을 제시하는 것을 불교의 가르침으로 삼고 있다.

잘 조절된 마음을 가지고 말하며 행하게 되면 선행에 의해 생기는 즐거움은 몸에 달라붙어서 떠나지 않는다는 것이 이 구절의 뜻이다.

☆ 사장이 된 순간에 본인으로부터 떠나서 "사장"이 독주하는 경우를 자주 보게 된다. 끝내는 폭주하게도 된다. 그리하여 아랫사람으로부터 잊혀지게 될 뿐만 아니라 이반(離反)당하기도 하며 외부로부터는 비판을 받기에 이른다. 경영자는 때때로 자기의 주변을 둘러봐 주기 바란다. 그림자처럼 달라붙어 있는 것이 없는가 하고. 경영자는 마음을 잘 조절해서 폭주하지 않도록 자계(自戒)해야 한다.

그 몸이 바르면 명령하지 않아도 이루어지고 그 몸이 바르지 않으면 명령한다고 해도 따르지 않는다

★『논어(論語)』의 한 구절.

나라를 다스림에 있어서 피통치자는 위정자의 행실이 바르면 명령하지 않아도 자진해서 그 뜻하는 바에 따르게 될 것이고, 반대로 위정자 자신의 행실이 바르지 않으면 아무리 엄하게 명령해도 명령을 따르지 않을 것이라는 뜻.

마찬가지로 십팔 사략(十八史略)에도 "장군이 죽을 마음이 있고서야 군졸도 살 마음이 없다.", 즉 장군에게 결사의 마음이 있으면 병졸들도 생사를 초월해서 싸우게 될 것이라는 뜻의 구절이 있다.

이것은 국가나 군대의 경우에 그치지 않고 기업이나 가정에서도 마찬가지일 것이다

☆ 기업에 있어서 경영 관리자는 경영관리 기술의 탁월함, 두뇌의 명석함, 사람 다루는 법의 능란함, 그 밖에 많은 능력이 요구되지만 이러한 것은 학습에 의해 익힐 수 있는 것이다.

그 이상으로 중요한 것, 그것은 다른 데서 얻을 수 없는 "품성(品性)"이다. 바른 품성을 익히고 있지 않은 사람은 부하를 육성, 지도할 수 없다. 고결한 품성을 갖추는 것이 경영 관리자로서의 불가결한 조건이며 이것은 아무리 강조해도 지나친 일이 아니라고, 드래커는 명저(名著)『현대의 경영』에서 지나치리만큼 강조하고 있다.

경영자에게는 자성(自省)의 말이 되고 또한 관리직에 대한 자중과 자계의 말도 될 것이다.

그물을 잘 만들려면 그물코의 굵은 줄이 잘 얽어지게 하고 그물코의 간격을 잘 유지하여 흐트러지지 않게 해야 한다

★ 주나라 초기에 씌어진 중국 최고의 역사서로, 정도 윤리(正道倫理)의 대교훈서라고도 할 『서경(書經)』의 일편, 상서(商書)의 「반경의 훈계」에 씌어진 글이다.

상나라의 반경왕이 은나라로 천도함에 있어서 동요하는 뭇 신하를 모이게 한 뒤 깨우친 말이다.

그물코를 한 올의 실도 흐트러지지 않게 하자면 그물코의 줄에 묶인 그물의 중심이 되는 굵은 줄을 꼭 당기지 않으면 안 된다는 뜻이다. 임금은 이 비유를 가지고, 천도를 성공시키자면 국정의 중심에 있는 중신들이 착실하게 실행해야 하며, 그렇지 않을 경우 천도는 제대로 진척되지 않고 공연히 백성을 혼란에 빠지게 할 뿐이라고 말하였다.

☆ 어떤 복잡한 문제라도 전체의 중추가 되는 요건을 단단히 억제하고 사리에 닿게 처리해 나가면 일은 제대로 풀리기 마련이다. 만일 그렇지 않고 문제의 복잡함에 현혹되어서 지엽 말절(枝葉末節)의 사항에만 사로잡히게 되면, 문제의 해결은 늦어질 뿐이다. 무슨 일이든지 먼저 전체에서 급소를 누르고 일에 임하는 것이 중요하다.

여기서 말하는 굵은 줄이란 이른바 계획·조직의 관리 방식의 수법에서 말하는 크리티컬 패스(最重点經路)라고도 할 만한 것이다. 많은 작업 요소의 정보망 중에서 굵은 줄인 크리티컬 패스를 튼튼하게 설정하고서 전체계획을 관리해 나가면 일도 솜씨 좋고 자연스럽게 진행되는 것이다.

그의 행적을 알 길이 없다

★ "신들도, 간다바도, 인간도 그의 행적을 알 길이 없다. 번뇌의 더러움을 다 없앤 성자, 그를 바라문이라고 한다." (『법구경(法句經)』)

간다바[伎樂神]란 천계에서 음악을 관장하는 신으로 후각이 예민하다고 한다.

어진 일을 했던 자기의 행적이나 자기가 뛰어나다는 것을 인정해 주기를 바라는 것이 인지 상정이다. 그렇지만 여기서는 이미 번뇌의 더러움 같은 건 없으며, 세련된 생활을 하며 냄새를 잘 맡는 간다바도 그의 공적을 알 수가 없다. 이같이 인간의 냄새가 가득찬 속계(俗界)를 벗어난 성자를 바라문(덕이 있는 사람)이라고 부른다는 것이 이 구절의 대의(大義)이다.

세상에는 보상을 받기 때문에 착한 일을 한다든지 신들이 보고 있으니 나쁜 일은 그만둔다든지 하고 사람이나 신들의 눈을 의식하는 사람이 많은 법이다.

☆ 자기의 성과를 남에게 보이고 싶고, 좋은 평가를 받고 싶고, 특히 사장 앞에서는 눈에 띄게 일하고 싶은 그 기분은 잘 알 수 있다. 인정해 줌으로써 분발한다는 것도 일에 탄력을 줄 수는 있다.

그렇지만 평가는 남이 해 주는 것이지 자신이 과시하는 것은 아니다. 평가를 얻기 위해 자기의 마음에 위배되는 행위를 하거나 남을 함정에 빠뜨리는 것은 옳지 못한 행동이다. 어진 일을 하고 싶으면 남의 눈을 의식할 필요가 없다. 묵묵히 해야 한다.

【비슷한 말】 너의 활동, 오로지 너의 활동만이 너의 가치를 결정한다. (피테)

극기(克己)는 모름지기 소제 곽청(掃除廓淸) 하고 일호(一毫)도 있지 않는 바로 그것이다

★ 『전습록(傳習錄)』의 상권에 "극기는 모름지기 소제 곽청(掃除廓淸)하고 일호(一毫)도 남아 있지 않은 바로 그것이다."라고 씌어 있으며 이어서 "일호라도 있게 되면 곧 중악(衆惡)이 서로 잇따라 오게 된다."고 되어 있다.

이것은 자기의 마음속에 있는 사욕을 이기기 위해서는 조금이라도 그 조각이 남지 않도록 깨끗이 씻어내야 하며, 만약에 그것이 조금이라도 남아 있다고 한다면 많은 악이 손을 잡고 찾아오게 되니 조심하지 않으면 안 된다는 뜻이다.

극기란 것은 말하기는 쉬우나 행하기는 좀처럼 쉬운 일이 아니며, 극기라는 수업은 마치 세균을 퇴치하는 것과 같아서 철저하게 마음의 소독을 해서 사욕이란 것을 소탕해 놓지 않으면 어느새 순식간에 원상으로 되돌아가게 된다는 것이다.

『논어』에도 "극기복례(克己復禮)"라는 유명한 말이 있는데, 사욕을 누르고 자신의 마음을 긴장시키는 것의 중요성을 타이르고 있다. 이것은 안연(顔淵)이 스승에게 "인(仁)"이란 어떤 것이냐고 질문한 데 대해 "과도한 욕망을 누르고 예절을 좇는 것을 인으로 삼는다."고 대답한 것이다.

☆ 누구나 젊은 날에는 그렇지만, 게으른 마음이 그대로 조금이라도 남는 것이 치명적이 되는 것이다. 극기란 누구나 바로 할 수 있을 것 같으면서도 어려운 것이니, 되풀이해서 그 중요성을 논하는 것이 좋다.

근심은 고양이를 죽였다

★ 서양의 속담.

목숨이 아홉 있다는 고양이조차도 근심 때문에 죽는다. 하물며 약한 인간의 일, 근심이 수명을 줄이는 것은 당연하다.

셰익스피어의『쓸데없는 소동』5막 1장에 "근심은 고양이를 죽인다고 하는데, 자네는 근심을 죽일 만한 용기가 있는가?"라고 인용되어 있다.

마음이 강한 사람, 성미가 거센 사람, 쾌활하고 의젓한 사람이 있는가 하면 자잘그레한 일에 끙끙거리고 고민하는 사람도 있다. 고민이나 걱정거리가 없는 사람이란 있을 리가 없다. 중요한 것은 고민을 어떻게 포착하고 어떻게 처리하느냐 하는 것이다.

가장 난처한 것은 근심 때문에 일이 손에 잡히지 않고 일을 해도 실패만 거듭하다 끝내는 완전히 겁장이가 되고 마는 일이다. 그러한 부하를 가진 과학 기기(機器) 판매회사의 부장을 알고 있다. "이전에 큰 실수를 하고 그 이후 못 쓰게 되고 말았다. 내가 지나치게 호통을 친 때문인 것 같다."고 그는 말하는 것이었다.

☆ 걱정꾸러기인 젊은 사원에게는 이렇게 말하며 기합을 넣자.
"평사원 주제에 건방지게 걱정할 것 없다. 실패를 두려워 말고 뜻대로 하라. 책임을 지는 것은 과장, 부장이다."

썩 젊지 않은 부하나 걱정거리를 안고 있는 동료에게는 이렇게 말하며 격려해 주자——"자네와 똑같은 걱정거리에 직면해 있는데도 전혀 걱정하지 않는 사람도 있다. 다소 태도를 바꿀 필요가 있다."

금은 광석에서 나고, 옥은 돌에서 생긴다

★ "금은 광석에서 나고 옥은 돌에서 생긴다. 헛것이 아니라면 진(眞)을 구할 것 없다. 도(道)를 주중(酒中)에서 얻고, 선(仙)을 화리(花裡)에 만난다. 아(雅)라고 해도 속(俗)을 떠나지는 못한다."(『채근담』)

황금도 광석에서 추려낸다. 보석도 돌에서 생겨난다. 이 세상은 실체가 없는데도 있는 것같이 보이는 몽환(夢幻)같은 것이지만, 이것 외에 진실을 구할 바는 없는 것이다.

세상을 피해 술을 마시면서 노자(老子)의 도를 깨쳤다고 하는 죽림의 칠현의 청담(清談)이나, 어부가 무릉도원의 꽃 피고 향기로운 선경에서 선인을 만났다고 하는 도연명의 글은 풍아(風雅)한 것이지만, 다만 그것 뿐이며 속세를 떠나 있다고는 말할 수 없다.

죽림의 칠현인이나 도연명의 경지는 고작 풍아의 경지에 머물렀을 뿐 유교나 도교를 초월하지는 못했다고 비난하고 있는 것이 이 글의 대의(大意)이다.

☆ 담당 부서의 성적을 높이기 위해서는 우수한 부하가 필요하니 우수한 사원을 배치해 주기 바란다는 간부가 있는데, 부하도 보석의 원석과 마찬가지로 눈으로 보는 것만으로는 빛나는 것인지 어쩐지 알지 못한다. 부하의 자질을 발굴해서 윤이 나게 닦아내는 것도 상급자의 중요한 할 일이다.

자신은 노력하지 않고 이미 인정을 받고 있는 우수한 사원을 원한다든지, 우수 사원이 많은 부서를 부러워한다는 것은 생각이 부족한 탓이 아닐까? 보석도, 깨달음도, 풍류도, 모두 현실 생활에서만 얻을 수 있다는 것을 알아야만 한다.

금전(金錢)은 무자비한 주인이지만 한편으로는 유익한 하인이기도 하다

★ 유태의 속담.

유태인은 "금전은 인간에게 있어서 도구의 하나"라고 생각하는 면이 있다. 도구이기 때문에 있으면 편리하고 생활을 윤택하게도 한다는 것이다.

그렇지만 다음과 같이 말하고도 있다.

- 돈은 좋은 사람에게는 좋은 것을 가져다 주고, 나쁜 사람에게는 나쁜 것을 가져다 준다.
- 돈을 버는 것은 쉽다. 쓰는 방법이 힘든 것이다.

돈은 사용하기에 따라 선이 되기도 하고 악이 되기도 한다. 돈 자체를 더러운 것으로 생각해서는 안 된다. 장사꾼들은 구두쇠라는 말을 듣는 적이 많다. 돈의 소중함을 장사를 통해 절실하게 알고 있기 때문에 돈벌이에 전념하고, 구두쇠라는 말을 들을 만큼 돈을 낭비하지 않는다. 그렇지만 중요한 때 이것이다 하고 생각했을 때는 대금(大金)이라도 후하게 내놓는 것이 상인이다. 동서양 상인의 금전 철학에는 상통되는 점이 있다.

☆ 물자가 남아돌고 원하는 것은 무엇이든지 손에 넣을 수 있는 시대, 돈까지도 대부로 손쉽게 빌릴 수 있는 시대이다. 정신을 못차리면 "무자비한 주인"에게 지배되고 차금(借金) 지옥이 되고 만다. "유익한 하인"으로서의 한계를 분명히 알아야 할 것이다.

【비슷한 말】 • 죽어서 지옥에 가느냐 극락에 가느냐는 판가름도 돈 나름이다. • 돈만 있으면 귀신도 부를 수 있다. • 인간 만사 돈으로 되는 세상. • 돈 떨어지자 정떨어진다.

기업이란 서비스의 기관이다

★ 19세기 후반 무렵의 호텔 이용은 권력자나 부유 계급 뿐이고 일반에게는 아직 이용되지 않고 있었다. 스태트러는 잇달아 신기축(新機軸)을 안출해서 호텔을 대중의 수준까지 접근시켰으며, 게다가 호텔의 체인화 경영에 성공하여 미국의 호텔 왕이라는 칭호까지 얻게 되었다.

그는 특히 서비스를 중시해 종업원은 왕후 귀족을 접대하는 듯한 예의로 손님에게 접하도록 하고, "기업은 손님에게 서비스를 하는 기관이며 우리가 팔고 있는 것은 객실이 아니라 서비스이다."라고 역설했다.

서비스란 무엇인가? 무엇이 서비스인가? 전문적인 사전에서도 쉽게 정의할 수 없는 것으로 되어 있다. 그리하여 업종, 업태(業態)에 따라 서비스는 편의주의적으로 가지각색으로 해석되고 있으며, 현대의 총생산치의 과반은 이미 서비스업의 생산량에 의해 차지하게 되었는데도 서비스의 연구는 아직 총론적 단계에 있다고 할 수 있다. 서비스란 판촉이나 번영에 공헌하는 것이라고 알고는 있겠지만, 그렇다면 어느 정도의 깊이로 연구되고 활용되고 있는 것일까?

☆ 모든 서비스업 종사자의 교육과 훈시에 인용할 수 있다. "우리의 일상적 서비스란, 자기의 어휘 중에 있는 최량의 말에 예의 있는 최선의 태도를 곁들이고, 손님에게 우월감과 유쾌감을 제공하는 일이다. 그것은 서비스의 원점(原點)이기도 하다."고 말하며 끝맺도록 하자.

기회는 새와 같다. 날아가 버리기 전에 잡아라

★ 괴테와 더불어 18세기 독일의 고전주의 문학을 대표하는 시인이자 극작가인 쉴러의 말이다.

새를 잡자면 나뭇가지에 앉았을 때 겨누지 않으면 안 된다. 그렇지만 새는 절대로 오랫 동안 한 곳에 머물러 있지 않고 사람이 접근하는 순간에 날아가 버린다.

인간에게 있어서 기회란 것은 새를 잡는 것과 마찬가지로 잡기 힘든 것이다. 그렇기는 해도 새가 나뭇가지에 앉아 있을 때가 있듯이, 긴 인생살이에는 "지금이다"하고 생각되는 호기, 즉 찬스라는 것이 있다. 비지니스에 있어서도 마찬가지이다. 그것을 어떻게 정확히 확인하고 재빨리 포착하는가에 따라서 성공하느냐, 하지 못하느냐가 판가름나게 된다. 그것을 놓치지 않기 위해서는 언제든지 포착할 수 있는 준비를 해 놓고 기회가 오게 되면 제대로 살릴 수 있을 만한 기술을 익혀두지 않으면 안 되는 것이다.

☆ 교섭, 결단, 행동 등 여러 가지의 비지니스 능력에 관한 훈시에 인용할 수 있다.

예를 들어 영업사원에게 상담 기술을 가르치는 장면에서 이런 식으로 인용할 수 있을 것이다. 상담도 막바지 단계에 들어가면 고객의 태도나 말에 미묘한 구매 심리의 동요가 나타난다. 그런 때 서투른 응대를 하면 모처럼 사려던 마음도 시들고 '상업상의 기회는 새처럼 날아가 버린다.' 구매 결정의 사인을 짐작하면 때를 놓치지 않고 "그럼 구입하시는 것으로 알겠읍니다." 하는 식으로 다짐을 한다. 이것은 상담 체결의 철칙이라는 식으로.

【비슷한 말】 기회가 두번 다시 찾아온다고는 생각지 말라.

꽃은 반쯤 핀 것을 보고 술은 적당히 취할 만큼 마시라

★ "꽃은 반쯤 핀 것을 보고 술은 적당히 취할 만큼 마신다, 이것에 큰 흥취가 있다. 만약에 난만 모도(爛漫酕醄)에 이르면 곧 악경(惡境)을 이룬다. 영만(盈滿)을 밟는 자, 이것을 생각해야 한다." (『채근담(菜根譚)』)

꽃을 본다면 반쯤 피었을 때, 술을 마신다면 적당히 취할 정도가 좋다. 반쯤 피고, 적당히 취한 속에 멋이 있다. 만발한 꽃은 의미가 없으며 만취한다는 것은 추태이다. 모든 것에 만족할 만한 지위에 있는 사람은 이것을 잘 생각하고 가릴 줄 알아야 한다.

꽃은 만발하게 되면 그 아름다움을 자랑스럽게 서로 겨룬다. 술꾼은 마음이 내키는 대로 마신다. 그렇지만 이윽고 꽃은 지고 사람은 과음으로 곤드레만드레가 되고 만다.

꽃이나 술 뿐만 아니라 달처럼 차면 기우는 것이 세상만사이다. 부귀 영화를 누린 사람은 이 도리를 잘 알아서 자계(自戒)하지 않으면 안 된다.

☆ 만발한 꽃은 화사하지만 한편으론 가엾다는 생각이 든다. 너무나도 강하게 자신의 삶을 주장하고 있는 것 같아서 안스럽게 느껴지는 것이다.

부귀한 사람, 지위가 높은 사람은 교만하게 보이기 쉽다. 무슨 일이든 간에 조금 더 오르면 도달한다는 경지에 멋이 있는 것으로, 모든 것에 만족했을 때는 언젠가 기울게 된다고 각오하지 않으면 안 된다.

꿀만 빨아먹고 꽃잎은 망치지 말라

★ "벌이 꽃잎과 색향(色香)을 손상하는 일 없이 꿀만을 빨아먹듯이, 지혜로운 자가 촌락을 걸식(乞食)해 가는 것도 이와 똑같지 않으면 안 된다."고 하는 구절이 『법화경(法華經)』에 들어 있다.

확실히 벌은 아무리 시끄럽게 날개치는 소리를 내고 꿀 주위를 어지러이 날아도 절대로 꽃잎을 손상시키는 법이 없다. 다만 목적의 꿀만을 능란하게 빨아먹고 어디론지 날아간다.

그렇지만 인간의 경우는 하지 않아도 되는 전혀 불필요한 일을 해서 꽃잎을 망쳐 버리고 두번 다시 꿀을 얻을 수 없게 되고 마는 일이 종종 있다.

예를 들어, 산나물을 따러 산에 들어가 보면 요즘은 특히 형편없이 산의 풀과 나무가 망가진 것이 눈에 띈다. 이것은 사람이 한 짓이다.

☆ 비지니스 사회에서는 특히 사람과 사람과의 사귐, 또한 거래선과의 교제 방식이 중요하다. 벌처럼 꽃잎을 망치는 일 없이 능란하게 처신하면 맛있고 자양이 풍부한 꿀을 몇 번이라도 채집할 수 있지만, 어리석은 짓을 해서 꽃잎을 망치는 일이 생기면 그것으로 꿀은 얻지 못하게 된다.

이 한 마디는 부하들에게 대인 관계의 지도를 할 때 뿐만 아니라 자신의 뇌리에도 강하게 새겨 둘 필요가 있다.

나는 싫다, 그 "그렇지만"이라는 말이. 그 한마디로 전에 말했던 것은 모두 허사가 된다

★ 셰익스피어의 회곡 『안토니오와 클레오파트라』에 나오는 한 구절.

이 문구는 지극히 당연한 것을 말하고 있는 대사이지만 짤막한 글 속에 제법 시사가 많은 내용을 포함하고 있다.

아무리 그럴듯한 말을 늘어놓아도 이 "그렇지만"을 포함한 변명이 있게 되면 모든 게 허사가 되고 만다는 것은 동서 고금에 변함 없는 일인 모양이다.

회사 업무에서도 같은 말을 할 수가 있다. 일에서 실수를 했을 때의 변명처럼 불유쾌한 것은 없다. 자신의 실수를 순순히 인정하는 데서 또 다음 방법을 강구해 볼 수 있을 것이다. 서투른 변명은 망신만 거듭하게 된다는 것을 명심해 주기 바란다.

☆ 남이 물어서 만족하게 대답하지 못하는 것도 딱하지만 더욱 거북한 것은 적당한 대답이나 무용한 변명으로 그 자리를 얼버무리려는 일이다. "적당히 그 자리를 얼버무리는 것" 같은 대답은 나중에 진실이 밝혀졌을 때 신용이라는 둘도 없는 것을 한꺼번에 날려 버리게 된다. "열심히 하고 있다"고 변명하지 말고 책임있는 대답을 하자. 그리고 "그렇지만"이라는 말을 경계하여 멀리하자.

서비스업의 조례에서 인용할 수 있는 말이다.

나는 여섯 명의 충실한 하인을 고용하고 있다

★ "동쪽은 동쪽, 서쪽은 서쪽"의 명문구로 유명한 영국의 노벨상 작가이자 시인인 키플링의 말이다.

그가 말하는 충실한 하인의 이름은 무엇(what), 왜(why), 언제 (when), 어디서(where), 누구(who), 어떻게(how)의 여섯이다. 오늘날 소위 "5W 1H"라 불리며 현대인의 상식으로 되어 있는 것이지만, 키플링은 이것을 "여섯 명의 충실한 하인"으로 이름짓고 시나 소설의 구상을 짰다고 한다. 그는 이어서 "They taught me all I know.(내가 알고 있는 것은 모두 그들이 가르쳐 주었다.)"라고 말했다.

이 여섯 가지는 경찰의 범죄 수사의 철칙 "육하 법칙(六何法則)"으로서, 또한 신문 기자의 뉴스 취재의 기본으로서 신입 사원에게 철저히 주입시킨다고 한다. 물론 비지니스맨에게 있어서도 일을 진행해 가는 방법의 기본 원칙으로 빼놓을 수 없는 말이다.

☆ 신입 사원에게 일의 기초 지식이나 기술을 훈시할 경우 등에 인용할 수 있는 말이다.

예를 들어 "여러분은 '여섯 명의 충실한 하인'이라는 말을 알고 있읍니까? 설령 알지 못하는 사람도 '5W 1H'는 알고 있을 것입니다. what, why, when, where, who, how(무엇을, 왜, 언제, 어디서, 누가, 어떻게)의 머리글자를 딴 '여섯 가지의 의문'입니다. 이것은 우리 비지니스맨이 일을 진행하는 데 있어서의 기본이 되는 말입니다……"라고 말하며 출전(出典)과 그 뜻과 활용예를 설명해 간다.

나는 진리의 대해(大海)를 앞에 한 바닷가에 서 한 개의 조개를 주운 것에 불과하다

★ 뉴튼의 말이다.

여기서 말하고 있는 조개란 "만유 인력의 법칙"을 말한다. 만유 인력의 법칙은 그 후의 과학을 크게 발전시킨 대발견이었다. 현대의 우주 개발도 이 법칙의 발견이 늦어졌더라면 그만큼 늦어지게 되었을 것이다.

그만한 발견을 이루었는데도 뉴튼은 진리의 한 조각을 주운 것에 불과하다고 하는 것이다. 이것을 그의 겸허함으로 보느냐, 이 발견을 기초로 해서 그 후에 전개되는 과학의 진보를 예견했다고 보느냐 하는 것은 받아들이는 쪽의 판단에 맡긴다.

어쨌든 간에 그 발견만으로 끝나지 않은 데에 대발견으로 일컫는 의미가 있다. 아무리 멋진 발명이나 발견이라도 그 이후의 세계에 영향을 끼치는 것이 아니라면, 단순한 발명이나 발견으로 끝나고 어느 틈에 잊혀지게 될 것이다. 뉴튼이 그 후의 세계에 이것이 대단한 영향을 끼칠 것이라고 예견했다는 것을 상상할 수 있다.

☆ 위대한 과학자의 겸허함과 앞을 내다보는 안목 같은 것을 중심으로 청소년 상대의 집회에서 인용할 수 있는 말이다. 기술자나 젊은 학도에게 과학자의 자세를 일깨우는 말로서도 적합할 것이다.

뉴튼이 발견한 이 만유 인력은 사과의 예화(例話)로 널리 알려져 있지만, 지나치게 그 말만을 강조하는 일이 없도록 해야 한다. 만유 인력이라는 역학적인 발견이 없었다면 오늘날의 과학도 있을 수 없다는 위대한 업적을 강조해 두도록 한다.

나뭇잎 하나가 떨어짐을 보고 가을이 왔음을 안다

★ 기원전 2세기 말의 중국의 책 『회남자(淮南子)』에 나오는 말이다.

이후 여러 가지의 경우에 인용되었는데, 그 잎은 가을을 제일 처음에 알려 주는 벽오동이라고 한다. 작은 현상이라도 놓치지 말고 그것으로써 재빨리 천하의 정세를 알라고 한 뜻.

이 책에는 "소(小)를 가지고 대(大)를 분명히 한다. 나뭇잎 하나가 떨어지는 것을 보고 해는 바야흐로 저물어감을 알고, 독 안의 얼음을 보고 온 세상의 추위를 안다. 가까운 것을 가지고 먼 것을 논한다."고 했다.

☆ 비지니스맨에게는 거래하는 사람의 지불이 항상 현금이었던 것이 지불일(支拂日) 수표나 어음으로 바뀌거나, 그 거래 은행이 갑자기 변경되거나, 또는 상대 기업의 매상이 급증, 급감하는 등의 현상을 놓치면 위험하다.

경영자만 해도, 온 세계에 눈을 돌리고 어떤 사소한 사건이라도 언젠가는 자사(自社)의 경영에 파급될지도 모른다고 신경을 곤두세우는 시대가 되었다. 심지어는 자기가 속한 업계 뿐 아니라 실권을 쥔 정치가의 병 같은 것으로 정변(政變)이나 정책이 변경될 가능성을 가늠하는 기량인(器量人)도 있다.

나쁜 뉴스는 즉시 공표하라. 미루면 미룰수록 나쁜 영향이 커진다

★『대통령에의 길』의 저작으로 1962년 퓰리처상을 수상한 미국의 저명한 저널리스트, 세오도어 H. 화이트의 말이다.

지난날 대통령 선거 출마에의 기대가 모아졌던 에드워드 케네디 상원 의원이 여비서의 익사 사건에 관련해서 의혹을 받은 적이 있다. 그때 스캔들로 번지는 것을 두려워해 사건을 은폐하는 듯한 의심을 받는 행동을 취하고, 결과적으로 그것이 그의 정치가로서의 위신에 현저한 불명예의 상처를 입히는 바가 되었다.

표제의 말은 이 사건과 관련해서 한 말로서, 어쨌든 간에 나쁜 소식이라는 건 아무리 숨기려고 해도 언젠가는 밝혀지게 된다. 고식적인 은폐 공작을 하거나 발표를 망설이고 있는 동안에 그것이 폭로되면, 치루어야 할 댓가는 더없이 커지게 된다.

☆ 정보(情報) 공개의 바람직한 자세를 시사하는 지당한 말이다. 제조물 책임 문제의 공표, 혹은 사원의 불찰에 대해 훈시할 때에 인용할 수 있는 말이다.

사회 문제가 된 경찰의 취조 치사 사건의 예도 있듯이, 나쁜 뉴스의 은폐 공작이 폭로되었을 때 잃는 것은 매우 크다. 나쁜 뉴스의 공표에는 상당한 결단을 요한다. 그렇지만 긴 안목으로 보면 결국 숨기지 말고 일찌감치 발표해서 수습을 꾀하는 쪽이 수습하기도 한결 쉬운 법이다.

남성은 세계를 지배하고 있지만, 그 남성을 지배하고 있는 것은 여성이다

★ 폴란드의 노동 운동 지도자 중의 한 사람인 바레사 의장의 말이다.

이 말대로 사실상 세상의 모든 주요하고 지도적인 지위를 남성이 차지하고 있으며, 이것은 아무리 여성의 해방이 진전되어도 기본적으로는 변하지 않을 것이다. 이것은 환경의 문제보다도 오히려 능력 적정(能力適正)의 문제이기도 하기 때문이다.

그렇지만 이러한 남성들도 기본적으로는 여성의 모태에서 태어나고 어머니나 아내나 연인이라는 여성들의 뜻에 의해 움직여지고 있는지도 모른다. 그런 의미에서는 남성을 통해 세계를 지배하고 있는 것은 여성들이며, 어차피 남성은 여성의 손바닥 위에서 우왕좌왕하고 있는 것에 불과할지도 모른다.

여성이 남성에게 사랑스럽고 매력적인 존재로 있을 수 있는 **한**, 남성들은 분골 쇄신하여 일하기만 할 것이다. 하지만 그렇다고는 해도 최근에는 남성에 대한 여성의 요구가 강해지기만 하고 반대로 여성으로서의 상냥함이나 친절은 너무 모자라는 것이 아닐까?

☆ 여성 단체나 여성을 대상으로 삼는 강연회 등에서 응용할 수 있는 말이다. 기쁘게 하는 것만이 능사가 아니라, 단단히 마음을 다져놓는 것도 나쁘지는 않을 것이다.

남을 달리게 하려면, 우선 자기부터 달려야 한다

★ 스웨덴의 속담.

"솔선 수범"의 서양판일 수 있는 말이다. 솔선 수범은 중국에서 건너와 우리 나라에서도 쓰이고 있는 말이지만, 생각하는 방식이 세계가 공통적이라는 것은 무척 재미있는 일이라는 생각이 든다.

아무것도 하지 않고 말만 앞세우는 리더에게는 아무도 따라오지 않는다. 우선 자기가 먼저 달리는 것이 남을 움직이게 하는 비결이다.

이 외에도 남을 움직이는 비결에 관한 좋은 말이 많지만, 이치를 따지지 말고 우선 자신부터 움직이는 것이 남을 움직이게 하는 기본이다. 이치로 남을 움직이는 것은 그 후의 일이다. 그리고 이치는 자연히 실행 뒤에 따라오는 법이다.

사람 다루는 법이 능숙하다는 말을 듣는 사람의 말에는 명언이 아로새겨져 있다. 그렇지만 잘 읽어보면 그것은 머리로 생각된 것이 아니라, 어느 것이나 다 그 인물이 먼저 행했던 체험의 뒷받침에 의해서만 비로소 말할 수 있었음을 알게 될 것이다.

☆ 솔선 수범이라는 말은 어느 누구나 좋아해 곧잘 쓰이고 있다. 그러나 그 말을 듣게 되는 쪽은 "또 솔선 수범 얘기인가?" 하는 느낌을 가지게도 된다. 이때 서양의 속담을 꺼내어 약간 겉모양을 바꾸는 것도 재미있지 않을까?

【비슷한 말】솔선 수범(率先垂範).

남의 거짓을 알아도 말하지 않고 남의 무시를 받아도 내색하지 않는다—이것에 무량의 의미가 있고 또한 무궁한 수용(受用)이 있다

★ 남의 거짓말에 눈치를 채도 모르는 체하고 말하지 않는다. 남에게 바보 취급을 당하고 무시를 당해도 내색하지 않고 태연해 한다. 이러한 태도에는 이루 헤아릴 수 없는 풍격(風格)이 있고 무한한 효용(効用)이 있다는 뜻의 『채근담』의 한 구절.

세평에 대하여 초연한 태도를 취해야 하는 것에 대한 중요성을 역설하고 있다. 그러나 단순히 처세가 능란한 참을성을 말하고 있는 것은 아니다. 자기의 내면에 확고한 자신감과 신념이 길러졌다면 자연히 그러한 풍격이 갖추어지게 되는 법이며, 그것에는 헤아릴 수 없는 존재의 의미와 의의가 있고 효용이 있음을 말한 것이다.

또한 이 구절은 신을 믿음으로써 세상의 비난에 태연할 수 있는 인간의 내면적 강함을 말한 것으로도 생각된다.

☆ 상급자에게서 자기가 어떻게 평가받고 있는가, 동료나 부하의 평판은 어떨까 하는 그런 것에만 신경을 쓰는 사람이 있다. 이와 같은 사람은 남의 출세를 시기하고 남의 실패를 은근히 기뻐한다.

인간의 약점은 다 드러나게 마련이다. 그렇지만 그들에게 자신감이나 신념이 전혀 없는 것은 아니다. 다만 흔들리기 쉬운 것이다.

확고한 자신감과 신념은 힘든 수행과 시련의 결과 생기는 것으로, 단순하게 지식이 있다는 것만으로는 어림도 없다.

남의 두 눈보다 자기 한 눈 쪽이 낫다

★ 폴란드의 속담.

"백문(百聞)이 불여 일견(不如一見)"과 대체로 같은 뜻. 남의 눈으로 보았던 것을 그대로 믿는 것은 위험하며 오히려 자기의 한 눈으로 본 것을 믿는 쪽이 낫다는 뜻으로, 백문이 불여 일견과 비교해 보면 이 말이 더 사실적이다.

그런데 현대는 시각의 시대이다. 전세계의 사건을 거실의 텔레비전을 통해 생생하게 볼 수 있다. 그렇지만 정말로 그것이 자기 눈으로 보는 것이냐고 한다면 이야기가 달라진다. 텔레비전 카메라라고 하는 다른 눈을 통해서 보고 있는 것에 지나지 않는다.

그리하여 그야말로 남의 두 눈보다도 강렬한 유혹으로 다가오니, 저도 모르게 믿어 버리는 위험성도 오히려 옛날보다 높아졌다고 할 수 있다.

그러고 보니 언젠가 미국에서 뉴스 시간중에 다음 드라마 프로를 실감있게 방영한다는 것이 그만 시청자들에게 실제로 우주인이 지구를 습격한 것으로 오인하게 하여 소동을 빚었던 사건이 있었다. 보는 쪽은 설마 영상으로 방영되고 있는 것이 연기라고는 생각지 않았던 것이다. 텔레비전이 거짓말을 한다고는 생각지 못했던 것이다.

☆ "백문이 불여 일견"이라는 말보다 더 사실적인 말이어서 젊은 사람들에게 적합하게 받아들여지기도 쉬울 것이다. 영상 시대를 반영시켜서 "텔레비전의 눈보다 자기 한 눈 쪽이 낫다."고 바꾸어 말할 수도 있다.

【비슷한 말】 백문이 불여 일견

남의 밥에는 뼈가 있다

★ 옛 속담.

"원수의 집에서라도 내놓는 음식은 먹으라."고 한 말과는 정반대되는 말이다. 남이 대접해 주는 음식에는 숨겨진 뼈가 있으니 조심하라는 뜻이다.

뼈의 의미는 여러 가지 경우가 있겠지만 그 대부분이 거의 청탁을 의미한다. 돈을 빌려달라는 부탁이나 자식의 취직을 주선해 달라는, 딸의 중매를 서 달라는 부탁, 때로는 증수회(增收賄)의 경우이기도 하다. 별로 친하지 않은 상대로부터 갑자기 "한 잔 어떻습니까?" 하는 말을 들었을 때는 경계를 해야 한다. 그 한 잔 속에 뼈가 있어 목에 걸리게 될지도 모르니.

사람은 대접을 받게 되면 역시 약점이 생기게 되는 법이다. 목에 걸린 뼈를 빼내기 위해 마음은 내키지 않지만 청탁한 일을 들어주지 않을 수 없게 된다. 중매를 서 달라는 부탁이나 취직을 주선해 달라는 정도라면 뼈도 작아서 빼내기가 산난하지만, 증수회쯤 되면 잘못하다가는 일생을 두고 빠지지 않아 아주 곤란하게 될 가능성도 있다.

그렇다고 하더라도 밤마다 주점은, 경기가 좋을 때는 말할 것 없고 불경기 때도 변함없이 그런 대로 번성하는 것은 대골(大骨), 소골(小骨)이 오늘도 팔리고 있기 때문일까? 하기야 비지니스의 세계에서는 "청탁(淸濁)을 가리지 않고 마신다"는 말이 필요할 경우도 있기는 하지만…….

☆ 신참 비지니스맨이 초대를 받을 경우의 조언으로서 쓰일 수 있는 말이다.

남의 잘못을 따질 때는 너무 엄하지 않게 하라. 그것을 감당해 내고 받아들일 수 있을 정도로만 한다

★ "남의 잘못을 따질 때는 너무 엄하지 않게 하라. 그것을 감당해 내고 받아들일 수 있을 정도로만 한다. 남을 선(善)으로써 가르칠 때에는 과도(過度)하지 않게 하라. 바로 그것으로 하여금 따르도록 하라."(『채근담(菜根譚)』)

이 뜻은 다음과 같다. 남의 나쁜 점을 나무라고 따지는 데 너무 엄격해서는 안 된다. 그 사람이 그것을 감당하고 받아들일 수 있도록 배려해야 한다. 또 남을 지도할 때는 너무 정도가 지나치게 소심하게 하면 안 된다. 그 사람이 이해하고 따라올 수 있도록 생각해야만 한다.

여기서는 남을 꾸짖는 방법, 충고하는 방법을 말하고 있는 것으로서, 충고이든 지도이든 간에 우선 상대의 능력을 고려하지 않으면 안 된다. 또 상대가 그 후에 어떤 태도를 취할 것인가 하는 것도 충분히 고려해 보아야 한다.

☆ 어떤 회사의 사장이 젊은 사원의 과실을 지나칠 정도로 엄격하게 꾸짖었다. 그 결과 사원은 퇴직하고 말았다. 사장은 본인을 위하는 마음에서 한 일이지만 젊은 사원에게는 사장으로부터 엄하게 꾸지람을 들었으니 자기의 장래는 없다고 판단한 것이다.

단순한 충고에도 감정을 상하는 것이 일반인의 심정이다. 상급자는 잘 고려해야 한다.

남이 참지 못하는 노여움을 잘 참게 되면, 이는 곧 남이 해낼 수 없는 일도 능히 이룰 수 있다

★ 명나라 말기에 육소형에 의해 편찬된 『취고당검소(醉古堂劍掃)』는 같은 시대에 간행된 『채근담』과 병칭되고 있는 청언 명구집(清言名句集)이며, 그 수는 무릇 1600가지나 된다.

"남이 참지 못하는 노여움을 잘 참게 되면, 이는 곧 남이 해낼 수 없는 일도 능히 이룰 수 있다."는 말은 남은 참지 못하고 화 내는 일을 자신은 끝까지 참게 되면 남이 할 수 없는 일을 성취할 수 있을 것이라는 뜻으로 정말 명언이라고 하지 않을 수 없다.

- 한신(韓信)이 가랑이 사이를 기어서 빠져나간 것도 시세와 시절의 흐름에 따르기 위해서이다.
- 칠전 팔기(七顚八起)의 세상.
- 모란도 고착(菰着)하고 월동한다.

라는 말이 있는데, 참는다고 하면 당장 "한신의 가랑이 빠져나가기"의 고사가 생각날 만큼 유명하다. 이때 그 비굴함이 뭇 사람의 웃음거리가 되었던 그가 장량(張良), 소하(蕭何)어 더불어 천하의 삼걸(三傑)로 일컫게 되라라고는……

☆ 많은 사람이 한때의 분을 참지 못해 자기 신세 뿐만 아니라 대사를 그르치는 일이 적지 않은 것에 비하면 초왕의 자리까지 출세한 한신의 인내심은 너무나 돋보인다고 할 수 있다.

젊은 사원을 위한 훈시에 꼭 알맞는 말이다.

남자는 모름지기 다섯 수레의 책을 읽지 않으면 안 된다

★ 중국 당나라 시대의 대표적 시인 두보(杜甫)의 말이다.

책을 좋아한 두보는 "남자라는 것은 모름지기 다섯 수레 만큼의 책을 읽지 못하면 제구실을 할 수 없다."고 하여 독서를 권장하였다.

그의 작품 중에 "나라는 망했으나 산과 들은 그대로 있고, 성(城)에는 봄이 와서 초목이 우거지다."라고 쓴 「춘망(春望)」이라는 한시가 있으며, 많은 사람이 지금도 애송하고 있다.

독서의 효용과 필요성은 동서 고금을 통하여 강조되고 있고 윤택한 인생을 보내는 지혜로 삼고 있다. 독서를 하지 않는 학생들, 만화를 즐기는 젊은 세대에게 경종을 울리는 말이다.

☆ 요즘 독서는 하지 않고 모두가 텔레비전에 매달려 있게 되었다. 그렇지만 텔레비전에서 얻어지는 지식의 양은 모든 책에서 얻어지는 지식의 양보다도 훨씬 적다. 게다가 텔레비전은 개인적인 조건이나 차분히 더 생각하고 싶다는 등의 요망에 일일이 응해 주지 않는다.

인간에게는 본질적으로 미지의 일을 알고 싶어하는 욕구가 있고 생활해 가기 위한 지식을 얻고 싶어한다. 그러므로 인간은 자기가 체험하지 못하는 것을 책을 통해서 얻을 수 있는 것이다. 독서나 한 권의 책이 인간을 아주 거대한 존재로 키워주기도 하고 인생을 깨닫게 해 주기도 한다. 두보의 말을 음미하고 지금부터라도 독서를 시작해 보면 어떨까?

남자는 신부를 얻기 이전에 먼저 빵을 얻지 않으면 안 된다

★ 아일랜드의 속담.

어쩐지 남의 일 같지 않은 말이다. 말의 뜻은 따로이 설명할 필요가 없을 것이다.

남녀의 동권(同權), 또는 남녀 고용 균등 등 말은 일반적이 되고 있지만 실태는 어떤가? 남자로 태어나서 직업을 갖지 못하면 세상에서는 그 사람을 인정해 주지 않는다. 여성에게는 직업 같은 것은 그다지 문제가 되지 않고 결혼을 함으로써 끝나지만, 벌이가 신통치 않은 남자에게 시집을 와 줄 여성은 그리 흔치 않을 것이다.

그런데 반대로 되어도 무방할 것이라고 생각하는 남성이 있다면, 만약 그렇다면 주부(主婦) 아닌 주부(主夫)가 되는 것에도 찬성하지 않을 수 없게 될 것이다.

하여튼 남자란 벌이가 우선이고 결혼은 그 후에 생각하지 않을 수 없다는 현실은, 요즘에 와서 더욱 더 상한 풍소로 자리삽고 있는 것 같다. 옛날에는 조건없이 서로 좋아하는 것이 전부였으므로 약간 재정 상태가 나쁜 남자에게도 시집을 와 주는 여성이 많았으나 현대의 풍조는 경제 환경을 그대로 반영하고 있는 것 같다. 여성이 원하는 결혼 상대의 조건으로서 "사랑하는 사람"이라는 것이 으뜸이지만, 그것은 일정 이상의 수입이 전제가 되고서의 일이다. 금전도 능력도 없는 멋장이 남자가 인기 있는 시대는 지났다.

☆ 속담이지만 그런대로의 묘미가 있다. 대상으로는 젊은 남성에게 어울리는 말이고, 연애에 열중하고 있는 사람에게도 역설로서 쓰일 수 있을 것이다.

남편에게는 영지(英知)가 있어야 하고 아내는 정숙(貞淑)해야 한다

★ 17세기 초의 영국의 신학자이자 시인인 조지 허버트의 말이다. 동서 고금을 막론하고 남편은 사회에 나가서 활동하고 아내는 가정을 지키는 것이 순리로 되어왔다. 현재는 맞벌이 부부의 가정도 많지만, 그래도 기본적으로는 변함이 없다.

생활을 떠받치는 대들보인 남편에게 만약에 영지가 모자란다면 어떻게 될 것인가? 그 가정은 행복할 턱이 없다. 영지란 이런 경우 지식과 지혜를 의미한다. 그것이 없는 사람이 경쟁 사회에서 남들과 어울려 만족할 만한 활약을 할 수 없다. 따라서 충분한 수입도 얻을 수 없다. 가족의 생활은 가난하고 비참해질 것이다. 그래서 "남편이 무능하면 집에 지붕이 없는 것과 같은 것"이라는 서양의 속담조차 있다.

그럼 아내는 어떠한가? 허버트는 "조심성이 많고 지혜로우며 게다가 온화한 정숙함"이 요구된다고 했다. 이것은 남성에게는 영원한 이상이다.

남편은 "꼭 행복하게 해 준다"는 결혼 전의 프로포즈할 때의 말을 잊지 말고 영지를 연마하여 충분한 활약으로 집의 훌륭한 지붕이 되고, 아내는 "검은 머리 파뿌리 되도록……" 하고 맹세했을 때의 온화한 정숙함을 잃어서는 안 된다.

영국에는「남편에게 재지(才知)가 있고 아내에게 인내가 있을 때, 그 집안에 영광이 있다」고 하는 격언도 있다. 남편과 아내가 분수를 지켜 노력하지 않으면 행복은 쌓지 못한다. 행복은 노력에 대한 포상인 것이다.

☆ 결혼식의 축사와 격려에 응용할 수 있을 것이다.

내 사전에 불가능이란 말은 없다

★ 영웅이라고 하면 우리의 머리 속에는 제일 먼저 나폴레옹의 이름이 떠오르며, 백마에 올라타고 프랑스군의 진두에 선 나폴레옹의 모습은 그림의 소재로도 정말 근사해 많은 명화가 남겨져 있다.

그는 특히 난국에 처했을 때의 지휘가 뛰어나서, 알프스를 넘어서의 원정으로 이름 높은 "마렝고 회전(會戰)" 때 이름 높은 오스트리아의 메라스 장군의 계략에 걸려 대패배를 당하면서도 몸소 기병 제 12 여단의 선두에 서서 전선을 재건하고 끝내는 공세로 전환하여 역전 승리를 거두었다.

또 1806년 10월의 "예나 회전" 때에도 숙적 프러시아의 맹반격을 받아 고전했는데, 그때 비가 퍼붓는 어두운 밤을 틈타 예나 북방의 란드그라펜브르크 고지에 대포를 끌어올리고 다음날 이른 새벽부터 갑자기 적군의 머리 위에 포탄을 퍼부어서 크게 승리하였다.

그때의 일이다. 란드그라펜브르크 고지에 대포를 끌어올리라는 명령에 대해 그의 부하들은 너무나도 엄청난 작업에 꽁무니를 빼며 대포를 끌어올리는 것은 불가능하다고 진언했다. 그 말에 대해 그는 "내 사전에 불가능이란 말은 없다."고 하는 역사에 남을 만한 명언을 남기고 마침내 불가능을 가능케 하고 말았던 것이다.

☆ 기량이 없는 자가 함부로 이런 말을 하면 웃음거리가 되지만, 대부분의 일은 노력하면 된다는 식의 생각을 가지게 하고 싶을 때 인용할 수 있다.

"내일은, 내일만은……" 하고, 사람은 제 스스로를 달랜다

★ 19세기 러시아의 문호(文豪) 투르게네프의 산문시 중의 한 귀절.

인간은 저도 모르게 내일이라는 시간을 기대하고자 한다. 젊을 때는 시간이 영원하게 계속되는 것처럼 착각하고, 또 중노년기(中老年期)가 되어도 사람은 그래도 내일이 있다고 일을 미루려고 한다. 투르게네프는 다시 이어서 말한다. "내일이 그를 묘지로 보내는 그날까지……."라고.

'내일'에 기대려고 하는 이런 인간 심리를 극복하는 것은 쉽지가 않다. 하지만 이것을 이겨내느냐 하는 것은, 인생에 성공하고 성공하지 못하는 하나의 커다란 갈림길이 된다.

옛적의 격언에 "현자(賢者)는 내일은 커녕 오늘이라도 너무 늦다. 어제 안에 일을 끝낸다."고 했다. 현자처럼 하지는 못하더라도, 적어도 오늘 할 일은 오늘 안에 마무리해서 자기의 인생이 가지는 시간을 유효하게 모두 사용해야 한다.

내일이 있으니 괜찮다고, 또 내일도 있다고, 내일이라는 날에 기대게 되는 게으른 마음으로 보내고 있으면, 결국 아무 일도 못하고 그대로 묘지에 가고 만다.

☆ 하루의 정해진 분량의 업무를 바쁘다고 하며 약간의 잔업 시간이 아까와 내일로 미루기만 하면, 더욱더 일은 산적된다. 비지니스는 하루 하루가 승부(勝負)이다. 시간을 지배하는 자가 비지니스를 지배하는 것이다. 내일, 내일 하며 일을 지체하는 것은 그야말로 치명상을 입는 원인이 될 것이다.

업무 처리의 지체를 타이르는 훈시에 쓰일 수 있는 말이다.

[비슷한 말] 하루를 미루는 것은 시간을 훔치는 일이다.

냉안(冷眼)으로 보고, 냉이(冷耳)로 듣고, 냉정(冷情)으로 사물을 느끼고, 냉심(冷心)으로 이치를 생각한다

★ 『채근담(菜根譚)』의 한 구절.

냉정한 눈을 가지고 사람을 관찰하지 않으면 그 사람의 본성이 어떤지 간파하지 못한다. 냉정한 귀를 가지고 남이 말하는 것을 듣지 않으면 그 사람이 말하려고 하는 내용의 선악을 알지 못한다. 냉정한 감각으로 사물을 대하지 않으면 그 자체의 이해 득실에 대한 판단을 정확히 내릴 수가 없다. 또 이성을 잃은 마음으로는 일의 도리를 알게 될 리가 없다는 뜻이다.

모든 일이 감정이 격해 있을 때는 정확한 판단이나 행동을 할 수가 없다. 만사에 침착하고 냉정해야 한다는 것의 중요성을 역설하고 있는 구절이다.

우리가 항상 냉정하게 있고 싶어도 사소한 일로 감정이 흔들릴 경우가 많다. 사람과 사물에 대한 선입관도 있고 잠재 의식도 작용하기 때문일 테지만, 냉정하기 위해서는 평소 때부터의 훈련이 필요하다.

☆ 곤경에 빠졌을 때, 그 진상을 직시해서 적절한 대책을 강구할 수 있게 되는 침착성은 기업에 있어서나 사회 생활에 있어서 필요성이 높아갈 뿐이다. 당황해서 마음의 평정을 잃는 것은 마음이 여린 탓이라고 할 수도 있지만, 경영자로서의 자질로서는 문제가 있다고 하지 않을 수 없다.

사람을 통솔해야 하는 입장에 있는 사람은 평소 때 이 문구를 외고 익혀 두도록 하자.

너무 많은 휴식은, 너무 적은 휴식과 마찬가지로 피로하게 한다

★ 스위스의 종교 철학자로 국제법(國際法)의 대가이기도 했던 힐티의 『잠 못 이루는 밤을 위하여』 중에서.

그는 이 책에서 "너무 많은 휴식을 취하는 것은, 지나치게 일하거나 조바심내는 것과 마찬가지로 피로의 원인이 되는 법이다."라는 말을 하고 있다.

구미(歐美) 비지니스맨의 여름 휴가는 평균 1개월, 우리 나라에서는 1주일 정도가 겨우 전체의 3할 정도. "한국인이여, 더 휴가를 얻어 인생을 즐기라."고 그들은 말한다. 하지만 일벌인 한국인에게는 너무 긴 휴가는 주체할 수 없다. 도리어 등걸잠으로 피로의 원인이 될지도 모른다.

힐티 선생이여, 도대체 우리는 어떻게 하면 좋으냐고 투덜거리고 싶어진다. 그는 「휴가는 무위(無爲)로 지내기 위해 있는 것이 아니라, 심신(心身)에 있어서 무엇인가 유익한 일을 하기 위해 있다」는 말을 하고 있는 것이지만…….

☆ 주휴(週休) 2일제의 실시 때나, 또는 장기 휴가에 들어갈 때의 훈시 등에 인용할 수 있을 것이다.

예를 들어, "대망의 골든 위크(Golden week), 여러 가지의 계획을 세우고 있는 사람도 있을 것입니다. 직장을 떠나 충분한 영기(英氣)를 길러 주십시오. 그렇다고, 날마다 등걸잠으로 지내는 것은 곤란하겠죠. '너무 많은 휴식은 너무 적은 휴식과 마찬가지로 피로하게 한다'는 명언도 있읍니다. 아무쪼록 심신을 단련하는 휴가가 되시기를……" 하는 식으로 말이다.

너에게서 나오는 것은 너에게로 돌아가는 것이다

★ 천고의 명언이라고 할 수 있는 이 말은 『맹자』의 양혜 왕장(樣惠王章)에 기재되어 있는데, 이것은 실제로는 증자(曾子 ; 공자의 제자로 『효경(孝經)』의 작자라고 함)의 말로 그것을 맹자가 추나라의 목공이 묻는 말에 대답했을 때에 인용한 셈으로, 원문에 "증자가 말했다. 이것을 조심하라, 이것을 조심하라. 너에게서 나오는 것은 너에게로 돌아가는 것이다."라고 씌어 있다.

추나라와 노나라가 전쟁중이었을 때의 일이다. 추나라의 장군이 33명이나 전사한 반면 병졸은 한 사람도 죽지 않은 까닭에, 이렇게 되면 군령상 좋지 않다는 데서 목공은 맹자에게 "도대체 어떻게 하면 좋겠느냐?"고 물었다.

그러자 맹자는 "조심하시오, 조심하시오. 당신이 한 언행은 모두가 당신 자신에게로 돌아오니까요. 증자가 말했듯이, 그것은 평소에 장군의 덕망이 없었기 때문에 병졸들이 앞장서서 그들을 지키려고 하지 않은 것이니, 절대로 그들을 책망해서는 안 됩니다." 하고 대답하면서 목공에게 인정(仁政)을 펴라고 타일렀다.

스스로 저지른 나쁜 결과는 돌이킬 수 없다는 말도 있지만, 나쁜 것을 나쁘다고 생각지 않는 사람들이 의외로 많으니 참으로 어지러운 세상이다.

☆ 부하를 가진 자 뿐만 아니라 누구에게라도 들려주고 싶은 지당한 말이다.

노인이 맹위를 떨치는 것은 실력이 있어서가 아니라, 우리가 그들에게 인종(忍從)하기 때문이다

★ 셰익스피어의 『리어왕』에 나오는 대사이다.

우리 나라도 인구 구성의 노령화에 따라 모든 조직이 노령화되고 일부에서는 "노해(老害)"라는 문제도 생겨나고 있다. 그것은 정계뿐만 아니라 관계(官界), 학계, 문예계 등이나 기업 경영의 세계에도 파급되어 있다. 노해가 노해인 까닭은 실력자로 칭하는 노인이 조직을 지배하고 고집스럽게 자기의 주장을 밀어붙여 관철하는 데에 있다. 이러한 노해를 없애지 못하는 것은 젊은이들이 고분고분하게 그들에게 인종하기 때문이며, 한편으로 젊은이에게 실력이 없기 때문이기도 하다. 그런 의미에서 노해는 젊은이 쪽에서 만들어내는 것이라고도 할 수 있다.

젊은이가 진취의 기풍을 잃고 개혁과 혁신의 기개를 가지지 않는 나라나 조직은 발전도 성장도 하지 않지만, 그렇다고 일본처럼 60세를 넘긴 정치가가 "새로운 지도자"라고 자처하고 정권을 누리는 것도 한심스럽다.

☆ 이 문구는 노인에게 반항하기를 권하는 문구라기보다도 "젊은이여, 새로이 각성하라."고 하는 의미로 응용되어야 할 것이다. 격문을 띄운다는 식으로 대수롭지 않게 선거 연설 등에도 응용해 볼 수 있는 말이다.

높이 오르려고 한다면 자신의 다리를 이용해야 한다

★ 니체의 『짜라투스트라는 이렇게 말했다』에 나오는 구절이다.

이 구절은 "높은 곳은 남의 도움에 의해 올라가서는 안 된다. 남의 등이나 머리를 딛고 도달해서도 안 된다!"고 이어진다. 자신의 일은 자신이, 자신의 인생은 자기 스스로 개척하라고 하는 말과 같은 뜻이다.

등산에서도 자기의 발로 한 보 한 보 땀을 흘리며 이를 악물고 바위에 기어올라 정상에 섰을 때, 달성의 큰 기쁨과 자신감이 솟는다. 그런데 남에게 업히거나 탈것을 타고 올라가면 정상에서 보는 풍경은 눈에 비친 점경(点景)에 불과하다.

더구나 사회에서 원하는 지위나 재산을 이루려고 한다면, 몸소 땀을 흘리고 지혜를 짜야만 한다. 남이 깔아 놓은 길 위를 쉽게 가려는 것만으로는 인간으로서의 성장이나 향상은 없다.

이 구절에서 "높이 오른다"는 것은 인간으로서의 향상, 성장에 오르는 것을 의미한다고 할 수 있다. 편안함 속에서는 성공의 열매를 얻을 수 없다는 뜻이리라.

☆ 신입 사원에서 관리직까지 조직의 계단에서 우왕좌왕하는 사람들에게 훈화로서 인용할 수 있는 말이다.

아뭏든 남의 등이나 머리에 올라서 자신만 득을 보려고 하는 풍조가 많은 현대인에게는 "귀에 거슬리는" 훈시가 될지는 모르지만…….

누구나가 다 찬성하는 일이 있다면, 그것은 잘못된 것이다

★ 미국의 저널리스트, 몰리스 유달이 『정치에 관한 유달의 제4 법칙』으로서 든 말 중의 하나이다.

다분히 역설적으로 들리지만 일면 진리를 찌른 말이다. 고대 유태 왕국의 입법, 사법 최고 기관에서의 심결(審決)은 "전원 일치는 무효"로 했다고 한다. 왜냐하면, 전원 일치는 편견이나 흥분이 그렇게 했든지, 아니면 어떤 외부 압력이 작용했기 때문이라는 것이다.

그러고 보니 앞에서 말한 유달의 말도, "전원 일치는 무효"라고 주장한 유태 왕국의 규칙도 일리가 있다. 적어도 수십 명 이상의 사람이 모이면 모두가 전적으로 똑같은 견해를 가진다는 것은 있을 수 없는 일이다. 반드시 소수파 의견이라는 것이 있게 마련이다.

안이하게 전원 일치로 일이 정해질 것 같은 경우에는, 누군가가 "상급자나 강자에게는 무조건 따르는 것이 상책"이라는 식으로 타협했을 가능성을 의심해 볼 필요가 있다.

☆ 회의 때, 토의의 활성화를 촉구할 경우에 쓸 수 있는 말이다.

"누구나 다 찬성한 일이 있다면, 그것은 잘못된 것이다."라는 것은 일면의 진리를 찌른 말이다. 모두가 부화 뇌동적(付和雷同的)으로 찬성하는 것이 아니라 기탄 없는 본심을 연달아 내는 토의를 진행한다는 것은, 결국 회의 결과를 실효있는 것으로 하는 것이 아니겠는가?

【비슷한 말】 반대론(反對論)이 없을 경우에는 결론을 내서는 안 된다.

누구나 동시에 들이마시거나 내뱉지는 못한다

★ 서양의 속담.

"달리면서 동시에 가만히 앉아 있을 수는 없다.", "과자를 먹으면서 동시에 들고 있을 수는 없다."는 등의 비슷한 말이 있다.

이런 사람을 알고 있다. 인품이 좋고 돌봐주기를 잘하며, 남의 부탁을 받으면 절대로 싫다고 하지 않는다. 그리하여 젊은 사원이나 여자 사원에게 특히 인기가 있다. 근속 16년, 무지각 무결근의 더없이 고지식한 인간이다.

그렇지만 회사의 평가는 높지 않다. 같은 동기로 입사한 동료들은 과장 대리나 과장인데도 그는 여전히 주임에 머물러 있다.

가령 하루에 한 건밖에 처리하지 못하는 일은 열흘이면 열 건밖에 처리하지 못하는 것은 간단한 계산이다. 그는 열흘 안에 열 두 건의 책임을 맡으면, 어떻게 해서든 해보려고 한다. 그러나 생각하고 고민하다가 결국은 반도 하지 못하는 결과로 끝나는 것이 대부분이다. 그러므로 무능하다, 무책임하다는 평가가 따라다니게 되는 것이다.

흔히 젊어서는 티내지 않고 좋은 청년이라는 말을 들을지도 모르지만, 30세 중반에 가서는 믿음직스럽지 못하다는 평가를 얻게 된다. 회사로부터도 승진, 승격 등의 결정적인 댓가가 없을 것이다.

☆ 이러한 사원에게는 중요한 것, 급한 것부터 확실히 처리하고, 뒤로 미룰 수 있는 것은 미룰 줄 아는 융통성을 가르쳐 주고 싶다. 그쪽이 회사로서는 이익인 것이다.

"할 수 있는 것과 할 수 없는 것을 분명히 하는 것은, 절대로 부실한 것이 아니다."

눈에는 눈, 이에는 이

★ 이 글은 "손에는 손, 발에는 발, 화상(火傷)에는 화상, 타박상에는 타박상으로서 보상되지 않으면 안 된다."고 이어진다. 『구약 성서』 중 「출애굽기」에 인용되어 유명해진 말이지만, 본래는 기원 전 약 1600년 경 바빌로니아의 함무라비 법전에서 비롯되었다.

동해 복수법(同害復讐法)으로 일컫는 원시 형벌법으로, 그 이후 법규로서 용인되고 있었던 모양이다.

오늘날 항간에서는 '눈에는 눈을'의 부분만을 따서 "유사시에는 응분의 보복을"의 동치 반보(同値返報)의 논리로서 쓰이고 있지만, 그러나 그리스도는 마태복음에서 복수 따위는 하지 말 것이며, 오른쪽 뺨을 맞으면 왼쪽 뺨도 내라는 그 유명한 산상 수훈으로써 관용이야말로 미덕이라고 훈계하며 그 법규를 부정하였다.

관용을 미덕으로 삼는 것은 유교나 그리스도에 한하지 않는다. 동양의 군자국에서도 역시 그랬었던 것으로 생각된다.

☆ 모든 집단에 있어서 화합의 중요성은 말할 필요도 없다. 새로 배치된 직장 조직에 있어서의 어떤 감정적 대립 때의 모임에 응용하고, 화는 협조를 깨뜨리고 화합을 무너뜨리니 생산적이 못 된다는 것을 이해시키자.

단, 운동 경기 같은 데서 점수를 잃었을 때 등의 불리한 입장에서는 "눈에는 눈이다!"라는 식으로 기합을 넣기 위해 쓰일 적이 많다.

늙은이는 두 번째의 어린이

★ 서양의 속담.

아테네의 시인 아리스토파네스의 『구름』에 "노인은 어린이로 되돌아간다고 나는 대답한다."라는 한 구절이 있다. 셰익스피어의 『햄릿』 2막 2장에도 "노인은 어린이로 돌아간다고 합니다.", 또 『리어왕』 1막 3장에 "정말로 나이를 먹고 멍청해지면 갓난아기로 돌아가는 것이니……"라는 말이 있다.

사람은 노인이 되면 어린아이처럼 제멋대로이거나 응석을 부리기도 한다는 그런 뜻이다. 그것이 인생이라고도 할 수 있지만, 한편으론 누구나 다 그렇게 되는 것을 바라지는 않는다. 돌본다는 명목으로 방치시켜 두고, 소외시키고, 무시하려고 하는 경향은 철회해 주기 바란다.

언젠가는 모든 사람이 나이를 먹는다. 그러나 정년을 맞이하여 제2의 인생을 시작하려는 사람도 있다. 모두 지금부터 나름대로 "노후 대책"을 생각할 필요가 있을 것 같다.

☆ 어떤 직장에서도 주위와의 화합은 중요하다. 따라서 특히 완고하고 사리에 어두운 사람에게는 자기가 "노인이라는 것"을 인정시키는 데서부터 충고를 시작해야 한다. 노인들로서는 젊은이에게 영합할 필요는 없지만, 지식이나 체력면에서 뒤져 있다는 자각과 겸허함이 이제까지의 경험과 실적을 살리는 실마리가 된다고 생각한다. 젊은 사원으로부터 이것저것 의논을 받는 사람과 경원을 당하는 사람이 있다. 여기에 "노후 대책"에 대한 하나의 실마리가 있다.

다기 망양(多岐亡羊)

★ 중국의 전국 시대 때 양자(揚子)라는 학자의 이웃집 양 한 마리가 달아났다. 양자의 제자들까지 가세하고 많은 사람이 뒤쫓는데도 좀처럼 붙잡히지 않고 소란스럽기만 하다. 어떻게 된 일이냐고 양자가 묻자 "길이 여러 갈래로 나뉘어져 있어서 좌우로 요리조리 도망다니는 데다 갈림길의 그 끝이 또 여러 갈래로 나뉘어져 있어서 끝내 잃고 말았읍니다." 하고 대답하였다. 그 말을 듣고 양자는 커다란 근심에 싸이고 말았다.

제자들은 고민하는 스승의 모습이 걱정되어 모여 앉아 생각한 끝에, "큰 길은 갈림길이 많아서 달아난 양을 좀처럼 붙잡지 못하는 것과 마찬가지로, 학문의 길도 여러 가지의 학설로 나뉘어져 있어서 본래의 참뜻에 도달하는 것은 용이하지 않다."는 것이 스승의 고민임을 알게 되었다. 『열자(列子)』에 기재된, 양자와 얽힌 일화이다.

☆ 연수, 학습 등의 자리에서는 "연구, 면학의 길은 여러 가지가 있지만, 길을 잃어 제 길을 찾지 못하는 '다기 망양'이 되지 않아야 한다."고 인용해 주기 바란다.

또는 임원 등의 취임 인사 때에 "덕택에 이 길을 ○○년, 오늘에 이르고 있읍니다만, '다기 망양'이라 아직도 이 길에서 제 길을 찾아내기까지에는 요원한 것 같으니, 부디 잘 지도해 주시기 부탁드립니다." 하고 겸손한 말로 응용할 수 있을 것이다.

"다행 찾기"를 합시다

★ 미국의 여류 소설가 에레나 포터 여사의 『폴리아나 이야기』의 주인공인 폴리아나의 입버릇이다.

소녀 폴리아나는 어려서 부모를 사별하고 가정 교육이 엄한 큰어머니 집에서 생활하게 된다. 복이 없는 소녀였지만, 밝은 천성과 명랑한 언동으로 주위의 완고한 어른들의 마음을 누그러뜨리고 사람들을 어느 틈에 행복하게 만든다는 이야기이다. 우리 나라에서도 얼마전에 텔레비전의 만화 영화로서 상영되어 어린이에서부터 어른에 이르기까지 높은 시청율을 올렸다.

폴리아나처럼 무엇이든지 좋은 뜻으로 해석하고, 원인은 무엇이든 간에 그 결과를 모두 자기에게 있어서의 새로운 발견이나 놀라움으로서 포착하여 "아, 다행이다." 하고 생각할 수 있다면, 언제까지나 깊은 슬픔이나 고뇌에 빠지는 일도 없고 원망 같은 생각도 하지 않게 되어 주위 사람들과 안온하고 따뜻한 인간 관계를 형성할 수 있을 것이다. 보통 사람으로는 도저히 흉내낼 수 없는 일이지만, 인간이 어떻게 살아야 하는가의 교훈을 주는 작품이다.

☆ TQC(종합적 품질 관리)의 활동에서는 직장의 문제점이라고 하여 지나치게 흠찾기를 하고 있는 감이 없지 않다. 때로는 "다행 찾기"를 하는 일도 필요하다고 제안하고 싶다.

단단히 묶어서 빨리 찾으라

★ 서양의 속담.

말끔히 정리해 놓으면, 물건이 없어졌다고 소동을 일으킬 필요가 없다는 뜻.

셰익스피어의 『베니스의 상인』 2막 5장에 "꽉 죄면 확실하게 차지한다. 상인에게는 지금도 역시 의미 심장한 속담이다."라는 대사가 있다.

서류나 자료 같은 것을 난잡하게 쌓아놓고 절대로 만지지 말라고 주의시키는 사람이 있다. 보통때는 그것으로 문제 없이 일을 하고 있더라도 어디까지나 본인의 기억과 본인만이 할 수 있는 일의 방법에만 기대고 있는 것이 된다. 위험한 일이다.

남은 알 수 없다. 본인이 없으면 일이 이루어지지 않는다. 정리, 정돈하는 것을 소심한 사람으로 보이고 싶지 않다거나 혹은 호쾌한 성격으로 보이는 것으로 착각하는 사람이 있다. 그렇지만, 이러한 성격은 요즘은 환영받지 못한다. 일단 유사시에 본인이 허둥대는 것이라면 몰라도, 조직적인 일에 지장이 있다면 그야말로 개인만의 문제일 수는 없게 된다.

☆ 정리, 정돈이 서투른 사원에게는 좀 심하게 몇 번이라도 주의를 줄 필요가 있다. "어지럽히는 것은 굳이 출세해서 유능한 비서를 고용한 뒤에 하게."라고.

어떤 기업에서도 정보가 개인에게 귀속해서 조직에 정착하지 않는다는 번민을 가지고 있다. 어차피 그 기업의 관리 내지 조직 체계의 문제인 것이지만, 우선 신변에서부터 직접 실천해 보아야 한다.

"단절의 시대"에 있어서는 과거의 경험이나 재료는 도움이 되기는커녕, 손해가 될지도 모른다

★ 드래커의 저서 『단절(斷絶)의 시대』에서의 한 구절이다.

과거와 현재가 연속해 있는 것이라면 과거의 경험이나 재료는 현재, 혹은 미래에 도움이 될지도 모른다. 그렇지만 단절되어 있는 경우라면 과거의 경험이나 재료는 도움이 되기는커녕, 때에 따라서는 손해가 될지도 모른다는 것이다. 이런 경우 과거의 경험에 사로잡히지 않는 판단이 필요하다.

일반적으로 경험이나 체험을 바탕으로 한 판단은 귀중한 것으로 여겨지는 경우가 많다. "참된 지식은 경험이 있을 뿐."(괴테)이라고도 하고, "학문이 없는 경험은 경험이 없는 학문보다 더 낫다."(영국의 속담)고도 한다.

그렇지만 이것은 과거와 현재가 연속해 있는 시대에 말할 수 있으리라. 단설의 시대에 있어서는 판단의 기준, 사물을 보는 견해의 각도도 달라지는 것이니 과거의 경험은 통용되지 않는다.

☆ 과학 기술의 급속한 진보, 그에 따른 경제 사회 제도의 급격한 변화의 진행은 그칠 줄을 모른다. 거기에는 영원한 진리 같은 사항도 적지 않을 테지만, 그러나 함부로 과거를 끌고가는 경험에 너무 구애받아서는 안 된다. 이 같은 시대에서는 "판단 각도의 수"를 늘릴 필요가 있으며, 경험은 그 중의 하나에 불과하다. 사물을 보는 견해의 일례로서 응용할 수 있는 말이다.

단지 비난만 받는 사람이나 또 칭찬만 받는 사람은 과거에도 없고 미래나 현재에도 없다

★ 이 세상에서 모든 사람에게 빠짐없이 비난받거나, 또는 모든 사람에게 빠짐없이 칭찬받을 만한 인물은 어떤 시대에도 있지 않다는 뜻으로 『법구경(法句經)』의 한 구절.

아버지가 말에 타고 아들이 말고삐를 잡은 이야기가 있다. 그것을 본 어떤 사람이 아들이 불쌍하다고 하며 무정한 아버지로 탓하였다. 그래서 아들이 말에 타고 아버지가 말고삐를 잡았더니, 길을 지나가는 사람이 그 아들을 불효자라고 평했다. 그래서 부자는 함께 말에 올라타고 갔다. 그러자 이번에는 말을 혹사시킨다는 비난을 받았으므로 부자는 말을 메고 걸어갔다고 한다.

사람의 마음은 변하기 쉽다. 오늘 칭찬받았던 사람도 내일은 어떻게 될지 모른다. 세상의 칭찬이나 비난에 동요되지 않는 신념을 기르는 것이 무엇보다도 중요하다.

☆ 사원 중에는 상급자의 눈치만 살피는 사람이 있다. 조금만 칭찬해 주면 기뻐서 어쩔 줄 모르고, 사소한 일이라도 힐책을 당하면 낙심하여 그 일은 자기에게 어울리지 않는다는 식으로 말한다. 결국 일에 대해 자신이 없는 자에게서 이런 경향을 많이 볼 수 있다.

일에 정통하고 숙달해 있으면, 자연히 신념도 생기고 칭찬이나 비난에 대하여 태연한 태도를 취할 수 있는 것이다.

단호히 행하면 반드시 성공한다

★『사기(史記)』에 나오는 진나라의 재상 조고(趙高)의 말이다.

조고라는 사람은 전임 재상이었던 이사(李斯)를 죽이고 후임으로 들어앉기도 하고 황제까지도 죽인 악인이지만, 이 말은 무슨 일이든 뜻을 정하고 단행하면 안 되는 일이 없다는 뜻으로 오래도록 널리 전해져 왔다.

비슷한 말로서『사기』에 "돌에 박힌 화살의 선례가 있다……"는 말이 있다. 전한의 이광(李廣)이란 무장이 숲속의 돌을 호랑이로 알고 활로 쏘았더니 그 돌에 화살이 꽂혔다는 고사에서 유래한 말이다.

이 말은 지금도 좌우명으로 삼고 있는 사람이 많다. 왜냐하면 "하면 된다", "뜻 있는 곳에 길이 있다."는 등의 말과 마찬가지로 조직의 장(長)으로서 명심해야 할 말이기 때문일 것이다.

☆ 새로 공장을 세워서 신제품을 기획해 성공시키고 싶은데 불안한 일도 많다. 그런 때 "단행이 있을 뿐"이라고 외쳐보자.

제2차 대전 말기의 일본군처럼 비행기와 가솔린이 없는데도 죽창만으로 전진을 외치는 것이 아니라, 충분히 자료의 검토를 마치고 합리적인 근거를 가진 연후에 그래도 불안이 남아 있을 때에 쓰일 수 있는 말이다.

당신이 헛되게 지낸 것은 과거의 시간 뿐이다. 내일의 시간은 아직 쓰이고 있지 않다

★ 이 구절 뒤에 "그것은 당신을 위해 남겨져 있다"는 말이 이어진다. 생명 보험(生命保險) 세일즈계에서 최대의 세일즈맨으로 꼽혔던 프랭크 베드거가 후배에게 남긴 말이다.

그는 방문 시간의 낭비를 줄임으로써 업적을 올리는 것에 성공했다. 각종의 판매 기록, 행동 기록 예정표 등을 면밀히 정리, 작성해서 철저한 시간 관리를 실행했다. 그 때문에 토요일은 일을 쉬며 그러한 정리와 계획에 충당했고, 그것을 그는 "자기 자신을 정리하는 날"이라고 불렀다.

쉬는 시간은 방문할 수 없으므로 쉬는 시간 만큼은 손해이지만, 그러나 그 몇 배나 되는 시간을 유효하게 사용할 수 있었던 것이다.

내일의 시간이라는 것은 누구에게나 공평하게 남겨져 있다. 과거에 헛되이 시간을 보낸 것을 후회해도 도리가 없다. 그리고 물론 남겨진 시간이라는 것도 사람에 따라 길고 짧은 차이가 있는 것은 어쩔 수 없다. 요는 남겨진 시간을 헛되게 보내느냐, 유효하게 보내느냐의 차이가 있을 뿐이다.

☆ 프랭크 베드거의 말이기 때문에 판매 관계자에게 적합한 말이지만, 세일즈맨에 구애받지 않아도 될 것이다. 시간을 쓰기에 따라 한 청년이 거부가 되었다는 성공 사례로써 광범위한 사람들을 대상으로 호소할 수 있다.

대개의 경우, 가르치는 자의 권위가 배우려고 하는 자를 방해한다

★ 몽테뉴의 『수상록(隨想錄)』에 적혀 있다.

이 말은 가르치는 것, 가르침을 받는 것의 본질적인 문제의 핵심을 찌르고 있다고 할 수 있다.

자신이 타인으로부터 뭔가를 배우려고 했을 때의 장면을 상기해 보면 수긍할 수 있듯이, 우리는 배우려고 하는 그 사람이 너무나도 뛰어나게 훌륭한 사람으로 느껴질 때는 흉허물없이 아무것이나 질문할 수가 없다.

학교의 선생님이라면 가르칠 임무가 있는 것이니 오히려 질문을 하는 것이 당연하지만, "그런 것을 아직도 모르나?" 하고 꾸지람을 들을 것 같아 저도 모르게 주춤하고 자기 정도밖에 이해하지 못하는 친구에게 질문함으로써 더욱더 알 수 없게 되고 만다.

어머니가 "아빠에게 물어 보렴." 하고 말해도 자식이 전혀 아버지에게 질문하러 오지 않는 것도, 자식의 입장에서 보면 아버지에게 묘한 권위를 느끼고 머뭇거리게 되기 때문일 것이다. 준엄한 얼굴을 하고 있을 때는 더욱 그렇다.

어떤 의미에서는 가르치는 자의 권위가 모처럼의 향학심을 방해하고 있다고도 할 수 있다.

☆ 교원(敎員), 그 밖의 지도자 세미나 등에서 인용할 수 있는 말이다.

대결하면 흑백을 알게 된다

★ 영국의 시인, 에드워드 피츠제럴드가 격언집 『폴로네즈』에서 "대결하면 흑백을 알게 된다. 다만 그것을 알아낼 안목이 있어야 하지만……" 하고 인용하고 있다.

얼핏 보기에 아무런 색다른 점도 없는 문구로서 쉽게 지나쳐 버리기 쉬운 듯한 말이지만, 자기의 일상에 비추어 보았을 때 과연 평온할 수 있는 사람이 몇 사람이나 될까? 즉 언제 어느 때라도 부끄럽지 않은 삶을 살고 있느냐 하는 것이다.

분쟁이 나면 쌍방이 다 자기가 옳다는 것을 주장한다. 한 사람씩 말을 들어 보면 어느 쪽의 주장도 지극히 옳다는 것이 된다. 이와 같이 인간이란 것은 자신의 정당화를 꾀하려고 하는 법이다.

어떤 중소 기업의 경영자가 "이러쿵저러쿵 소문이 나도는 사원은 실격이다. 다소 과장되거나 왜곡되어 있을 경우도 있지만 대개는 사실 무근이 아니다."라고 말했다.

법률, 특히 형법은 사람이 죄를 범하지 않게 하는 "예방"이 기본적인 정신이다. 대결해서 백이고 싶으면 평상시 백의 생활 태도를 견지해야만 할 것이다.

☆ 어느 부과(部課)에도 평소에 작은 내분은 있다. 또 부하들 상호의 인간 관계도 복잡하게 얽혀 있다. 그렇게 보면 이 문구는 문제가 생겼을 경우에 유효일 뿐만 아니라 평상시에도 부하에게 침투시켜 놓아야 한다는 생각을 하게 된다. 대결을 바라지 않되, 그렇다고 피하지도 말아야 한다.

대나무 잎은 미풍에 소리나고 바람이 자면 대나무에 소리 없다

★ 이 구절에 이어 "기러기, 한담(寒潭)을 건넌다. 기러기 떠나고 연못에 그림자 없다. 고로 군자는 일이 생기고서야 마음이 비로소 나타난다. 일이 끝나면 마음은 공(空)이 된다."고 적혀 있다.

이 말은 대나무 숲에 바람이 불어오면 대나무 잎이 바삭거리고 소리를 내지만, 바람이 지나가면 대나무 잎은 소리를 남기지 않는다, 기러기가 연못[潭] 위를 날면 그 그림자가 물에 비치지만 날아가 버리면 이미 연못에는 그 그림자가 남아 있지 않다, 덕이 높은 사람[君子]은 일이 생기면 마음이 움직이지만 일이 수습되고 나면 마음은 본래의 공이 되어 지난 일에 면면히 언제까지나 집착해 있지 않는다, 군자란 그런 것이다라고 하는 뜻이다. 『채근담』에 나오는 한 구절.

낚다가 떨어뜨린 물고기가 제법 크다. 바닷속에 흰 배를 보이며 달아나는 물고기를 보고 "유감이다"라고 분해하는 것은 좋지만, 언제까지나 이것에 집착하고 마음을 두어서는 안 된다는 뜻이다.

☆ 주문을 받는 일에 뛰어난 재능을 가진 사원이 있었다. 어느 날 여느 때와 다름없이 거래선의 사무실에 거리낌없이 성큼성큼 들어섰다. 그렇지만 그날만은 접수처를 통해달라는 주의를 받았다. 그런 일이 있은 뒤로는 그것이 마음에 걸려 점점 발길이 멀어지고 끝내는 출입을 않게 되니 거래도 끊기고 말았다.

작은 일에 구애받는 사람, 마음 쓰는 사람, 자존심을 상하게 되면 화내거나 맥이 빠지는 사람 등은 타고난 성격이기는 하지만 노력에 의해 약점을 고쳐 나가야 한다.

덕(德)은 외롭지 않다. 반드시 이웃이 있다

★『논어』이인편(里仁篇) 중에서.

덕행이 있는 사람은 언제까지나 고독하지 않다. 반드시 그 감화가 주변에 미치고 또는 사모하는 사람이 나온다. 덕이 있는 사람에게는 저절로 사람들이 모여든다는 것을 뜻하는 구절이다.

현실의 세상은 이기적인 생각에 서서 모든 문제를 "자기의 이해"라는 척도만으로 판단하고 있는 경우가 많다. 특히 젊은 사원은 "눈에 보이는 일"을 하고 싶어하거나 남으로부터의 평가를 걱정하기가 쉽다.

예를 들어, 여자 사원의 차 시중만 해도 마찬가지일 것이다. 일을 시키면 마지못해 하는 것이 아니라 제 스스로의 의지로 따끈한 차를 대접하겠다고 생각한다면 차 시중을 든다는 생각은 하지 않게 될 것이다. 한 잔의 차가 얼마나 사람의 마음을 부드러워지게 하는지 모른다. 성심껏 내놓은 차이면 "이 차를 끓여 준 사람은 누굴까?" 하고 뜻하지 않은 평가를 받게도 되는 것이다.

☆ 사전에서 "덕(德)"을 찾아보면「마음이 바르고 행실이 인도(人道)에 어긋남이 없는 일. 남을 마음속으로부터 따르게 하는 인격」으로 나와 있다. "덕"이라는 글자에서 받는 의미는 폭이 넓고 표현하는 것이 매우 힘들다. 응보(應報)를 기대하지 않고 매일같이 자기가 할 수 있는 범위의 노력을 축적해 가는 일이 중요하다. 반드시 여러분의 행위를 보고 있는 사람이 있어 평가해 주게 될 것이다.

도리(桃李)는 말하지 않아도 그 밑은 혜(蹊)를 이룬다

★ "복숭아와 오얏은 전혀 말을 앓지만 그 꽃이나 열매를 찾아서 사람이 모이고 그 밑은 자연히 작은 길이 생긴다. 인간도 마찬가지로 덕이 있는 사람은 가만히 있어도 사람들이 따르게 된다."는 뜻의 이와 같은 구절이 『사기(史記)』에 적혀 있다.

이광(李廣)은 적과 맞서서는 용감하고 부하에 대해서는 애정이 깊은 훌륭한 장군이었다고 사기의 작가 사마천이 칭송한 뒤, 그 전기[李將軍列傳]를 싣고 끝으로 이 말이 속담 중에 있다고 인용했다.

논어의 "덕은 외롭지 않다. 반드시 이웃이 있다."는 말과 통한다고 할 수 있을 것이다.

☆ 비지니스의 세계에서도 "덕"은 중요하다. 파렴치한 돈벌이, 소비자를 우롱하는 것 같은 부덕이 있어서는 안 된다.

경영자나 회사의 인덕, 품격이 세상에 좋은 이미지를 주면 먼 앞날의 발전을 기약할 수 있게 된다. 회사나 지점의 품격을 소중히 여기라고 하며 장사를 떠나서 문화 사업 등에 공헌하며 오늘날까지도 칭송을 듣는 선인도'있다.

적극적으로 선전해서 꽃이나 과실이 없어도 큰 얼굴을 하는 시대가 되고 있지만, 세상은 잘 알고 있다. 겉만 치장한 상품의 매상은 오래 지속되지 않는다.

도청 도설(道聽塗說)

★ 공자는 "앞의 길에서 어진 말이나 가르침을 들은 자가 다음 길에서 만난 사람에게 앞의 길에서 들었던 것을 마치 자기 말[說]이기라도 한 것처럼 꾸며서 들려준다. 그런 사람은 모처럼의 덕을 자기 스스로 버리고 있는 것과 같은 것이다."라고 하여, 남의 말을 경솔하게 도용하는 것은 군자가 깊이 삼가야 할 일이라고 훈계했다.

『논어』양화편(陽貨篇)의 한 훈화로서, 쉽게 아는 체하고 남의 말의 도용을 마치 자기 말처럼 하는 경박 재자(輕薄才子)를 가리켜서 약간 경멸의 뜻도 포함하여 "그것은 도청 도설(道聽塗說)이다."라고 한다.

현대는 전후 좌우에 정보가 득실거리고 있다. 그리고 당연한 일이지만 내용은 옥석 혼효(玉石混淆), 즉 착한 것과 악한 것, 또는 좋은 것과 나쁜 것이 한데 섞여 있어서 어느 것이 유용하고 옳은 것인지 선별도 쉽지가 않다. 이렇듯 많은 것들이 범람해 있지만 기초 지식이 있어야만 파고들어서 이해하고 활용할 수 있는 것인데도 눈동냥이나 귀동냥의 지식을 제대로 음미도 하지 않은 채 의기양양하게 과시하는 사람들이 세상에는 많이 있다. 빈축을 사서 마땅하지 않을까?

☆ 신입사(新入社), 또는 조사, 연구 회의 등에서의 인사나 훈시 때에 "그 정보[說]는 옳은 것인가? 진위를 식별할 수 없는 동안은 함부로 인용하지 말고 그 말을 사려깊은 마음으로 자기로서도 충분히 해석한 연후에 지식으로서 활용할 수 있도록 하지 않으면 안 됩니다. 함부로 도청 도설하여 경박 재자의 비난을 듣지 않도록 조심합시다."고 하는 식으로 응용할 수 있다.

독서는 풍성한 사람을, 담화(談話)는 재치있는 사람을, 글을 쓰는 일은 정확한 사람을 만든다

★ F. 베이컨의 말이다.

한정된 친근한 범위의 사람으로부터 직접 얘기를 들을 경우와 달라, 독서는 역사적인 시간, 지리적인 장소 등을 초월해서 가지가지의 사람, 예컨대 과거의 위대한 인물, 혹은 외국의 전혀 다른 환경에 있는 사람의 생각을 흡수할 수가 있다. 그런 의미에서 독서는 배우려고 하는 의지만 있으면 상대를 택하지 않고 자기를 풍성하게 할 수 있는 수단이다.

담화에 있어서는 그 상대는 한정되지 않으나 상대가 말하는 것에 대해 즉각 반응하고 자기의 의지를 표현하지 않으면 안 된다. 사람과 만나서 이야기할 때에는 때때로 임기응변의 기술이 필요하게 된다.

글을 쓴다는 것은 얘기할 경우와 달라 몸짓이나 손짓, 표징 등의 사 표시의 보조 수단은 없지만, 나중에 기록해서 남기는 것이기도 하고, 또한 느긋하게 생각할 시간도 주어지게 되므로, 자연히 정확하게 자기 생각을 표현하는 것의 훈련이 된다.

독서, 담화, 그리고 쓰는 일은 각각 다른 의미를 가지는 전달 매체이다.

☆ 비지니스란 읽고 말하고 쓰는, 이 세 가지의 연속이다. 표제의 각각의 장점을 잘 이해한 뒤 기회를 포착해 자기를 훈련해야만 하는 것이다. 신입사원 교육의 자리에서 사용할 수 있는 말이다.

돼지가 되어서 즐기기보다는, 사람이 되어서 슬퍼하겠다

★ 그리스의 철학자 소크라테스의 말이다.

영국의 사회학자, 존 스튜어트 밀(1806~1873)도 "나는 만족해 하는 돼지가 되기보다는, 만족하지 않는 인간이고자 한다."고 비슷한 말을 하고 있다.

신약 성서에도 "돼지에게 진주를 던져 주지 말라."고 써 있듯이 옛날부터 돼지는 먹는 것만을 탐하며 일의 도리를 모르는 상징으로 삼아왔다. 이것은 돼지가 되는 것을 거부하는 선언이다.

관념론 철학의 창시자로 일컫는 소크라테스는 아테네의 거리에서 청년들과 지와 덕에 관해서 줄곧 문답을 나누다가, 70세를 넘어서 신에 대한 불경, 청년을 해친다는 이유로 사형을 선고받아 옥리(獄吏)가 준 독배를 마시고 죽었다.

돼지가 되어서 안온하게 사는 것보다 인간으로서 절대적 진리의 존재를 갈구하며 고뇌하고, "너 자신을 알라"의 격언에 따라 자아를 계속 추구한 그 생애를 단적으로 가리키는 의미심장한 말이다.

☆ 어쩌면 이 구절은 요즘의 세태하고는 거리가 먼 감이 없지 않다. "소크라테스는 없다. 있는 것은 여윈 돼지 뿐이다."라고 한다면 요즘의 젊은이들은 무어라고 말할까?

두려워하지 않아도 되는 것을 두려워하고, 두려워해야 하는 것을 두려워하지 않는다

★ 이 구절에 이어 "이런 사람들은 부당한(사악한) 견해를 안고 나쁜 곳(지옥)으로 간다."고 씌어 있다. 그리고 이 구절을 끼고 "부끄러워하지 않아도 되는 것을 부끄러워하고, 부끄러워해야 하는 것을 부끄러워하지 않는다. 삼가야 하는 것을 삼가지 않고, 삼가지 않아도 되는 것을 삼간다"는 두 구절이 있으며 어느 것이나 사악한 견해를 안고 지옥으로 간다고 말하고 있다. 『법구경(法句經)』의 한 구절.

공포는 알지 못하는 데에서 생기는 법이다. 미지이기 때문에 두려워한다. 또한 미지이기 때문에 두려워하지 않게 된다. 양쪽 다 잘못된 생각이라는 것을 훈계한 구절이다.

등산은 만반의 준비를 갖추고 무리없는 계획 하에 자연을 거역하지 않고 신중히 행동하면 무조건 두려워할 만한 것은 못 된다. 준비도 부족하고 계획도 엉터리에다 자신의 능력도 생각하지 않고 자연에 거역하여 산을 얕보게 되면 사고가 나게 된다. 그리하여 자연 앞에서는 인간이 얼마나 허약한 존재인가를 알게 된다.

☆ 경영자는 사무실 임대료 등의 여러 경비를 지불하고 매달 정해진 날에 사원에게 봉급을 지불해야 한다. 처음에는 그 자금의 염출(捻出)에 필사적으로 몰두한다. 그러다가 사업도 순조로이 성장하고 익숙해짐에 따라 경비 감각이 둔해지고, 무계획으로 치닫다 끝내는 지불이 따르지 못해 실패하고 만다.

이 같은 경우는 종종 볼 수 있다. 경영자는 항상 긴장하고 무엇을 두려워할 것인가, 무엇을 두려워해서는 안 되는가를 겸허한 마음과 용기로 확인해야 한다.

둔한 자는 장수하고 예민한 자는 요절한다. 조용한 자는 장수하고 움직이는 자는 요절한다

★ 중국 송나라 시대 말기에 황견(黃堅)이 편집한 시문집『고문진보(古文眞寶)』에 나오는「고연(古硯)의 명(銘)」에 있는 한 구절이다.

둔한 자나 조용한 자는 장생을 하고 신경이 예민한 자나 활동이 심한 자는 일찍 쓰러지는 적이 많다. 비유해 보면 붓은 끝이 날카롭기 때문에 빨리 망가지고 벼루는 둔하기 때문에 언제까지든지 쓰일 수 있다. 인생도 그와 같다는 뜻이다.

불과 26세로 병사한 영국의 천재 시인 키츠는 그 서간집에서 "나는 불사(不死)를 믿고 싶다. 나는 영원히 살고 싶다."고 비통한 생에의 집착을 외치면서 요절했다. 인생은 무상한 것으로 아뭏든 유능한 사람이 일찍 죽고 범용한 사람이 오래 사는 경우가 많은 듯하다.

☆ 고별식이나 위령제 등의 조사를 할 때 삽입구로서 인용할 수 있는 말이다.

옛부터 천재는 요절한다고 했다. 그들은 설령 삶이 짧아도 완전 연소하고 죽음을 맞지만, 우리 같은 범인은 헛되이 나이만 먹으며 불완전 연소인 채로 삶을 마치기가 일쑤이다.

한창 일할 나이에 죽은 동료, 부하, 거래선의 기업가에 대한 조사에서 "둔한 자는 장수하고 예민한 자는 요절한다고 하듯이, 나 같은 범용한 자가 이렇게 살아 있는데 당신 같은 유능한 사람이 이렇게도 일찍 세상을 떠나다니……" 하는 식으로 인용하면 된다.

뜻을 세우고 공들이는 것은 나무를 심는 것과 다를 바 없다

★ 지와 행은 본래 일치한 것으로 떼어놓을 수 없다고 한 "지행합일설(知行合一說)"을 제창하여 후세에 과대한 영향을 준 왕양명(王陽明)의 어록 등을 집록한 것이『전습록(傳習錄)』이며, "뜻을 세우고 공들이는 것은 나무를 심는 것과 다를 바 없다."는 문구는 그 상권에 있다.

그 뜻은 학문에 뜻을 세우고 수행하는 것은 나무를 심고 키우는 것과 같다는 것으로, 이 어구 속에는 가지나 잎이 나고 꽃이나 열매가 열리는 것 같은 앞일은 생각지 말고 처음에 이식할 때 구멍을 잘 파고 흙을 잘 덮어 물을 충분하게 뿌려주는 일에 전력을 쏟아야 한다는 뜻이 포함되어 있다.

이것은 학문이란 것은 특히 근본이 중요하므로 쉽고 가까운 것에서부터 순서에 따라 진행해야 하며, 처음에는 오로지 근원인 곳에 힘을 쏟고 함부로 많은 지식을 원할 것이 아니라는 훈계로서, 요는 현실에서 떨어져 먼 장래를 이것저것 두루 생각하는 것은 의미가 없다는 뜻이다.

☆ 만약에 요즘의 세상을 왕양명이 바라본다면 무어라고 평할까? 학교 교육은 형해화(形骸化)하고 어릴 적부터 꽃이 피고 열매가 맺기를 갈망하는 조기 교육, 정말 이래도 되는 것인지?

학문 뿐만 아니라 일도 근원이 중요하니, 신입 사원에게 들려주고 싶은 말이다.

뜻있는 것은 끝내 성사된다

★ 『후한서(後漢書)』 중에서 한 대목.

무슨 일인가를 이루겠다는 결심을 지속하고 있으면 그 일은 언젠가 성취된다는 뜻으로, 바꾸어 말하자면 무슨 일이든 단념해서는 안 된다고 하는 뜻이다.

인생이란 재미있는 것으로, 무슨 일인가 하려고 할 때 설령 그것이 실현 불가능하다고 생각되더라도, 꾸준히 노력함으로써 언젠가는 실현되는 적이 많다. 예를 들어 트로이의 유적을 발견한 슐리만의 얘기 같은 것은 좋은 예가 될 것이다.

그는 어렸을 때 들은 호메로스의 서사시에 나오는 트로이 전쟁을 현실의 얘기로 생각하고 그 수십 년 후에 마침내 유적을 발견하기에 이르른다. 당시의 사람들은 아무도 꿈 이야기로밖에 믿고 있지 않았던 것을, 그는 실제로 있었던 이야기로 확신하고 유적의 발굴을 꾸준히 생각하다가 그것을 실현한 것이다.

슐리만의 얘기는 역사상 너무나도 유명하며 우리는 일상 생활에서 그것과 가까운 일을 흔히 경험하고 있다. 속된 얘기지만 호감을 가진 이성과 언젠가는 이루어진다고 꾸준히 생각하다가 끝내 결혼하게 되었다고 하는 일 같은 것이다. 단념하지 않는다면 언제 찾아올지 알 수 없는 드문 기회를 손에 넣을 수가 있을 것이다.

☆ 대상은 누구라도 좋다. 꾸준히 생각하고 단념하지 않는다는 것의 중요성을 강조하고 싶을 때에 인용할 수 있는 말이다.

[비슷한 말] 빗방울이 댓돌을 뚫는다.

레몬이 있다면 레몬수를 만들라

★ 이 말은 데일 카네기가 지은 『길은 열린다』에서 줄리어스 로젠바르트의 말로서 소개되고 있다.

이 글에서의 "레몬"에는 하찮은 것이라는 어감이 포함되어 있다. 하찮은 것에서도 무언가 도움이 되는 것을 창출해 내려고 하는 마음가짐, 더 넓은 의미에서는 지금 있는 것, 혹은 현재 놓여진 환경을 밝은 면으로 포착하고 그것에서 활로를 찾아내고자 하는 태도나 마음가짐의 소중함을 말하고 있다.

혹독한 환경에 놓여졌을 때라도 그 사람의 인생관에 따라 "저주"도 되고 "희망"도 될 수 있다. 손해를 이익으로 바꾼 사례는 이 책에서도 수없이 소개되어 있지만 그 중에서 한 가지, 어떤 편지에 씌어 있던 말을 인용해 보기로 한다.

"두 사나이가 감옥의 창으로부터 밖을 바라보았다. 한 사람은 진흙을 보고 다른 한 사람은 별을 보았다."

☆ 포화의 시대, 물자가 넘쳐나는 시대라고 하는 오늘날 진실로 소비자가 원하고 있는 것은 무엇인가? 상품 개발이나 판로 개발도 신선한 시각으로 맞붙지 않으면 안 된다. 대기업 같은 우수한 연구 개발 부문이 없어도, 신변에서 지금까지 깨닫지 못한 것 중에 의외로 창조적인 요소가 숨겨져 있는 법이다.

신입 사원 연수회, 판매 회의, QC (품질 관리) 활동, 관리자 연수회 등의 자리에서 인용할 수 있는 말이다.

마시면 죽는다. 마시지 않아도 죽는다

★ 몽고의 속담.

세계에는 술에 얽힌 속담이 많다. 이것도 그 중 하나로 "술이라는 건 과음하면 몸을 망치고 자칫하면 죽음까지 몰아넣을 수도 있다. 그렇지만 마시지 않아도 어차피 사람은 한 번 죽는 것이니, 죽는 것이 싫다고 해서 술을 마다할 것까지는 없다."는 그런 뜻이다.

말하자면 애주가가 정색하여 한 말인데, 아뭏든 술에 얽힌 속담에는 동서양을 막론하고 이런 투의 것이 특징이다. 그만큼 술이 인간의 생활에 옛날부터 밀접하게 관련되어 있다는 증거라고 할 수 있다.

예를 들어 다음과 같은 문구도 있다. "3년간 술을 마셔 보라. 그렇게 되면 돈은 모두 없어진다. 3년간 술을 마시지 않고 있어 보라. 그래도 돈은 없어진다"(중국), "처음의 한 잔은 건강을 위해, 두 잔째는 기쁨을 위해, 세 잔째는 치욕을 위해, 네 잔째는 광희를 위해."(그리스)라고 하는 식이다.

그렇지만 정색하는 한편으로는 그럼에도 불구하고 애주가들은 건강이나 낭비를 걱정하면서 계속 마셔대고 있으니, 애주가란 귀여운 데가 있다고 하지 않을 수 없다.

☆ 술의 권장을 드러내놓고 할 수는 없지만 파티나 주석에서의 가벼운 연설에는 무방할 것이다. 그리고 애주가가 모여 있는 곳에서는 환영을 받을 만한 말이기도 하다.

마음이 다른 곳에 있으면 보아도 보이지 않고 들어도 들리지 않고 먹어도 그 맛을 알지 못한 다

★ 사서의 하나인 『대학』의 한 구절.

자기의 의식이나 상념이 그 일에 집중해 있지 않으면 오감(五感)이란 육체의 감각만으로는 사물의 본질이 파악되지 않는다는 것, 반대로 한결같이 마음에 염원하고 있으면 아무렇지도 않은 듯한 일상의 사건 중에서도 일의 문제점이나 본질이 보이게 된다는 것을 의미하고 있다. 똑같은 것을 견문해도 마음의 상태에 따라 그것에서 얻어지는 것은 크게 달라지게 된다.

정보화 시대를 맞아 정보의 홍수 속에 지새고는 있지만 "마음이 그것에 있지 않으면" 그것에서 얻어지는 것은 적을 것이고, 반대로 마음속으로부터 한결같이 바라거나 간절하게 한 가지 일을 꾸준히 생각하는 "생각의 강도"가 있으면 보이지 않는 것이 보이게 되고 일의 본질을 꿰뚫어볼 수 있게 된다.

정보의 부족이란 첫째, 정보를 수집하려고 하는 의욕의 부족이고 둘째, 정보의 소화력 부족이며 세째, 정보를 정리하는 의욕의 부족이다라고 말한 사람이 있는데, 정보를 받아들이고 버리는 것도 마음의 상태, 즉 자세의 문제라는 것을 중국의 고서는 가르치고 있다.

☆ 현대가 정보화 시대임은 말할 것도 없고 고도의 과학 기술이 그 기반이 되고 있지만 인간의 마음가짐도 중요한 문제라는 것을 잊지 말아야 한다는 뜻으로 인용할 수 있다.

마음이 바르면 올바른 공이 나온다

★ 일류 골퍼의 말에는 매우 멋진 것이 많은데, 미국의 바이론 넬슨의 이 한 마디도 정곡을 찌른 말이며 바로 이것이야말로 달인의 경지라는 생각이 든다.

마음을 바르게 가진다는 것은 인간으로서 가장 중요한 일이지만, 누구나 다 바른 마음을 가진 사람이라고 할 수는 없다. 예를 들어 규칙에 다소 저촉되더라도 이기면 그만이라고 생각하거나 돈을 벌기 위해서는 수단을 가리지 않는 것 같은 일을 가끔 보게 된다.

그렇지만 옛부터 "악은 일단(一旦)의 일이다."라고 일컬어지며, 부정을 한 자가 오랫 동안 번영한 예는 없다. 따라서 무엇을 하더라도 마음을 바르게 가지고 우리의 삶에서 올바른 공을 잇따라 계속 칠 수 있도록 유념해야만 한다.

☆ 흔히 다른 회사와의 경쟁에 이기기 위해 기업 스파이 사건이나 뇌물 사건 등을 일으키는 곳이 있는데 이러한 부정은 절대로 좋은 결과를 가져올 수 없다. "마음이 바르면 올바른 공이 나온다"는 말을 믿고 성심 성의껏 일에 임하여 좋은 결과를 얻도록 해야만 하는 것이다.

부하들에게 함부로 기합을 넣지만 말고 때로는 이러한 말을 써서 독려해 보는 것도 좋을 것이다.

마음이 반듯하지 않은 자는 법의(法衣)를 입을 자격이 없다

★ "마음의 더러움을 제거하지 않고 법의를 입으려고 원하는 사람은 아직 마음이 제어되지 않았으므로 그 법의를 입을 자격이 없다."(『법구경』)

고대 인도에서는 출가한 수행자는 일반인과 구별해서 황갈색의 가사(袈裟)를 입기로 되어 있었다. 그러면 사람들은 수행승을 크게 신용하고 가사를 입은 외형에 대해 신용과 존경심을 가졌다. 그 마음도 당연히 그것에 적합한 것으로 생각하고 있었기 때문이다.

즉 이 구절이 의미하는 것은 욕망이나 본능에 의해 아직도 마음의 더러움을 다 뱉아 내지 못해 내면적으로 번민이 있고 마음이 정돈되어 있지 않은 수행승은 사실상 가사를 입을 자격이 없다, 내실이 따르지 않고 외형만 반듯하면 무슨 값어치가 있겠느냐고 하는 것이다.

☆ 조직에서 불행한 일은 능력이 모자라는 자가 관리직을 차지하는 일이다. 부하보다 모자라는 상사, 그나마 자기는 부하보다 뛰어나지 않으면 안 된다고 생각하는 자에게는 이것이 번민의 씨앗이다.

실제로 "나는 부하보다 모든 면에서 뛰어나다."고 잘라 말할 수 있는 상사는 아마도 없을 것이다. 관리직이란 옷을 입는 자격은 자신도 노력하는 것은 물론이지만 자기보다 뛰어난 부하를 가지고 있는 것을 자랑으로 여길 줄 아는 데에 있다.

마치 잘 지낸 하루가 편안한 잠을 가져다 주듯이, 잘 활용된 일생은 평온한 죽음을 준다

★ 『레오나르도 다빈치의 수기』 중의 한 구절.

하루의 끝이 수면이고 일생의 끝이 죽음이라고 한다면 충실된 하루가 안면을 주듯이 충실된 일생은 안온한 죽음을 주게 된다.

사람은 누구나 불안 때문에 잠을 이루지 못하는 밤을 보내기보다는 안면을 원한다. 마찬가지로 사람에게 있어서 죽음이 피할 수 없는 것인 만큼 그 죽음은 평온하게 모든 일을 이룬 충실감에 넘친 죽음이기를 바랄 것이다.

만족하고 후회없는 죽음을 맞기 위해서는 결국 자기에게 주어진 인생을 힘껏 산다는 것밖에는 없으리라.

물론 만족이나 충실의 가치관은 사람에 따라 다르나 어떤 사람은 부와 재(財)를 이루는 일생을 충실로 알고, 또 어떤 사람은 다른 것에서 충실의 가치를 발견할지도 모른다. 그렇지만 어쨌든 그 사람에게 있어서 후회 없는 인생이었는지의 여부가 문제이지, 살았던 날들의 길이는 아닐 것이다.

☆ 인생, 혹은 사람의 생활 태도에 관한 얘기를 할 때에 인용할 수 있는 말이다. 노인들이나 정년 퇴직한 사람들이 모인 자리에서 "사는 보람을 찾아내자"는 식의 강화를 할 때에 그 서두에 인용하면 좋을 것이다. 다만 우선 자기가 충실된 인생을 가져야만 한다.

만족한 고객은 일곱 명의 손님을 데려다 준다

★ 미국의 외판원 지침서에 원전이 있으며, 판매 관계자 사이에서 옛날부터 전해진 격언으로 아프터 서비스의 중요성을 나타낸 말이다.

판매라는 것은 상품을 판매하면 그것으로 끝나게 되는 것은 아니다. 소비자가 그 상품에 만족을 하게 되고서야 비로소 판매는 완결이 된다. 그 만족을 하게끔 하는 기능이 아프터 서비스이고 만족한 손님은 소문이나 소재에 의해 새로운 손님을 데려다 준다. 손님이 손님을 부른다는 것은 이것을 뜻한다.

현재는 어떠한가? 매상(賣上) 지상주의의 회사가 많아진 것은 아닐까? 영업 사원이나 세일즈맨도 근무 기준량에 쫓겨서 오늘 하루의 매상에만 신경을 쓰고 손님의 만족이란 것은 잊고 있는 것이 아닐까?

신제품이 홍수처럼 쏟아져 나오는 현대에서는 손님이 구입한 뒤의 만족까지 생각할 만한 여유가 없다고 하는 것은 구실에 불과하다. 손님이 손님을 불러 주는 식의 소비자 서비스의 제도를 만들게 되면, 그쪽이 장래적으로는 매상을 증가시키는 것에 이어지는 길이 될 것이다.

흔히 "아프터 서비스란 비포어(before) 서비스이다."라고 하듯이 현재의 서비스는 미지의 손님에 대한 비포어 서비스가 되는 것이다.

☆ 아프터 서비스의 중요성이나 판매의 마음가짐을 주제로 하는 경우 이외에도, 예를 들어 인간끼리의 교제에 있어서 상대방으로 하여금 만족하게끔 하는 행동을 하면 잇따라 인간 관계의 고리가 펼쳐진다는 식으로 인용할 수 있을 것이다.

많은 일을 하려고 하는 사람은 지금 당장 한 가지의 일을 하지 않으면 안 된다

★ 마이어 암세르 레트시르트의 말이라고 하면 일반 사람은 얼른 알아듣지 못할 것이다. 레트시르트는 독일어이고 영어로는 로스차일드가 된다. 지금도 거대한 영향력을 가진 로스차일드 재벌을 이룩한 인물이다.

그의 위업은 세계(당시는 유럽)의 정보를 모으는 정보망을 구축하고 그것을 완전히 활용하는 것으로 달성되었다. 그 당시에는 세계의 정보를 한손에 모은다는 것은 보통 일이 아니었다. 그야말로 몸이 여럿 있어도 부족했을 정도로 매우 바쁘기 짝이 없었을 것이다.

일이란 것은 순서를 좇아 한 가지씩 처리해 나가지 않으면 끝나는 법이 없다. "일에 쫓겨서 아무 일도 못해." 하는 사람일수록 눈앞의 일에 손을 대지 못하고 있다. 혼자서만 일을 모으고 있는 것이다.

"서두르는 일은 바쁜 사람에게 부탁하라"는 말도 있다. 이것은 매우 바쁜 사람일수록 일을 처리하는 능력이 뛰어나므로 한가한 사람에게 부탁하기보다 결국 빨리 처리해 준다는 말이다.

☆ 일을 대하는 태도, 처리하는 방식 같은 주제로 신입 사원을 비롯한 사업가에게 하는 훈계로 적합할 것이다. 특별히 로스차일드를 인용하지 않아도 알아들을 수 있는 말이다.

많은 재주를 가진 사람 중에, 완전한 한 가지 재주를 가진 사람은 없다

★ 영국의 속담.

백 가지 재주를 알려고 기웃거리는 자는 한 가지 재주도 모른다는 뜻으로, 무엇이든지 엉거주춤한 것보다는 무언가 잘하는 분야를 가지고 있는 쪽이 낫다는 뜻이다.

한 가지밖에 못해도 된다는 것은 물론 아니다. 잘하는 분야, 전문 분야가 있고 남에게도 인정을 받는다는 것은, 그 이외 분야의 일도 할 수 있다는 것이다. 독립된 분야란 그렇게 많지가 않다.

신입 사원이 연수 기간을 거쳐 경리부에 배속되고, 2년 지나서 자재부, 자재부에서 영업부로 이동하는 과정에서, 각 부에서의 경험을 활용하게 된다. 그리고 잘하는 분야는 이러한 배경과 그 동안의 실적에서 생겨나는 것이기도 하다.

비지니스맨의 경우, 자기의 사정만으로 직종을 선택하게 되는 것은 아니다. 대개는 회사의 인사 방침에 따르지 않을 수 없지만, 적재적소를 현실화하기 위해서는 회사의 요구에 부응할 수 있는 능력을 갖추고 있지 않으면 안 된다. 특색이 있는 인간, 특수 능력을 지닌 사원은 귀중하다.

☆ 열 두 가지 재주에 저녁거리가 없다는 식으로, 이것저것 모두 기웃거리는 사원에게는 꼭 이렇게 충고하고 싶다——"무엇이든지 시키고 싶습니다. 그런데 어디에 배속시키면 좋을지 모르겠고, 얼마나 월급을 올려주면 될지도 알 수 없군요."

어떤 출판사의 채용 시험에서 불합격된 사람이 있었다. "무엇이든지 할 수 있군요. 그렇지만 우리로서는 카메라맨의 월급밖에 준비하고 있지 않습니다."——거절할 때의 설명이었다.

매화나무를 바라보고 갈증을 푼다

★ 삼국 시대, 진나라를 세우고 친히 무제가 된 사마염이 오나라를 공격하기 위해 진군하고 있었을 때 길을 잃어 음료수를 써 버리고 군졸들은 심한 갈증에 시달렸다. 전군이 피로에 지쳐 있었을 때 선두를 가던 무제는 한 계책을 생각해 내고 말했다.

"모두들 힘을 내라. 이제 조금만 참으면 된다. 조금만 더 가면 매화나무 숲이 있고 푸른 매화나무가 주렁주렁 열매를 맺었을 것이다."

이 말을 들은 장병들은 푸른 매화나무의 열매를 생각하고 입 안에 침이 고여 갈증을 풀며 진군했다는 고사이다.

『세설신어(世說新語)』에 의하면 대용품이라도 일시의 변통에 도움이 된다는 뜻으로 해석하고 있지만, 현대적으로 말하면 "고통스러운 때라도 밝은 희망이나 꿈을 가지면 원기를 낼 수 있다."는 식으로 해석할 수 있을 것이다.

거짓말도 한 방편으로, 지도자가 곤경에서 탈출하여 사기를 높이기 위해서는 이 정도의 거짓말이나 기략은 필요하리라. 하기야 항상 거짓말만 한다면 이솝 이야기의 "소년과 늑대"가 되고 말겠지만……

☆ 경영자 세미나, 관리자 세미나 등 통솔력 양성의 주제 강연이나 사장의 훈시에 인용할 수 있는 말이다.

주력 상품의 판매 부진에 타상품의 판매로 어떻게 생명을 유지하는 것도 "매화나무를 바라보고 갈증을 푼다"고 할 수 있을 것이다.

머리털이 센 것만으로는 장로(長老)라고 하기 어렵다

★ "머리털이 센 것만으로는 장로라고 하기 어렵다. 만연히 나이를 먹은 것만으로는 보통 늙은이라는 말을 들을 뿐이다."(『법구경』)

석가 세존은 80세에 입적했으므로 노인의 심정을 잘 알고 있었던 걸로 생각된다. 노인이라고 해서 무조건으로 존경을 받아야 하는 것이 아니고 이 구절에 이어서 "성(誠)이 있고 덕이 있고 인자함이 있고 조심성이 많고 마음을 가다듬어 번뇌를 털어버리고 정신을 갈고 닦는 사람이야말로 '장로'라는 말을 들을 수 있다."고 적혀 있다.

하릴없이 매일 매일을 살고 있을 뿐인 노인은 대우받지 못한다. 나이를 먹어도 유연한 머리와 불굴의 탐구심을 가지고 배우며 일의 도리를 헤아려서 오로지 자기 완성에 노력함으로써만이 장로로서의 존경을 얻을 수 있다고 하는 그런 뜻이나.

☆ 요즘은 콤퓨터의 발달에 의해 경험이 풍부한 노인의 의술이 소외되고, 외식(外食) 산업의 거대화에 의해 집에서 어머니들이 만드는 음식의 맛을 잃게 되었다고 한다.

이제부터의 노인은 경험만으로는 존경받을 수 없게 되었다. 젊은이와 마찬가지로 위기 돌파의 정신이 필요하다. 자기 완성을 위해서는 자신의 목표를 세우고 그것을 향해 스스로를 편달하며 깊이 탐구하고 실행해 가지 않으면 안 된다.

먼 곳의 물은 가까운 불을 끄지 못한다

★ 옛부터 "먼 친척보다 가까운 이웃"이라고 하지만 『한비자』에 나오는 이 한마디도 그와 같은 뜻이다.

오나라의 목공(穆公)이 이웃 제나라의 국력을 경계해서 멀리 진나라나 형나라 같은 강국과 손을 잡으려고 했을 때 가신인 이천이라는 인물이 "지금 눈앞에서 물에 빠져 있는 사람이 있는데도 멀리에 있는 수영 잘하는 사람을 부르러 가면 늦습니다. 또, 눈앞에서 화재가 발생했는데도 바다에는 물이 많다고 해서 이것을 멀리서부터 끌어오려고 해도 때는 이미 늦을 것입니다. 그와 마찬가지로 진나라나 형나라도 유사시에 우리 나라를 위해 아무 도움도 되지 않습니다. 그러니 그런 실리없는 헛된 일을 하기보다 가까운 이웃의 여러 나라와 사이좋게 지내야 합니다." 하고 간언을 했다 한다.

제2차 세계대전 때 일본은 독일, 이탈리아 같은 원국(遠國)과 동맹을 맺고 이웃나라 중국이나 미국과 싸우다 자칫 나라를 망칠 뻔했는데 이것도 "원수(遠水)는 근화(近火)를 돕지 못한다"의 전형으로 정말 어리석은 일이라고 하지 않을 수 없다.

또한 이런 예는 다른 경우도 많아 오늘날에도 이 지구상에서 이웃 나라끼리의 전쟁을 없애지 못하는 형편이다.

☆ 조례나 연수회 때의 간단한 훈화로 인용하면 좋을 것이다. 누구나 다 이웃을 소중히 여길 필요가 있다.

모두는 한 사람을 위해, 한 사람은 모두를 위해

★ 『삼총사』의 작가, 뒤마의 말.

"전체는 개인을 위해, 개인은 전체를 위해 존재한다."와 같은 뜻의 구절이며, 단체 운동의 세계, 특히 럭비에서 혼히 쓰이는 말이다.

럭비는 15명이 개개인의 포지션을 가지고 각각의 역할을 맡으면서 수시로 변하는 상황 속에 하나의 볼을 이어가며 득점을 올린다. 관객은 곧 박스의 화려한 걸음을 밟게 되는 득점 장면에 눈길을 돌리지만, 화려한 득점의 그늘에는 포워드의 흙투성이가 된 육탄전과 하프진의 태클하는 적의 맹공 속에서의 재빠르고 적절한 상황 판단 등 각자가 자기의 역할을 착실히 해 내는 일의 불가결이 있다.

그러므로 득점은 득점을 올린 자만의 수훈이 아니라 팀 전원의 수훈이기 때문에 득점을 해도 "내가 했다"는 식의 태도를 취하지 않는 것을 럭비 선수의 미덕으로 삼고 있다고 한다. 노 사이드라는 말에 대표되듯이 경기가 끝나면 양 팀이 구별없이 서로의 건투를 칭찬하는 럭비라는 운동에는 어딘가 현대인이 원해도 좀처럼 바랄 수 없는 남성의 미학을 느끼게 된다.

☆ 조직에 관해서나 팀워크에 관한 강화 등에서 응용할 수 있는 말이다. 남을 의식한 과잉 활동을 하는 경향이 있는 부하에의 충고라든지 협조, 화합이라는 명목 하에 나태한 분위기의 직장에 활력을 불어넣는 장면에서 인용해 볼 수도 있다.

모든 것이 조물주의 손에서 나올 때는 좋고 인간의 손에 들어가면 나빠진다

★ 18세기에 활약한 프랑스의 사상가이자 문학자로 근대 사상과 문학에 커다란 영향을 주었던 루소의 말이다.

특히 프랑스 혁명에 준 사상적 영향은 크다. 이 말은 당시의 종교계나 군주 정치에 대한 강렬한 반박을 나타냈던 것으로 정면에 대고 인간의 악을 호소한 것은 아니지만, 현대에서는 이 말의 성립은 어떻든 솔직이 포착해도 무방할 것이다.

인간 만큼 다른 동물에 비해 악의에 찬 동물은 없다. 다른 동물을 사역하고 줄곧 파괴하고 있다. 윗 글은 인간의 손에 닿으면 모든 것이 신의 의지하고는 다른 것이 된다고 하는 뜻이지만, 인간 자체도 인간의 손에 걸리면 달라지고 만다는 것이 본래적인 의미일 것이다.

이렇게까지 심하게 힐책하면 반박하고 싶어지기도 하지만, 전부는 아니더라도 루소의 말은 어떤 의미에서는 진실이기도 하다. 어린아이는 태어날 때부터의 천사인데도 사회가 그 어린아이들을 나쁘게 만들고 있는 현실을 생각하면 이 말을 부정할 수만은 없다.

☆ 어머니들에게 사회와 자식의 관계를 표현할 때에 쓰일 수 있는 말이다. 또한 자연 파괴나 환경 문제 같은 주제로 인간의 손(과학·기술 등)과 자연물의 관계를 나타내는 데도 쓰일 수 있을 것이다.

【비슷한 말】 사귀는 친구에 따라 좋게도 나쁘게도 된다.

무릇 공감이란 것은 이해에 따라 한정되는 것이다

★ 수필가 헌(Lafcadio Hearn)의 저서『마음』에 나오는 한 구절.

공감이란 내 마음의 떨림을 상대방에게도 전해 함께 느끼는 것이다. 내 마음의 내용을 전하는 것은 말을 비롯한 여러 가지 수단에 의하며, 이 대화에 의해 자기가 갖고 있는 마음의 내용이 얼마 만큼이나 전달되고 이해되었는지, 그 이해의 정도에 따라 공감의 정도도 달라지게 되는 것이다.

사람을 마음으로부터 움직이게 하기 위해서는 자기의 생각에 공감을 갖도록 해야 하는 것인데 최근에는 그러한 말이 아주 적어지고 있다.

정치가의 연설이 그렇고, 가두의 선동 연설, 노조 위원장의 연설 등도 예외가 아니다. 무엇보다도 연설이라고 할 만한 것도 못 되고 공허한 외국어의 남발이거나 구호만 서창한 말 뿐이다. 이렇게 되면 청중은 이해하지 못하며 당연히 공감도 생기지 않는다.

☆ 대화의 문제, 통솔력의 원칙을 가르칠 때에 쓰일 수 있을 것이다. 이해시킨다는 것의 어려움은 전달 기술보다도 먼저 이해시키려고 하는 내용을 자기 자신이 지니고 있어야만 하는 것이지만…….

무엇을 모르느냐가 아니라, 무엇을 알고 있느냐로 사람을 판단하지 않으면 안 된다

★ 독특한 낙관(樂觀)주의 철학에 의거해서 『성찰(省察)과 잠언(箴言)』 등의 작품을 남긴 18세기 프랑스의 모럴리스트, 보브나르 그의 말이다.

교섭할 일이나 상담(商談) 등에서 초대면의 사람과 얘기하는 동안에, 상대는 이쪽이 알고 있는 정보나 지식에 어둡다는 것을 깨닫는다. 그 순간에 왠지 모르게 우월감을 가지고 저도 모르게 방심하여 불필요한 일까지 말해 버린다. 얘기를 끝내고 보면, 마음속을 보이지 않고 이쪽의 태도를 지켜보고 있었던 상대방에게 속아서, 상담이나 교섭은 실패로 끝나고 만다.

비단 비지니스의 자리 뿐만 아니라 인물 판단에는 신중을 기하지 않으면 안 된다. 능력 있는 사람은 알고 있는 것을 경솔하게 발설하지 않으며, 일지 반해(一知半解)의 지식을 과시하는 짓은 하지 않는 법이다. 사람을 판단할 때에는 상대방이 무엇을 어디까지 알고 있는 인물인가를 확인하기까지는 경솔히 평가를 내려서는 안 된다.

☆ 접객, 절충(折衝), 면담 등 사람의 응대에서의 수칙으로서 인용할 수 있는 말이다. 또, 남을 부리는 입장에 있는 자가 알아두지 않으면 안 되는 말이기도 하다.

이제부터의 비지니스 사회에서는 가(可)도 없고 불가(不可)도 없는 상식적인 유형의 비지니스맨보다도, 다소 엉뚱해도 무엇인가 번쩍하고 빛나는 것을 가진 인재를 필요로 한다.

그리고 그러한 인재를 살리고 죽이는 것도, 요는 관리(管理), 감독자의 기량에 달려 있다. 무엇을 잘하고 어떤 능력을 발휘하는가를 확인하고 능숙하게 다루어 나가지 않으면 안 된다.

문제를 가지고 있지 않은 사람도 있다. 그것은
묘지에 살고 있는 사람들이다. 그들의 문제는
모두 해결이 끝나 있다.

★ 보브 콘크린 저(著) 『자신이 솟는다~마음의 과학 =에고바이
오닉스』에서.
저자는 미국의 Personal Dynamics Inc. 의 회장으로 능력 개발의
전문가이다.
우리는 사업상의 문제, 가정상의 문제 등에 둘러싸여 있지만 문
제를 안고 있다는 것은 곧 살고 있는 것이라고 콘크린은 말한다.
문제가 있는 것이 보통의 상태인 것이다.
문제나 고민을 추려 내어서 이것에 정면으로 맞섬으로써 우리는
정신적으로 강해진다. 이것을 콘크린의 「정신적 보상 작용의 법칙」
이라고 한다.
혹독한 환경에서 자란 식물만이 혹독한 겨울에 살아 남듯이 생명
이 있는 것에는 적자 생존이란 자연의 멋진 보상 법칙이 작용한다.
문제는 마음의 근육을 기르고 강화한다. 단 정신적 보상 작용이
작용하고 있을 때는 스트레스를 느껴서는 안된다. 냉정함과 자신을
가지고 대처할 수 있도록 마음을 훈련하라는 것이다.

☆ '문제'에서 도망치는 것으로는 언제까지나 사태는 호전되지
않는다. 격렬하면서도 늠름한 집념을 가지고 문제의 해결에 임하
면 문제가 기회로 될 적도 있다.
업적의 악화, 사고의 발생 등으로 침체한 직장의 분위기 복원을
꾀하고 싶을 때에 조례의 자리에서 인용할 수 있는 말이다.

미래란 현재다

★ 이것은 미국의 마가렛 미드 여사가 한 말이다.

문화 인류 학자로서 많은 지방의 역사며 실태 해명의 연구를 계속함으로써, 오랜 역사를 거쳤던 각 민족의 현재 모습에 그 지역성이나 민족의 과거가 크게 투영되었음을 발견한 뒤의 일종의 깨달음이라 할 수 있는 한마디이다.

불교에서도 "인(因)을 알려고 하면 과(果)를 보라."고 하여 현재(그것은 과거의 결과)의 인은 과거에 있는 것이며, "미래(果)를 알려고 하면 그 인이 되는 현재를 보라."고 하여 미래라는 과의 인은 현재에 있음을 말하고 있다.

미드의 설도 그것과 공통된 것이다. 미래란 현재에 의해 조건지어진 추억의 투영이라고 개념지은 명언이다. 그렇다면 "현재"를 소홀히 할 수는 없다.

마가렛 미드는 '미래란 현재이다'라는 철언을 남기고 1978년, 77세로 세상을 떴다.

☆ 의욕 진흥의 만남에 응용할 수 있는 말이다.

"우리가 지금 노력하지 않으면 내일이 되어도 아무것도 얻을 것은 없다. 지금 최선을 다하면 내일에 희망과 기대를 가질 수 있다."는, 한낱 농부에서 미국의 대통령에까지 올랐던 지미 카터의 말이나 "어째서 지금 최선을 다하지 않느냐?"는 비슷한 격언을 섞어 약간 철학적 분위기로 차분히 연출하는 쪽이 효과적이다.

바닷가를 잃을 용기가 없으면, 새로운 대양(大洋)을 발견할 수 없다

★ A. 지드의 말이다.

과학 기술이 놀랄 만큼 진보한 현대에 있어서도 '자연의 맹위(猛威)는 자주 사람의 목숨을 희생시킨다. 더구나 지금으로부터 몇 백 년 전, 미지의 대해(大海)로 나아간다는 것은 그야말로 목숨을 건 큰일이었을 것이다. 콜롬부스의 아메리카 대륙 발견은 1492년, 그때까지의 인류가 전혀 경험하지 않은 미지의 대양과 대륙으로의 출범이었다. 바닷가를 잃지 말자, 즉, 자기가 지금 가지고 있는 생명, 가족, 재산, 기타 자기에게 둘도 없는 것을 잃지 않으려고 한다면, 도저히 할 수 없는 일이었을 것이다.

자기가 현재 가지고 있는 것을 잃지 않으려고 생각했을 때, 새로운 것에 도전하는 의욕을 잃게 된다. "인적 미답(人跡未踏)의 황야로 진출하라. 메이플라워 호(미국에의 이주)의 시대에 비하면, 오늘의 시대에 요구되는 리스크(위험, 모험) 같은 것은 그 정도가 매우 낮다."고 누군가 말한 적이 있다.

새로운 것은 누구에게나 위험하게 보이고 현상 유지가 최선이라고 생각하기 쉽다. 이것저것 생각해 보고 "역시 큰일이다. 그만두자."는 식으로 되고 만다. 이런 현상에의 유착성(癒着性)을 끊어 버리지 않고서는 사람의 일생은 취생 몽사(醉生夢死)로 끝나게 된다.

☆ "아무것도 하지 않는 것이야말로 최대의 위험이다."라고 드래커도 말하고 있다. 모험에 도전하는 것은 젊은이의 특권, 젊은이에게 주는 말이다.

바커스는 넵튠보다 더 많은 사람을 익사(溺死)시켰다

★ 서양의 속담.

"술의 신은, 해신(海神)보다 많은 사람을 죽였다"는 표현도 있다.

말할 것도 없이, 바커스는 로마 신화의 주신(酒神), 넵튠은 바다의 신(海神)이다. 술을 마셔도 먹히지는 말라고 하는, 술꾼이면 누구나 명심해야 할 말이다.

아깝게도 유능한 인재가 술로 신세를 망쳤다는 얘기는 수없이 많다. 기업의 중간 관리자 중에도 알콜 중독자 내지 알콜 중독 후보자가 적지 않다고 한다.

미국 같은 나라에서 문제가 되고 있는 많은 알콜 중독자가 이제는 남의 일일 수만은 없게 되었다. 그리고 이러한 문제는 표면화되지 않는 부분이 많기 때문에 더욱 곤란하다.

☆ 현대는 스트레스 시대, 누구나 크든 작든 스트레스를 안고 있으며 술로 울적함을 풀려고 한다. 다만, 여기서 중요한 것은 스트레스를 스트레스로 느끼지 않는 사람과, 해소법이 능숙한 유형과 서툰 유형이 있다는 점이다.

애주가인 친구에게 술의 무서움과 스트레스 해소법을 동시에 가르칠 수 있다면 이보다 나은 일은 없을 것이다. "주량과 끝내는 시간을 정하자.", "머리를 텅 비게 할 수 있는 것을 무언가 찾아내라." 하고.

밧줄이 나무를 자르고, 물방울이 댓돌을 뚫는다

★ 밧줄도 줄곧 문지르면 나무를 자른다. 물방울도 오랜 동안 후에는 댓돌에 구멍을 뚫는다. 도를 배우는 자는 끊임없이 노력하라. 물이 줄곧 흐르면 시냇물이 생기고 오이의 열매가 익으면 꼭지가 떨어진다. 득도(得道)하자면 노력을 다한 뒤 마지막은 천명을 기다릴 뿐이다. 이것이 대의이다. 『채근담』의 한 구절.

최근에는 볼 수 없게 되었지만, 두레박으로 물을 퍼 올리는 우물이 있었다. 오랫 동안 사용하고 있는 동안에 밧줄이 우물의 가장자리를 문질러서 우물의 판벽널을 깎아 버린다. '밧줄이 나무를 자른다'란 이러한 것을 가리킨다. 건축 양식이 바뀐 탓인지 낙수물이 어느 틈에 밑의 댓돌에 홈을 내는 것 같은 풍경은 볼 수 없게 되었다. 우물도 그렇고 낙수물도 그렇지만 차분한 옛날의 풍물시(風物詩)이다.

☆ 줄곧 노력한다는 것은 대단히 괴로운 일이다. 그렇지만 일단 목표를 정했으면 모든 시간을 그 실현에 쏟아야만 한다. 자기가 결심한 일이 좋았는지 나빴는지, 노력한 결과가 어떻게 될 것인지 하고 번민해서는 안 된다. 밧줄이 나무를 자르고 물방울이 댓돌을 뚫듯이 차분하지만 끊임없는 노력에 의해 저절로 터득된다. 번민하는 것 자체가 시간의 낭비이며 진지하게 노력하면 뒤는 되어가는 형편에 맡겨도 안심이다.

배울 때는 영원히 산다는 생각에서 배우고, 또한 내일 죽는다는 생각에서 살라

★ 미국의 농구 코치, 존 우든의 말로서, 그렇게 할 수만 있으면 더 말할 나위 없으리라.

일반적으로 무엇인가를 배울 때 누구나 조금이라도 빨리 습득하지 않으면 안 된다고 생각하기 쉽지만, 앞날은 아직도 멀었다고 생각하면서 대처하면, 배움에 급급하여 도중에서 허덕이게 되는 일은 없을 것이다.

그렇지만, 앞날이 있는 것이니 오늘 하루쯤은 게으름을 피워도 어떻게 되지는 않을 것이라고 생각한다면, "소년은 늙기 쉽고, 학문은 이루기 어렵다."는 것이 되고 말아 일은 절대로 성취되지 않는다. 그러므로, 영원한 시간의 흐름 속에서 두 번 다시 오지 않는 오늘이라는 날을 소중히 여기고 온갖 힘을 다해야 한다. "만약"은커녕, 마음먹기에 따라서는 영원히 진보할 수도 있을 것이다.

☆ 우리 사회를 둘러보면 모든 분야에서 성급하게 서둘러 배우고자 하는 풍조가 눈에 띈다. 너무 유장(悠長)하게 굴어도 문제가 있을지 모르지만, 전체적으로 좀더 느긋하게 차분히 일을 하는 것이 좋지 않을까?

신입 사원이나 젊은 사원 등을 교육, 지도할 때에도, 전력화(戰力化)만 생각지 말고 그들 자신이 한평생 배울 수 있도록 이끌어 주었으면 한다. 그런 때에 이 말을 인용해서 그들의 자각을 촉구하는 것도 좋을 것이다.

백리를 가는 사람은 구십리를 반으로 친다

★ 고대 중국의 전국시대, 유세가(遊說家)의 변설이나 책략을 한데 모은 『전국책(戰國策)』에 나오는 한 구절이다.

백리를 가는 사람은 구십리를 갔을 때 비로소 반이 지났다고 생각하라. 왜냐하면 가장 힘든 것은 마지막 십리인 것이다. 방심하면 성공하기 직전에 실패할 우려가 있으니, 목표에 가까이 갔으면 더 한층의 자중과 분발을 해야 한다는 뜻이다.

전국 시대 말기의 강국인 진(晉)나라 무왕이 자국의 우세에 안심하고 교만한 빛을 보였을 때, 신하 중의 한 사람이 이 말로써 왕에게 간했다고 한다.

일을 행할 때 대부분의 사람들은 고비를 넘기고 앞이 보이기 시작하면 긴장이 풀려 막바지에서 실패하는 경우가 많다. 나폴레옹도 "싸움의 승패는 마지막 5분간이 결정한다."는 명언을 남겼지만, 싸움 뿐만 아니라 모든 일은 마지막 밀어붙이기가 승패를 결정한다.

비지니스에서도 마찬가지로 마지막 마무리를 완벽하게 할 수 있는가에 따라서 성과는 크게 달라지게 된다.

☆ 제조와 판매 부문 등에서 목표 달성에 관해 격려, 훈시를 주는 경우 등에 인용할 수 있는 말이다.

모든 일이 그렇지만 목표의 대강 9할까지 달성하면 저도 모르게 긴장이 풀릴 적이 많다. 나머지 1할 가량의 일이야 단숨에 해치우면 될 듯싶지만 좀처럼 그렇게는 되지 않는다. 한번 느슨해진 기력을 되찾는 것은 쉽지 않고 제법 시간이 걸리는 법이다. 그만큼 모든 일은 마지막 마무리에서 지연되기 쉽다. "구십리를 반으로 친다"는 건 바로 목표 달성을 지향하는 사람이 명심해야 할 교훈이라고 할 수 있다.

버터가 딸린 빵에 불만을 하지 말라

★ 서양의 속담.

영국의 풍자 작가 조나단 스위프트의『품위가 있고 재치 있는 회화 전집』에 "나는 자신의 생업에 불만을 갖고 싶지 않다."는 말이 있다.

버터가 딸린 빵이란 구미인에게는 빼놓을 수 없는 음식으로 그것에 의해 살아갈 수 있다. 즉 생업을 의미한다. 자기의 일에 불평을 갖지 말라는 뜻이다.

이웃집 잔디가 깨끗해 보이는 법이다. 저도 모르게 자기 일이 시시하게만 여겨지게 된다. 특히 현대에서는 여러 종류의 다양한 직종이 있고 옮기려고 마음먹으면 간단히 옮길 수도 있다. 전직(轉職)에 의한 성공율을 높이는 조건도 옛날보다는 많은 것 같다.

정말로 현재 하고 있는 일이 적성에 맞지 않고 다른 일에서 능력을 발휘할 수 있다고 생각한다면 전직을 하면 되고, 그것을 인정하는 것도 용이하다. 그렇지만 대개는 누구에게나 있는 망설임이고 호기심이며 안달이다.

☆ 장래가 있는 몸을 흐지부지하게 포기할 수는 없는 일이다. 만약에 위태하다고 생각되면 전직이나 퇴직을 단념시키기 위해 이용할 수 있는 관용구이다. 이런 설명도 필요하다면 첨가하자 —— "씨름의 문외한이 천하장사에게 이길 수 있다고 하면 믿어 주는 사람이 없다. 우리는 일을 통해 사회인으로서의 존재를 호소할 수 있다. 지금하고 있는 일을 끝내놓고서도 늦지는 않으며, 그쪽이 전직할 때에도 유리하다."

법은 삼장(三章) 뿐이다

★ 진(晋)나라에 이어 중국의 통일 국가 한(漢)나라(B.C.202～A.D.220)를 세우게 되는 농민 출신의 유방(劉邦: 漢高祖)이 진나라의 수도 함양으로 맨 먼저 쳐들어가서 점령하고 낸 법률은 삼장(三章) 뿐이었다.

그는 여러 고을의 장로를 모아놓고 "지금까지 여러분은 진나라의 악법과 많은 금령으로 시달렸겠지만 그것은 모두 폐지한다. 그리고 새로이 내가 제정한 법률은 삼장 뿐이다. 사람을 죽인 자는 사형, 사람을 해치거나 물건을 훔친 자는 그 정도에 따라 각각 벌한다. 지금처럼 평화롭게 살아달라."고 했다고 한다.

『사기(史記)』에 나오는 말로서, 이후 법률이나 규칙이란 것은 간단할수록 좋다는 뜻으로 곧잘 비유되어 쓰이는 말이 되었다.

☆ 제도나 규칙 같은 것은 복잡하고 많을수록 지키지 못할 것이 많다. 가령, "우리 회사도 법은 삼장밖에 없다. 사원 여러분이 지킬 것은 첫째로 공사(公私)를 혼동하지 말 것, 두 번째가 파벌을 만들지 말 것, 세 번째가 실패를 남의 탓으로 돌리지 말 것, 이상이다."라고 응용할 수 있다.

또는 아이디어를 내지 않는 자, 땀을 흘리지 않는 자, 다리를 쓰지 않는 자——는 떠나라고 하면 어떨까? 혹은 "우리의 법은 일장 뿐이다. 화목을 소중히 여기라."고 응용할 수도 있다.

벗을 사귀자면 모름지기 얼마간의 협기(俠氣)를 지녀야 한다

★ "벗을 사귀자면 모름지기 얼마간의 협기를 지녀야 하고, 사람이 되자면 일점(一點)의 소심(素心)이 있어야만 한다", 『채근담(菜根譚)』의 한 구절.

친구란 단순히 담소의 친구를 말하는 것이 아니다. 악우(惡友), 술친구의 관계에도 하나의 가치를 인정하지만, 그것만으로 그치는 것이 아니라 괴로울 때에는 서로 돕는 얼마간의 의협심(義俠心)이 없으면 안 된다. 자기의 이익이 될 듯 싶으면 사귀고 손해가 될 듯 싶으면 피하는, 이와 같은 교제는 진실하다고 할 수 없다.

뛰어난 인물이 되자면 어느 정도 세상의 유행에 순응해 갈 각오가 필요하지만, 그와 같은 유행에 완전히 물들지 않는 순수한 마음 또한 가지고 있지 않으면 안 된다.

우정에는 성실이 없으면 안 된다는 것과, 큰 사람이 되자면 순수성이 필요하다는 것을 역설한 글이다.

☆ 인생을 사노라면 많은 친구가 생기지만 진정한 친구를 만들기는 힘들다. 술 친구, 골프 친구의 존재는 그 나름대로의 가치가 있지만, 좀처럼 마음속을 드러내 보일 상대가 될 수는 없다.

많은 사람이 학창 시절의 벗을 평생의 벗으로서 오래 사귀게 되는 것은, 역시 서로 자기 자신에게 충실하고 순수하며 서툴렀던 시절을 공유하기 때문일까?

【비슷한 말】 붕우(朋友)는 내 기쁨을 배로 하고 슬픔을 반으로 한다. (키케로)

변화를 좋아하는 단 한 사람, 그것은 기저귀가 젖은 갓난아기 뿐이다

★ 로이 Z. M. 브리처의 말이다.

사람이 얼마나 변화를 좋아하지 않는지, 또는 변화에 대하여 예민하게 반응하려고 하지 않는지를 비난을 섞어 갈파한 문구이다.

갓난아기는 기저귀가 젖어 있는 불쾌한 변화에 즉시 반응해서 울음을 터뜨린다. 그것에 비해 어른은 이제까지의 습관이나 사고 방식을 바꾸려고 하지 않는다. 설령 그 변화가 자신들에게 있어서 보다 유익한 것이 될 가능성이 있어도 말이다. 그들에게 있어서 변화는 쾌감이 아니라 오히려 새로운 부담을 강요하는 달갑지 않은 손님이라는 인식이 강하기 때문이다.

이와 같은 일은 비지니스 사회에서도 많이 볼 수 있다. 예컨대 조직 변경에의 저항, 담당 상품이나 판도가 바뀌는 것에 대한 세일즈맨의 불만, 새로운 사무 기기나 기계를 도입하는 것에 대한 사무원이나 공장 종사원의 불안 등, 예를 들자면 끝이 없다.

일반 가정에서도 전기 제품 하나를 들여놓을 때의 노부모와의 알력 같은 것도 집안에서의 변화에 대한 저항의 하나이기도 하다.

☆ 여러 가지의 장면에서 응용할 수 있는 문구로서, 특히 창조성 개발 훈련 때, 무언가 새로운 기획을 추진하려고 할 때 사내(社內)에 예상되는 저항에의 선제 공격을 위한 훈시 등에 인용할 수 있는 말이다.

보는 것과 관찰하는 것은 큰 차이가 있다네, 와트슨 군!

★ 코난 도일의 『셜록 홈즈의 모험』에 나오는 홈즈의 말이다.

와트슨은, 베이커 거리에 있는 홈즈의 방으로 오르는 계단은 몇 계단이냐는 질문을 받고 대답을 못한다. 그때 홈즈는 "자네는 다만 눈으로 볼 뿐이지 관찰하려고는 하지 않는다."고 하며, 사물을 눈으로 바라보는 것이 아니라 마음으로 보고 생각하라, 즉 관찰하는 습관을 익히라고 충고한다.

그리고 그 관찰도 전체적인 인상에 사로잡히지 말고 세밀한 점에 주의를 집중시키라고 충고한다. 단, 특별한 지식이나 능력이 있는 자는 간단히 설명되는 것을 너무 복잡하게 억측하는 경향이 있는 것에 주의하라고 자계(自戒)삼아 말한다.

게다가 홈즈는 "처음부터 선입관에 사로잡히지 말고, 백지 상태에서 주의깊게 살펴보면, 진상을 알 수 있는 실마리를 발견할 수 있었을 텐데……." 하고, 선입관이나 정보를 그대로 받아들이는 것이 올바른 관찰의 눈을 빗나가게 하는 위험성을 지적했다.

☆ 직장 일의 개선 궁리나 각종의 연구 활동에 즈음해서의 훈시에서 인용할 수 있는 말이다.

홈즈도 말하듯이 "보는 것"과 "관찰하는 것"은 큰 차이가 있다. 일을 개선하는 아이디어도 평소 때부터 목적 의식을 가지고 사물을 관찰하는 습관을 익히지 않으면 생겨나지 않는 것이다.

부드러운 것이 오히려 강하고 굳센 것을 이긴다

★ 노장(老莊) 사상을 기조로 삼고 치국 평천하의 대도에서 전략(戰略)·정략(政略)의 통칙을 논술한 『삼략(三略)』에서는 "부드러운 것이 오히려 강하고 굳센 것을 이긴다(柔能制強)."고 했고, 『노자』에도 "부드럽고 약한 것은 강하고 굳센 것을 이긴다."라고 적혀 있다.

그러고 보니 무엇보다도 부드럽고 약하게 보이는 물이 돌을 뚫기도 하고 혹은 강철도 부식시켜 쓸모없게 만들기도 한다.

이와 같이 세상에는 유약(柔弱)한 듯이 보이는 게 의외로 그렇지 않고, 강하고 굳세다고 생각되는 것이 그 반대일 경우도 많다. 그렇기 때문에 유약한 것보다 강한 것이 뛰어나다고는 꼭 말할 수 없으며, "부드러운 것이 오히려 강하고 굳센 것을 이긴다."는 일이 종종 생기기도 한다.

민속 씨름에서도 작년의 천하장사가 올해도 천하장사가 된다는 보장이 없으며, 가냘프게 보이는 무명 선수가 육중한 대형 선수를 쓰러뜨리는 장면을 수없이 보게 된다.

☆ 만약 부하 중에 몹시 지기 싫어하는 자가 있어서 이따금 남과 충돌을 일으키게 되면, 이 말로 살짝 주의를 주는 것도 나쁘지 않다고 생각한다.

남에게 져서 되겠느냐는 결의는 소중하지만, 항상 그런 식으로만 자세를 가지게 되면 고립하게 되고 끝내는 아무도 상대해 주지 않는 사람이 될 것이다. 때로는 마음속을 부드럽게 하는 것도 중요하다.

부처의 얼굴도 세 번까지

★ 널리 알려져 있는 옛 격언이다.

부처님은 그 얼굴처럼 인자스러운 관용의 마음을 가지고 미소를 던져 주고 있다. 그렇지만 피가 통하는 인간이라면 남의 실수나 폐를 끼치는 것에 아무리 부처님같이 관대한 사람이라도 고작 세 번 정도밖에 용서하지 않는다. 오히려 그때까지의 반동이나 불신감이 더해져서 네 번째 정도부터는 반대로 악마같이 될지도 모른다.

"세 번을 거절당하면 상대하지 않는다.", 요컨대 부탁한 일 같은 것은 세 번을 거절당하면 이미 상대해도 헛일이라는 뜻이다.

예를 들어 원고 집필 같은 것도 세 번을 거절하면 우선 생각이 없든지 능력에 자신이 없다는 판단을 하고 단념하는 편이 낫다.

장사의 경우에도, 세 번을 사러 왔던 고객이 세 번 다 상품이 없으면 더는 또다시 그 가게에 물건을 사러 오는 일이 없을 것이다. 그것은 '그 가게에는 아무것도 없다'는 평가를 가져다 주었기 때문이다. 여기서 세 번이라는 수에 각별한 뜻이 있는 것은 아니지만 경험적으로 그러하다는 것이리라.

☆ 하찮은 실수를 되풀이하는 부하에 대한 훈계의 말로서 곧잘 인용된다. 판매 활동의 바람직한 상태를 훈시하는 때에도 응용할 수 있을 것이다.

분수를 지키어 만족할 줄을 안다

★ 『경집(經集)』은 소박 간결한 형식으로 가장 초기의 불교의 가르침이 적혀 있는 오래된 경전이다.

경집에 석가 세존의 행복론이라고 할 만한 '인생의 행복이란 무엇인가'를 정리한 한 구절이 있다. 이 말도 그 중의 하나이다.

"존경과 겸손과 만족과 감사에 대해 때로는 불법을 듣는 것——이것이 행복이다."라고 말하고 있다.

신약 성서 디모데 전서 6장의 6~8절에 "그러나 지족하는 마음이 있으면 경건이 큰 이익이 되느니라. 우리가 세상에 아무것도 가지고 온 것이 없으매 또한 아무것도 가지고 가지 못하리니, 우리가 먹을 것과 입을 것이 있은즉 족한 줄로 알 것이니라."는 말이 있다.

동서양을 막론하고 무분별한 욕망의 추구를 꾸짖고 있다. 지족(知足)이야말로 행복으로 오르는 제1보라고 생각한다.

☆ 요즘의 세상은 "행복의 추구"에 눈을 크게 뜨는 자가 많다. 해외여행, 스키, 골프 등 수를 세면 다 셀 수 없을 정도이다.

확실히 이런 것은 일단 행복감을 충족시켜 주기는 하지만, 차츰 하강을 해 어딘가에서 정지하지 않으면, 이루어질 수 없는 욕망으로 변해서 걷잡을 수 없게 된다. 행복이 문제가 아니라 욕망의 조절이 중요한 것이다.

불리(不利)는 한편에만 있는 것은 아니다

★ 제2차 대전이 발발하자 거국 일치(擧國一致) 내각을 조직하여 영국 수상이 되고 연합국군을 지도하여 승리로 이끈 처칠의 말로서, 독일군의 맹공을 막바지에서 견뎌내고 끝내는 전국을 대역전시킨 그에게는 참으로 적합한 말이라고 할 수 있다.

형세가 불리해졌을 때, 그렇다면 상대방도 힘겨울 것으로 생각하고 이쯤이야 하는 마음으로 필사적으로 항거하면 의외로 활로가 열리는 법이다.

흔히 "위기는 기회다"라고도 하는데, 씨름 같은 경우에는 특히 위기와 기회는 종이 한 장 차이이며 막바지까지 몰렸던 장사가 되치기로 역전승을 거두는 일이 종종 있다. 이것은 말하자면 상대방의 힘을 역이용한 것인데, 이와 같이 승패를 겨루는 자리에서는 확실히 "불리는 한편에만 있는 것은 아니다."라고 할 수 있다.

크라우제비츠는 "결전시에는 승패가 양자 똑같이 위기에 있다."고 했으며 제갈 공명은 "적이 나를 속이려고 할 때는 내 계략도 행하기 쉽다."고 말했다.

어떻든 간에 전쟁터에서는 자기쪽의 형세를 유리하게 가지고 가는 것이 최상이지만, 만일 불리해지는 일이 있어도 절대로 비관해서는 안 된다.

☆ 언제 어떤 상황하에서도 승기를 찾아내도록 하자면서 불경기 때의 훈시에 인용할 수 있는 말이다.

불충분한 자료로 성급한 가설을 세우지 말라

★ 코난 도일의 추리 소설 『공포의 계곡』에 나오는 셜록 홈즈의 말이다.

성서에 이은 장기 베스트셀러, 홈즈 이야기는 단지 수수께끼 풀기의 재미 뿐만 아니라 정보 수집이나 사물의 관찰법에 관해 각처에 홈즈식의 경구가 아로새겨져 있고 시사하는 바도 크다.

홈즈는 올바른 추리를 하자면 자료를 충분히 모으는 것도 중요하지만, 동시에 수많은 사실에서 어느 것이 본질적인 사항이고 어느 것이 부수적인 사항인가를 분별하는 눈을 가지지 않으면 안 된다고 말한다.

또, "사람은 사실에 맞는 이론적인 설명을 찾으려고 하지 않고 오히려 이론적인 설명에 맞추려고 부지중에 그 사실을 왜곡해 버리는 경우가 많다."고 경계한다.

그리고 정보를 읽는 법에 관해서도 "절대로 편견을 가지지 말고 사실이 가르치는 바를 순순히 따라가는 습관"을 익히는 것이 중요하다고 역설한다.

☆ 정보의 수집, 평가, 활용 등 정보 관리에 관해서 훈시할 때에 인용할 수 있는 말이다.

확실히 불충분한 자료에 의한 가설은 사실의 판단을 틀어지게 한다. 그렇지만 오늘날과 같은 정보 과다 시대에서는 오히려 수많은 정보나 자료에 끌려다니지 않도록 조심하지 않으면 안 된다. 홈즈도 말했듯이, 어느 것이 본질적인 사항이고 어느 것이 부수적인 사항인지를 분별하는 정확한 정보 선택안을 가지는 일이 중요하다.

비가 오면 우산을 쓴다

★ 일본의 마쓰시다 고오노스께(松下幸云的) 씨의 저서에 나오는 말이다.

언젠가 "발전의 비결은 무엇입니까?" 하고 신문 기자로부터 질문을 받은 마쓰시다 씨는, 한 마디로 발전의 비결이라고는 해도 과연 어떻게 대답할 것인가 하고 궁금히 여기고 있는 기자에게 반대로 "비가 오면 어떻게 하느냐?"고 물었다. 그러자 "우산을 씁니다." 하고 그가 예상한 대로의 대답이 돌아왔다. 마쓰시다 씨는 20년 전의 일을 생각하며, 지금도 그 생각은 변함이 없다고 말했다.

비가 오면 우산을 쓴다, 그러면 젖지 않을 수 있다. 아주 당연하고 평범한 일을 당연하게 하는 것, 장사나 경영에 발전의 비결이 있다고 한다면 그것이 제일이 아닐까 하는 생각이 든다고 적고 있다.

J.D. 록펠러도 그와 같은 말을 하고 있다.

"비지니스에서 성공하는 비결은 아주 평범하다. 매일 매일의 일을 지체하지 않고 해내며, 내가 항상 말하고 있는 장사의 법칙도 잘 지키고, 머리를 항상 개운하게 해 놓으면 성공은 틀림이 없는 것이다."

평범한 일을 완수한다, 이것이 성공에의 비결이라고 동서의 성공자(成功者)가 같은 말을 하고 있는 것은 흥미롭다.

☆ 사업 발전을 위해서는 매상을 신장시키는 일도 중요하고, 그러기 위해 신제품의 투입, 새로운 판매 방법 등을 빼놓을 수 없다. 적정한 이윤을 얻고 장사를 한다, 판매한 것의 대금은 반드시 수금을 한다, 이렇게 당연한 일을 당연하게 실행하지 않고 파국을 맞은 기업이 많다. 이것을 타산지석으로 삼아야 한다.

비장(祕藏)의 비보물은 아직도 수중에 있다, 그것은 희망이다

★ 영웅 나폴레옹의 말이다.

코르시카 섬에 유배되면서도 불사조처럼 되살아났던 그의 경력을 생각하면, 이 말의 무게도 더 늘어나게 된다.

희망이란 것은 우리에게 살아갈 용기를 주는 것으로, 그것은 어떤 보물보다도 더 나은 것이다. 그리고 무엇보다도 희망이란 것은 어떠한 댓가도 요구하지 않고, 부자도, 가난한 사람도, 직업도, 성별도 관계없이 누구나 다 자기가 좋아하는 대로 가질 수 있는 유일한 보물이다.

어쩌다가 해난 사고를 당하고 구사 일생으로 살아난 사람의 말을 들으면 "죽으면 안 된다, 살아야만 한다."는 생각 뿐이었다고 말한다. 살아야겠다는 강한 의욕이 살 수 있는 기적을 가져다 준 것이다.

희망을 가진다는 것, 그것은 그런대로 제법 대단한 정신력을 요구하는 것이다. 희망을 가진다는 것에는 돈이 들지 않으나 나약한 정신이면 절망이 앞서게 된다. 희망을 실현시키자면 지속되는 정신력이 필요하다. 인생을 생각했을 경우, 이 정신력의 차이가 결과적으로 성공자와 실패자를 구분짓게 한다.

☆ 대상은 구애받지 않아도 된다. 폭넓게 인생론으로서 인용할 수 있는 말이다.

사람들은 각각 다른 마음을 가지고 있다

★ 서양의 속담.

여러 사람이 있으면 그것과 똑같은 수의 마음이 있다는, 즉 사람의 사고 방식이나 개성이 각각 다르다는 비유이다. 중지를 모으면 훌륭한 지혜가 나온다는 말 같은 것에 해당한다.

지혜에 해당하는 말로서 minds 외에 opinions, wits, brains, counsels 등이 쓰이고 유럽 각국에 널리 정착해 있다.

일체감이라는 말이 있다. 일체감이 있는 가정, 일체감이 있는 팀, 일체감이 있는 직장이라는 식인데 그 일체감을 조성하는 여러 가지의 조건 중에서 "대화"가 하나의 포인트가 된다는 것은 틀림이 없다. 의사의 소통이 없으면 우선 있을 수 없는 얘기이다.

회의 운영에 능숙한 과장이 있다. 그는 우선 전원의 의견을 잘 들어 주는 것이 비결이라고 한다. 그것으로써 참가 의식이 생겨나고 만족감이 높아지며 자연히 밀도 높은 의견 교환이 이루어진다고 한다. "결론이 나고 실행된 뒤의 결과에 관해서는 내가(과장) 책임을 진다."는 것은 말할·나위도 없다.

☆ 십인 십색(十人十色)이기 때문에 좀처럼 일은 이루어지지 않는다. 따라서 명령을 내리는 쪽이 손쉽다는 생각도 들지만, 마음을 지닌 인간을 상대로 하고 있는 한 어딘가 불만족스럽기 마련이다.

부하의 의견을 듣지 않는 책임자에게 이런 말을 하고 싶다. "독선적인 지도력은 가벼운 애드벌룬, 떠오르기는 쉽지만 모두가 멀리서 바라볼 뿐이다."라고.

사람은 산에 걸려 넘어지는 일은 없어도 개밋둑에는 걸려 넘어진다

★ 『회남자(淮南子)』나 『고시원(古詩遠)』에, 중국 고대의 전설에 있어서 이상적 제왕이라 불리는 요(堯)의 말로서 "요가 타이르며 말했다. 전전율률(戰戰慄慄)하며 하루 하루를 근신하라. 사람은 산에 걸려 넘어지는 일은 없어도 개밋둑에 걸려 넘어질 수는 있다."고 적혀 있는데, 이것은 누구나 산 같이 높은 것에는 걸려서 넘어지지 않으나 개밋둑 같이 낮고 눈에 잘 뜨이지 않는 것에는 위외로 걸려서 넘어지기 쉽다는 뜻으로, 정말 교묘한 비유이다.

요컨대 작은 것은 가볍게 보고 방심하기 때문에 왕왕 실패하기 쉬운 법이며, 그런 일을 되풀이하고 있으면 언젠가는 넘어져 두번 다시 일어나지 못하게 되고 만다.

선어(禪語)에 "각하 조고(脚下照顧)"라는 말도 있듯이, 우선은 누구나 다 자기의 발밑을 잘 비추어 보고 돌멩이나 개밋둑에 걸려서 넘어지고 나동그라지지 않도록 하는 것이 현명하며, 만약에 잘못하여 걸려서 넘어져도 절대로 당황하면 안 된다. 당황하면 같은 돌에 또다시 걸려 넘어질지도 모르는 것이다.

☆ 술, 여자, 도박 등 세상에는 헤아릴 수 없을 만큼 많은 돌멩이나 개밋둑이 도처에 널려 있으니, 특히 큰일을 이루려는 사람은 조심하지 않으면 안 된다. 앞날이 유망한 인재로 큰 기대를 받으면서도 이러한 것 때문에 실패하여 탈락해 간 자가 얼마나 많았던가?

신입 사원 등 특히 젊은이 상대로 인용할 수 있는 말이다.

사람은 세월을 거듭했기 때문에 늙는 것은 아니다. 이상(理想)을 잃었을 때에 늙는 것이다

★ 사뮤엘 울만의 말이다.

"노병(老兵)은 죽지 않는다. 다만 사라질 뿐이다."의 명문구(名門句)를 남기고 현역을 은퇴한 연합군 총사령관 맥아더 원수가 좋아했던 말로, GHQC(일본에 설치되었던 연합군 총사령부)의 그의 사무실에 걸려 있었다고 한다.

사람이 '늙는다'는 것은, 세월을 거치는 것에 따른 생물학적인 결과가 아니라, '마음'의 문제라는 것을 시사하고 있다. 나이를 먹으면 다리도 허리도 쇠약해지고 눈도 흐려지며 육체적인 활동은 저하된다. "젊음을 돌리자."는 식으로 머리를 염색하고 나이보다 젊게 차린 의상으로 몸을 감싸 보아도, 그것은 진짜로 회춘하는 것은 못 된다.

늙음은 육체의 피로와 열화(劣化)가 아니라, 오히려 정신의 피로나 열화에서 생기는 것이다. 노령(老齡)에 의해 남겨진 인생은 적어지기는 하지만, 그 남겨진 인생에 이상을 가지고, 또한 희망을 가지고 도전해 가는 한 청춘이고 꽃은 핀다는 것이리라.

☆ 노인회에서의 강연, 혹은 정년 퇴직하고 직장을 떠나는 친구에의 전별(餞別) 인사로서 인용할 수 있는 말이다. 제2의 인생에 있어서도 항상 이상과 희망을 가지고 분발해 줄 것을 우정어리게 희망하며 말을 맺도록 한다.

사람은 자기의 운명을 비난하며 책임을 모면할 생각으로 있다. 요컨대, 언제나 운명의 여신(女神)이 나쁜 것이다

★ 라 퐁테느의 『우화(寓話)』에 나오는 일절이다.

이것은 대개의 사람들에게는 익히 들어본 말일 것이다. 확실히 사람은 일이 제대로 되지 않거나 뜻대로 풀리지 않으면, 자신의 능력 부족이나 노력 부족은 젖혀놓고, 운명을 저주하며 자위(自慰)하려고 한다.

최근에는 "운명"이 아니라 "사회"나 "환경"에 책임을 전가하는 모양이다. 경영이 여의치 않은 것은 경영 환경이 나쁜 탓이며, 급료가 오르지 않는 것은 경영자의 솜씨가 서툴기 때문이라고 말한다.

이리하여, 위에서 아래까지 모두가 정체 불명의 무언가를 나쁜 적으로 삼고, 자신의 운명을 한탄하고 슬퍼할 뿐이다.

"그 주(株)로 손해를 본 것은, 단골 증권 회사가 무책임한 주를 추천했기 때문이다."라는 식의 누군가 나쁘다는 책임 전가는, 우리의 일상 생활의 여기저기에서 볼 수 있는 현상일 것이다. 그것에서는 아무런 진보도 발전도 기대할 수 없다.

☆ 실패하거나 성적이 오르지 않아도, 표제와 같은 투로 태연해하는 부하나 자식에 대한 훈화로서 인용할 수 있는 말이다. 하기야 이런 정도로는 아무렇지도 않게 여기겠지만…….

사람은 태어날 때부터 사회적 동물이다

★ 고대 그리스의 철학자 아리스토텔레스의 말. 이와 똑같은 말을 로마의 철학자 세네카(B.C.4~A.D.65)도 하고 있다.

인간다운 인간은 도시 국가, 즉 폴리스의 일원으로서 생활하는 인간이라고 주장하는 아리스토텔레스는 사람은 태어날 때부터 사회적(폴리스적) 존재라고 규정했다.

나 혼자서 생활하고 자라났다——고 말할 수 있는 인간은 한 사람도 없다. 모든 사람은 사회에 속해서 자라고 그 일원으로서 살아가고 있다.

1920년 캘커타의 서남향에서 발견된 8세 정도와 한 살 정도의 두 "늑대 소녀"는 말은 한 마디도 못할 뿐만 아니라 네 발로 걷고 날고기와 우유밖에 먹지 않았으며, 밤이 되면 소리를 길게 내며 짖었다고 한다. 고아원에 수용되고 목사 부부에 의해 키워지고서야 비로소 인간다운 감정을 보이고 말을 익히게 되었지만, 그 속도는 매우 느리어 사람은 인간 사회에서 자라야만 비로소 인간다울 수 있음을 보여 주었다.

☆ 사람 뿐만 아니라 법인 등의 조직도 사회적인 존재이다. 하나의 조직만 초연하게 존립한다는 건 불가능하다. 동업자 혹은 세상이나 소비자에 대하여 이해 타산을 떠난 봉사, 교제, 협력도 필요한 것이다.

사람의 마음은 낙하산 같은 것이다. 펴지지 않으면 쓸 수 없다

★ 창조적 아이디어의 기법(技法)으로서 널리 쓰이고 있는 브레인 스토밍(Brain Storming; 자유롭게 착상을 내놓는 회의법)의 창시자로서 유명한 A.F. 오즈번의 말이다.

접혀 있는 것만으로는 쓸모가 없는 낙하산도, 창공에서 펼치면 중요한 운반 용구가 된다. 사람의 마음도 닫힌 채로 있는 상태에서는 아무 전향적(前向的)인 것도 생겨나지 않는다.

브레인 스토밍은 각자가 마음을 열고 자유로운 연상을 발전시킴으로써만이 아이디어도 나오는 것이다.

마음을 연다는 것은 인간 관계의 기본이다. 활달한 마음의 교류가 상호 이해(相互理解)를 돈독히 하고, 조직 안의 협력 관계 강화에도 이어지게 된다. 상사와 부하, 그리고 동료간에 자유로이 서로 의견을 나누며 마음을 열고 사귈 수 있는 직장에서는, 코뮤니케이션(전달)이 철저하고 일도 진척되며 업적도 향상되는 것이다.

☆ 직장 모임의 분위기 조성을 위한 말로서, 혹은 부하의 카운셀링(상담)을 할 때 등에도 인용할 수 있는 말이다.

비지니스맨의 우울증이나 억울신경증(抑鬱神經症)이 증가 경향에 있고, 발생율은 활성(活性) 인간이나 기력 충실형(氣力充實型) 인간에게 의외로 많다고 한다. 사람은 누구나 마음의 밀실(密室)을 가지고 있다. 만성 우울증 상태를 제 스스로 자각하지 못하는 사람, 마음의 고뇌를 숨기고 일하는 사람도 있다. 부하가 무엇을 생각하고 어떠한 감정을 가지고 있는지, 평소 때에 마음을 열고 자주 의견을 나누지 않으면 안 된다.

사람이 그 말을 쉽게 하는 것은 책임감이 없기 때문이다

★ 맹자는 성격이 과격하고 설봉(舌鋒)이 매우 날카로운 사람이었는데, "사람이 그 말을 쉽게 하는 것은 책임감이 없기 때문이다."라는 한 마디 같은 것은 참으로 그 인품을 잘 드러내고 있다.

이것은 사람이 경솔하게 말을 하는 것은 그에 대한 책임을 느끼고 있지 않기 때문이라는 뜻으로, 옛날이나 지금이나 이러한 관점에서 본다면 인간이라는 것은 별로 달라진 것 같지가 않다.

맹자가 활약한 춘추시대에는 제자 백가가 배출되어 백설(百舌)을 서로 겨루었기 때문에 개중에는 무책임한 방언(放言)을 하는 자도 상당히 있었을 것이다. 아마도 그는 그런 자들에게 몹시 싫증이 나서 통렬한 이 한마디를 뱉어 철퇴를 가했을 것이다.

『논어』의 이인편(里仁篇)에 "옛날 사람이 경솔하게 말을 하지 않았던 것은 자기의 행실이 따르지 못할 것을 두려워했기 때문이다."는 말이 있는데, 이것 역시 무책임한 방언에 눈살을 찌푸렸기 때문이다.

공자는 또 헌문편(憲問篇)에서도 "군자는 자기의 말이 행동보다 지나치는 것을 부끄러워한다."고 하여 경박한 사람들을 훈계하고 있다. 그런데 이와 같이 똑같은 뜻의 말을 하더라도 맹자보다 훨씬 완곡한 표현을 쓰고 있으며, 양자의 기질 차이를 분명히 엿볼 수 있어서 흥미롭다.

☆ 신입 사원의 교육을 행할 때에는 이러한 가르침도 잘 주입시켜야만 한다.

사람이 누구나 자기 의견을 가진다고 좋은 것은 아니다. 그 사람이 사실을 구별하지 못하면 그 의견은 아무 소용이 없다

★ 전 미국 내에서 베스트셀러가 된 『일상학(日常學)의 권장』의 저자이고 인기 컬럼니스트로서도 저명한 앤디 루니의 말이다.

"사실"과 "의견"은 별개의 것임을 누구나 다 알고 있다. 하지만 의외로 일상 생활 속에서는 이것이 혼동되고 버젓이 통용될 경우가 많다. 사람은 종종 그래서 판단을 그르친다.

사실을 알지 못하고 말하는 의견은 단지 억측에 불과하다고 해도 과언은 아니다. 옳은 판단이나 의사 결정은 절대로 억측에서는 생겨나지 않는다. 남의 의견을 들을 때는 그것이 사실을 견문하고서 말한 것인가를 확인해 볼 필요가 있다.

☆ 회의에서 발언할 때의 주의 사항, 보고, 실명의 방식에 대해 훈시하는 경우에 인용할 수 있는 말이다.

회의에서의 발언이나 일에 관한 보고나 설명 때에 "……라는 말이 있읍니다만……" 하는 식의 풍문을 예로 들어 말하는 사람이 있다. 확증이 없는 얘기라도 사실답게 구체적인 얘기를 하게 되면 저도 모르게 확실한 의견으로서 경청하지 않을 수 없게 된다. "……인 듯하다", "설령", "……라고 말한다" 등의 말이 빈번히 나오는 발언에는 특히 조심하지 않으면 안 된다. 사실의 뒷받침이 없는 의견은 진실한 의견이라고는 할 수 없다.

사랑은 부(富)나 재보(財寶)보다도 훨씬 강하다. 그렇지만, 사랑은 그러한 것의 힘을 받지 않으면 안 되는 것이다

★ 프랑스의 작가 프레보의 『마농 레스꼬』 중에서 한 대목.

사랑에 빠진 남녀의 사이는 때때로 지위나 명예나 부(富)보다도 강하다. 옛적부터 현재에 이르기까지, 이른바 신데렐라 이야기의 등장 인물이 갈채를 받는 것은, 대중의 마음속에 무조건의 공감과 동경을 느끼게 하기 때문일 것이다. 그렇지만, 현실로는 부나 재보를 버리면서까지 치달은 사랑이 마지막까지 행복의 결말로 끝난 케이스가 얼마나 되는 것일까?

더구나 옛날과는 달라 완전한 경제 사회 테두리 안에서의 현대이고 보면, 사랑의 성취라고 해도 그 경제 사회의 테두리 안에서 벗어나서 한다는 것은 지극히 어려운 일일 것이다. 사랑이 성취되고 사랑의 보금자리를 영위한다는 것은, 벌써 그 시점에서부터 경제적인 생활이 시작된다는 것이다. 결혼 조건의 첫번째로 연수(年收)를 드는 현대 남녀의 현실성은 너무나도 꿈이 없다는 감도 들지만, 그렇다고 함부로 비난할 수도 없을 것이다.

☆ 사랑에 들떠서 수입을 얻을 능력이나 기력도 없는 남자에게 마음을 빼앗긴 딸에게 하는 경고로서 어떨까 한다. 부모의 입장으로서는 마지못해 상대방 남자가 견실한 직업을 얻어 생활의 기반을 가진다는 것을 조건으로, 딸의 희망을 받아들이지 않을 수 없을지도 모른다.

사랑은 생명의 꽃이다

★ 19세기의 저명한 독일의 시인 프리드리히 보덴슈테트가 지은 시구의 하나. 얼마나 아름답고 멋진 말인가?

사랑에 관한 명언은 밤하늘의 별 만큼이나 많이 있는데, 그런 사랑은 영원한 동경이며 인생의 주제라고도 할 수 있을 것이다.

인류에게 만약 "사랑"이 존재하지 않는다면? 생각하는 것만으로도 그것은 암흑이며, 인간은 생물학상 영장류에 속하는 사람과(科)의 호모사피엔스라는 보통 생물이 되고 마는 것이 아닌가? 사랑이 있기 때문에 인생은 즐겁고 흥미있다. 그리고 존재할 수 있다.

어버이와 자식의 사랑, 부부의 사랑 등은 도저히 이론이나 형태로서는 끊을 수 없는 것으로, 더우기 부부의 사랑이라는 것은 "2세(이승과 저승)"라고 해서, 다시 말해 내세까지도 이어져 가는 깊은 애정을 보이는 것으로 전해져 내려오고 있다.

도스토예프스키는 "사랑, 그것은 인생의 전부"라고 했으며, 괴테의 시집에는 "사랑이여, 그대야말로 참된 생명의 관(冠), 중단 없는 행복"이라고 찬양했다.

☆ 결혼식, 특히 손아랫사람에 대한 새 출발의 전별로 "결혼식은 이제부터 벌어지는 봉오리의 결합이니, 부부가 합심해서 굳은 약속의 사랑을 길러내 빛나고 아름다운 대륜(大倫)의 꽃을 피워주기 바란다."고 말을 맺으면 감동을 불러일으킬 것이다.

사랑하는 사람을 만나지 말라

★ "사랑하는 사람을 만나지 말라. 사랑하지 않는 사람도 만나지 말라. 사랑하는 사람을 만나 보지 못한다는 건 괴로운 일이다. 또 사랑하지 않는 사람을 만나는 것도 괴로운 일이다."(『法句經』)

석가 세존이 초기 수업 시절에 취한 태도로, 제자 아난(阿難)이 성(性)에 대해 고민하는 것을 보고 훈계한 말이라 한다.

인간에게는 이성 뿐만 아니라 부모 형제, 사물, 살고 있는 집, 환경 등의 모든 것에게 동물적으로 집착하는 본능이 있다. 또 원망하거나 미워하는 것을 배제하는 본능적인 집착이 있다. 사랑, 집착, 집념이 너무 지나치면 그 안에서 모순을 드러내게 되고 괴로운 일도 생겨나 상대방을 상처입히게 된다. 감정의 지적인 제어(制御)가 중요하다고 훈계한 것으로 생각된다.

이 지상에서는 아직 완전한 자유나 충동적인 본능의 집행을 용서하는 데까지는 이르지 못하고 있는 것이다.

☆ 동물적인 사랑은 상대방에게 희생을 강요하고 상대방의 성장에 상처를 입히게 된다. 서로 사랑하고 일심 동체가 되는 것은 좋은 일이지만, 다른 것은 배척하고 담을 쌓은 속에서 맹목적으로 사랑하는 것을 참된 애정이라고는 말할 수 없다. 영리한 지혜를 가지고 애정의 조절을 꾀하되, 사회에서 받아들일 수 있는 사랑을 키워가기 바란다.

사실(事實)은 판단이 아니고, 판단은 사실이 아니다

★ 경마 관계의 이야기로 인기가 높은 영국의 베스트셀러 작가 딕 프랜시스 작(作)『막판』에서의 한 구절.

뛰어난 긴장감이나 냉철함을 지닌 소설은 스토리 전개의 빼어난 점도 그렇지만, 개성적인 성격의 탐정역이 등장하고 때로는 세상의 일면을 날카롭게 찌른 경구를 넣어서 독자를 즐겁게 한다. 이것도 그 중 한 가지.

주인공 토드는 이렇게 말한다. "가장 위험한 거짓말은 진술로 믿고 있는 자가 하는 거짓말이다."라고. 사람은 흔히 '……인 듯하다'와 '사실'을 잘못 알고 판단을 그르칠 적이 많다. 그렇지만 사실은 어디까지나 하나밖에 없다. 셰익스피어도 말하고 있다. "……인 듯하다는 건 결코 그 자체는 아닌 것이다." 라고.

비지니스의 자리에서는 독단과 편견에 의한 사실 오인이나 실수는 기업의 치명상이 될 수도 있다. 그러므로 비지니스맨은 '사실'과 '……인 듯하다'를 깊이 확인하는 안목을 가지지 않으면 안 된다.

☆ 정보나 통계 자료를 읽는 법, 사물에 대한 판단력의 함양 등에 관해서 훈시하는 경우 등에 쓰일 수 있다.

전쟁에서도 정보의 판단 실수에 의해 실패하는 작전이 실로 많다. 기업의 시장 활동에서도 시장 전략의 책정 단계에서의 기초 자료의 오독(誤讀), 즉 자료가 가리키는 '사실인 듯하다'에 현혹되어서 신제품의 발매 작전에 실패했다는 예도 제법 있다. "사실은 판단이 아니고, 판단은 사실이 아니다.", 바로 의사 결정자가 깊이 명기해야 할 경구인 것이다.

살인은 탄로나게 마련이다

★ 나쁜 짓은 언젠가 발각된다. 악사 천리(惡事千里), 즉 나쁜 일은 빨리 세상에 알려진다. "천망 회회 소이불실(天網恢恢疎而不失), 즉 하늘의 그물은 굉장히 넓어서 성기지만, 선한 자에게 선을 주고 악한 자에게 악을 주는 일은 조금도 빠뜨리지 않는다."라는 말과 유사한 서양의 속담이다.

원문은 Murder will out. 셰익스피어 작(作)『리차드 3세』1막 4장에 "그래서 시체를 어딘가의 굴에 숨기지 않으면 안 된다. 그 다음에 상을 받은 즉시 도망치는 거야. 탄로날 테니 이곳에 있을 수 없다."라는 대목이 있다.

Murder(살인)란 참으로 구미적인 직접적 표현이지만 이것은 우리의 일상 생활, 특히 사업 생활에 있어서 수긍할 점이 많다.

일을 하면 실수도 생긴다. 실수가 싫으면 일을 하지 않는 것이 상책이다. 문제는 실수를 어떻게 처리하느냐 하는 것이다. 단시일이면 속여 넘길 수 있을지 모르나 반드시 알려지게 되는 법이고, 알려지게 되었을 때의 댓가는 더욱 커지게 마련이다.

☆ 실수를 하게 되면 지체하지 말고 그 사실을 보고하고 사과할 것. 동시에 처리의 방법을 제시해서 승낙을 얻고 손해를 최소한으로 줄이게 해야 한다. 특히 사업가에게 수시로 들려줘야 할 말로 안다. 필요한 것은 실수를 숨기지 않는 약간의 용기, 이것이 신용에 이어진다——"사죄의 미학"이다.

거래선은 적절한 결과를 바라고 있으며, 따라서 그 담당자의 행동을 관찰하고 있다. 머리를 싸안고 하루 하루 미루는 여유는 없을 것이다.

상가집 개가 되지 말라

★ 상가란 상중(喪中)에 있는 집이다. 장송 준비나 조문객으로 다 망한 데다, 복상중은 육식도 금하고 있으므로 기르는 개에게 먹이를 줄 틈도 없고 마땅한 음식 기꺼기도 없기 때문에 그 동안 개는 쇠약해지게 된다는, 『사기(史記)』이전부터의 옛 속담이다.

『공자 세가(孔子世家; 공자에게 얽힌 일화집)』의 한 이야기 중에 ──공자는 노나라의 대신으로서 이상적 행정을 펴려고 노력했지만 귀족 일파와 대립하게 되어 직에서 물러나고 이윽고는 불우한 처지가 된다. 좋은 군주를 찾아서 다시 여러 나라를 편력하다 정(鄭)이라는 나라에 이르렀을 때, 공자는 제자들과 떨어지고 말았다. 한편 제자들은 기를 쓰고 스승 공자를 찾아다니다 우연히 어느 행인에게 물었더니 "성문 쪽에서 본 사람이 아마 당신들이 찾는 사람 같았다."고 하며 그 허기져 지친 모습을 '상가집 개' 같았다는 말로 비유했다고 수재(收載)되어 있나.

☆ 신입사(新入社), 특히 인사 이동 때의 훈화에 "조직이란 것은 좀처럼 개인의 뜻대로, 이상처럼 되지는 않는 것. 그렇다고 직장을 떠나는 것은 일종의 패배인 것이다. 세계의 세 성인의 한 사람으로 일컫는 공자만 해도 무심한 사람에게 상가의 개로 혹평된 시기가 있었다. 인종과 노력이야말로 뜻을 실현하는 길이다. 자칫 잘못해 불우한 상가의 개가 되지 말아야 한다."고 말해 주기 바란다. 인사 (人事) 불만의 중화제가 될지도 모른다.

새는 죽게 되면 그 울음소리가 애달프고, 사람은 죽게 되면 그 말이 어질다

★ 기원전 6세기 무렵에 증자(曾子)가 한 말이다.

증자가 병석에 누웠을 때, 문병을 간 맹경자(孟敬子)에게 "새의 죽기 직전의 울음소리란 것은 참으로 슬픈 것이다. 사람이 죽게 되었을 때는, 설령 어떤 악인이라도 어진 말을 하는 법이다. 자, 내가 하는 말을 잘 들으라."고 했다고 한다. 『논어』에 "증자가 말했다"고 나와 있다.

☆ 소크라테스는 독을 마신 뒤, 제자들에게 "아스크레피오스(의술의 신)에게 닭을 한 마리 바치는 것을 잊었다. 내 빚을 갚아 주기 바란다."는 말을 했고, 괴테는 "좀더 빛을……." 하고 말했다고 한다. 임종 때의 말은 옛부터 사람들의 관심을 불러일으켰다. 의외로 시시한 것이 많은 법이지만, 그렇게 말해서는 안 될 것이다.

마침내 그 직장을 떠나게 되었을 때, 이런 말을 빌려다가 통렬한 조직 비판을 꾀해 보는 것도 좋다. 단순한 이별의 말도 좋지만, 어설프면 반대로 웃음거리가 된다. 내용에 자신이 없을 때는 맥아더 식으로 "노병은 죽지 않는다. 다만 사라질 뿐이다." 라고 말하는 것도 좋을 듯하다.

새로운 병기(兵器)를 탐내기 전에 현재의 병기를 더 이용할 가능성을 생각하는 쪽이 현명하다

★ 전략가 M. 블래킷의 말.

전시 때 흔히 있는 군인들의 신병기 요구에 대해 현재의 병기조차도 잘 다루지 못하고 있지 않느냐고 빈정거린 것인데, 전시 뿐만 아니라 현대의 비지니스 사회를 빗대어 말한 감이 없지 않다.

사업상의 기기는 콤퓨터를 비롯해 일진 월보(日進月步)로 새로운 것이 잇따라 등장하고 있다. 확실히 그 기계들은 지금까지의 일을 보다 신속하게 처리하여 일손을 줄이고 있으며, 현대의 기업 활동에 없어서는 안 되는 필수품이 되고 있다. 그렇지만 개중에는 잘 다루지 못할 뿐만 아니라, 도입했기 때문에 도리어 사무가 복잡해졌다는 얘기도 많다.

그러한 기업의 도입 계기는 타사(他社)가 도입했기 때문이라든지 없으면 대외적으로 거북하다는 식으로, 필요성을 기준으로 한 동기가 아닌 경우가 많다. 이는 패전의 이유를 자신들의 작전이 미숙하고 전투 기술이 서투른 것은 제쳐놓고 새로운 병기가 없기 때문이라고 하는 군인과 마찬가지이다.

☆ 사업상의 기기(機器)를 예로 들었지만, 기기뿐만 아니라 인재도 마찬가지이다. 인재가 없기 때문에 매상이 오르지 않는다고 하는 것은 변명이다. 현재의 인재를 어떻게 활용할 것인가를 먼저 생각해야 한다. 관리자가 명심해야 할 말이라고 할 수 있다.

서(書)를 모두 믿으면 곧 서가 없는 것보다 못하다

★ 『맹자』의 진심장(眞心章)에 "춘추에 의전(義戰)이 없다."는 유명한 말이 있는데, 그 다음 장에 "서(書)를 모두 믿으면 서가 없는 것보다 못하다."고 하는 금언이 씌어 있다.

맹자가 말하는 "서"는 구체적으로 『서경(書經)』을 가리키고 있지만, 일반적으로 해석할 경우에는 특별히 서경으로 한정하지 않는 쪽이 좋다.

맹자는 『서경』의 무성편(武成篇)을 읽어보니 그 중의 두세 편은 좋게 생각되었지만 아무래도 나머지는 납득할 수 없었던 까닭에, 글의 전부가 옳은 기술이라고 믿어 버리는 것은 잘못이라고 경고하고 있다.

이것은 비단 서경 뿐만 아니라 모든 글로 써서 표현된 것을 읽을 때에는, 글자로 표현된 표면적인 것에만 사로잡히지 말고 그 내면에 포함되어 있는 정신까지도 이해하는 일이 중요하다는 가르침으로도 간주된다.

예를 들어 국회의원들의 공약 같은 것도 이와 비슷한 것으로 그것을 모두 믿었다가는 어떻게 될지 모른다. 맹자는 "서"라고 했지만 이것을 "언(言)"의 글자로 바꾸어 보아도 재미있다.

"나는 책을 읽을 때에는 그 책을 쓴 사람의 목적을 통찰하려고 힘쓴다."고 한 말이 있는데 과연 지당한 말이라고 생각된다.

☆ 대수롭지 않은 연수회에서의 훈사 때 인용할 수 있고 누구에게도 해당되는 말이다.

선배에게서는 지식과 경험을, 후배에게서는 감각을 배우라

★ 서양에서 옛날부터 전해지는 속담.

자구(字句) 대로, 선배에게서는 그가 가지고 있는 지식이나 경험을 흡수하고 후배에게서는 그의 감각(sense)을 흡수하면 좋다는 뜻이다.

이것은 남에게서 "무엇인가"를 배워 익히려고 할 경우의 일종의 전술이라고도 할 수 있는 학습태도를 가르치고 있다. 다만 이 경우 선배란 것은 항상 자기보다 풍부한 지식이나 경험을 가지고 있다는 전제에 서고 있다.

옛날에는 확실히 선배나 연장자가 지식도 경험도 풍부했을 것이지만, 현대에 있어서는 반드시 그렇다고도 할 수 없게 되었다. 특히 과학 기술의 분야에서는 그렇다고 할 수 있을 것이다. 퍼스널 콤퓨터라든지 등의 분야에서의 연장자의 지식이나 경험은 없는 것과 다름없다. 따라서 현대에서는, 선배로부터는 "일이나 생활의 지식을" 하고 바꿔 놓는 쪽이 좋을지도 모른다.

"후배로부터는 감각을"이라는 것은 굳이 무리하게 그들의 감성을 흉내낸다는 것은 아니다. 요는, 남이 지닌 장점을 찾아내어 그것에서 배워 익히라는 것이다.

☆ 사원 연수회를 비롯해서 "남에게서 겸허하게 배운다"는 주제에 관한 강연이나 훈시 때에 인용할 수 있다. 베테랑 사원에게는 후배로부터 "배울 수" 있게 되라고 훈시해도 무방할 것이다.

선인(先人)의 뒤를 좇지 말고 선인이 바란 것을 구하라

★ 옛 속담으로서, 선인의 뒤를 그대로 좇는 것은 남의 흉내를 내는 것이라 진보가 없다는 경고의 뜻을 담고 있다. 선인들이 바란 것이란 단지 그 시대에 포착할 수 있는 현상——지식, 기술, 문화가 아니라 그 내면에 있는 것을 추구하려고 한 "의욕", "창의 개선"이었다.

생각하는 것은 인간의 특색이고 특권이다. 생각하는 자유, 생각하는 기쁨, 이것을 갖지 않는 사람이란 죽은 사람이나 마찬가지이다. 생각하는 것, 즉 의문을 가지는 건 진보의 표시이다.

회사 생활에서도 마찬가지이다. 영광스럽게 일류 기업에 입사했더라도 깔려 있는 레일 위를 그냥 달리고 있는 것만으로는 진보가 없다. 그리고 무엇보다도 언제 어디서든지 레일이 깔려 있다고는 생각할 수 없다. 선배가 남겨 준 기업 유산을 기반삼아 다시 더한층 비약하기 위해 일에 창의 개선을 더하는 것이 현대 비지니스맨의 조건일 것이다.

☆ 회사의 "일"은 항상 어떤 목적을 가지고 있으며 당연히 그 목적에 접근하기 위한 창의 개선이 보태어진 상태가 아니면 안 된다. "일" 자체를 분석하면 몇 가지의 "작업"으로 분해되지만, "작업"을 그냥 모은다고 일이 되지는 않는다.

일과 작업은 엄연히 다른 것이다. 작년과 같은 것의 되풀이, 무엇인가 개선해 보려고 하는 의식 투입이 없는 것은 작업이다. 거기서 필요한 것은 "어째서일까?" 하는 의문을 가지는 일이다. "더 좋은 방식은 없을까"를 생각하는 일이다.

성공에는 아무런 속임수도 없다. 나에게 주어진 일에 전력을 다해 왔을 뿐이다

★ 데일 카네기의 말.

세상은 운(運), 둔(鈍), 근(根)이라는 말을 한다. 출세하거나 부자가 되려고 하자면 이 세 요소가 필요하다는 것인데, 미국의 실업가는 좀 다른 처세훈을 가지고 있는 모양이다.

우리 나라에서는 "운"이라는 것이 제법 중요하다고 생각되는지 자기가 뜻한 것 같은 인생이 아닌 경우,"나에게는 운이 없기 때문"이라는 말을 하기가 일쑤이다. 반대로 남에 대해서는 "저 사람은 운이 좋으니까." 하고 그 사람의 노력은 뒤로 젖히고 운 탓으로 돌리는 경향이 강하다. 여기서 말하는 운이란 것은 카네기가 말하는 속임수적인 요소를 느끼게 한다.

과연 "운"이란 것이 그처럼 우리의 인생을 좌우하고 있는 것일까? 자신이 처한 환경이나 지위, 수입 등을 규명해 보게 되면 결국 자신에게 그 원인이 있는 경우가 대부분이다. 그러한 자신의 노력이 미치지 못한 것을 속이기 위해, 또는 자기로서는 하지 못하는 남의 노력을 인정하고 싶지 않기 때문에 "운"을 이용하고 있는 경우가 많다.

☆ 노력의 중요성을 강조하고 "운"의 탓으로 돌리는 것을 경계하는 교훈으로서 쓰이는 말이다. 특히 무기력해진 사람들에 대한 훈시로서 좋을 것이다.

세계에서 가장 유능한 선생에 의하기보다는, 분별 있는 평범한 아버지에 의해서 자식은 훌륭하게 교육된다

★ 루소의 『에밀』에 나오는 한 구절.

확실히 그 말대로라고 생각되지만, 그렇지 못한 아버지에게는 좀 따끔한 말이 아닐 수 없다.

자식이란, 특히 유년기에는 그 언동은 말할 것도 없고 마음의 상태까지도 부모를 본받게 된다. 교실에서 아무리 유능한 교사가 올바른 사고 방식이나 행동 방식을 가르친다고 해도, 일상 생활을 함께 하는 부모의 감화 이상으로 더 나은 것은 없을 것이다.

그런 점에서 부모야말로 최대의 교육자이기도 하다. 그런 만큼 나태한 부모의 슬하에서는, 그것을 당연하다고 생각하는 자식이 자라나기 쉽고 언제나 신경질적인 어머니에게서는 정서가 불안정한 자식이 태어나기 쉽다.

회사에서 귀가하면 "목욕, 식사, 잠잔다"는 세 마디뿐, 일요일에는 속옷차림으로 드러누워 텔레비젼을 보고 있는 광경은 얼핏 보기에 평화스러운 가정 같지만 이것을 보고 자라나는 자식들의 앞날을 생각하면 두려운 생각이 든다. 특히 사내아이에게는 평범해도 확고한 아버지의 생활상을 보여 줘야 할 것이다.

☆ 어머니들이나 그 밖의 가정 교육 강좌 등에서 응용할 수 있는 말이다.

세상에는 성공한 발명가와 실패한 발명가가 있다

★ 크레치머의 『천재의 심리학』 중에서.

아무런 색다른 점도 없는, 당연하다면 당연한 문구이지만 꽤 함축성이 있는 말이다.

세상에는 성공한 발명가와 실패한 발명가의 두 종류가 있다. 같은 발명가라는 호칭을 갖고 있지만 이 둘 사이의 낙차는 크다. 성공한 발명가는 때로는 천재라는 말을 듣고 커다란 명성을 얻게 되겠지만, 실패한 발명가는 괴짜, 때로는 미치광이라는 말을 들으며 비웃음의 대상이 되고 만다.

옛날부터 흔히 쓰이는 "천재와 미치광이는 종이 한 장 차이"와 동의어라고 생각하면 된다. 발명과 발견의 발상이나 동기에 있어서는 성공자도 실패자도 그다지 차이가 없지만, 세상이란 그 결과로 칭찬하기도 하고 경멸하기도 한다는 것이다. 간단히 말하자면 콜롬부스만 해도 실패했더라면 큰 바보라는 평가밖에 남지 않았을 것이다. 사업도 마찬가지로, 세상은 성공한 사업가와 실패한 사업가의 두 가지 상반된 평가밖에 없다하는 이상은 성공하지 않으면 손해다.

☆ 아뭏든 여러 가지의 장면에서 인용할 수 있는 말로서 인사 평가(人事評價)에 관해 설명할 때에 인용해 보면 이해가 빠를 것이다. 즉 "사원에게는 일을 할 수 있는 사원과 하지 못하는 사원밖에 없다. 인사 평가란 그런 것이다."라고…….

세상에는 피할 수 없는 것이 두 가지 있다. 그것은 생(生)과 사(死)이다

★ 채플린의 명작(名作) 영화에서 자살을 꾀한 소녀에게 주인공인 채플린이 한 말이다.

이것 뿐이라면 당연한 말이지만, 그 말 뒤에 "죽는 것보다도 사는 쪽이 더 어렵다."는 뜻의 말이 이어지게 된다.

채플린은, 죽음(死)은 피할 수 없지만 삶(生) 역시 피할 수 없는 것이며, 살아 있는 지금의 현실까지도 신의 의지로서 충분히 살아가지 않으면 안 된다고 적극적인 생에의 참가를 호소하였다.

죽음이 피할 수 없는 것이라는 건 누구나 알고 있지만 생도 피할 수 없는 것이라는 건 저도 모르게 잊기가 쉽다. 귀중한 생을 보다 적극적으로 받아들이는 것의 중요함을 우리에게 가르쳐 주고 있다.

젊은이의 자살이나 중고년(中高年)의 자살이 계속 늘어나고 있다. 자살자 자신에게는 나름대로의 이유가 있었겠지만, 생명을 가볍게 여기는 풍조를 느끼게 하는 것은 사실이다.

지금 살아 있는 것은 자신만의 의지가 아니라 누군가의 의지이기도 하다는 것을 더 생각해야 한다.

☆ 나쁜 상태에 빠져 있는 사람들에게 용기를 주는 말로서 응용할 수 있을 것이다.

세상을 살아가자면 사람들과 사귀는 법을 알아야 한다

★ 루소의 『에밀』에 나오는 한 구절이다.

지극히 당연하고 평범한 말이지만 꽤 시사하는 바가 크다.

'사람은 사회적인 동물이다'라고 하는 것은 남과의 협력이나 공동 없이 혼자만으로는 좀처럼 살아갈 수 없다는 뜻이다.

요즘, 인간 관계가 번거롭다고 해서 이웃이나 직장 내의 여러 가지 교제를 마다하는 사람이 많지만 정도가 지나치면 도리어 인간 관계를 악화시키고 자기의 "세계"를 좁히게 되고 말 것이다. 확실히 교제라는 것은 때로는 귀찮은 것이고 엄청난 돈과 시간을 필요로 할 때도 적지 않지만, 그렇다고 해서 교제를 끊어서는 아니된다.

요컨대, 사귀는 사람이나 교제의 내용을 음미하고 선택해 가는 지혜가 필요한 것이다. 사귀는 법을 "안다"는 것은 그런 의미로 해석해야 한다.

☆ 신입 사원 교육 등에서, 흔히 상급자나 선배의 과업 후의 유혹을 거절하고 싶어하는 신입 사원들에 대한 강화에서 인용할 수 있는 말이다. 하기야 하찮은 일로 후배 사원을 끌어내는 상급자나 선배 사원이 많은 것도 곤란한 일이기는 하지만…….

세상이 달라지면 일도 달라진다. 일이 달라지면 대비도 변한다

★ 중국의 춘추 전국시대, 동양의 마키아벨리즘으로 일컫는 법가 학설의 대사상가 한비자(韓非子)의 어록(語錄) 중에서.

이 말은 시세와 더불어 사정은 바뀌어 어제까지 유용했던 것도 오늘에는 쓸모없게 된다, 따라서 일의 방침이나 대책은 사정의 변화에 따라 개선해 가지 않으면 안 된다는 것이다.

권모 술수, 약육 강식의 전국 난세(戰國亂世)에 살며 적자 생존의 논리를 제창하고, 또한 과거보다 현재를 중시하는 발전적 역사관과 합리주의적 사상을 일관한 한비자가 아니고서는 못하는 말이라고 할 수 있을 것이다.

그렇지만 그가 말하는 대비도 변화가 일어난 뒤에 강구하게 되면 이미 늦는다. 선수 필승, 항상 앞을 읽고 상황을 선취해 가지 않으면 안 된다. 그러자면 자기와 자사(自社), 혹은 자국 중심이 아니라 대국(大局), 즉 널리 사회나 세계의 동행을 보는 눈을 가져야 한다. 같은 고대 중국의 전략서 『육도 삼략(六韜三略)』에도 "천하의 눈을 가지고 보면 보이지 않는 것이 없다."고 가르치고 있다.

☆ 경영 환경의 변화에 관한 훈시나 선견력(先見力)의 양성 등을 역설할 때에도 인용할 수 있는 말이다.

기업의 성쇠는 "변화"에 대한 감도 여하에 따라 크게 영향받게 된다. 상품의 수명 주기(life cycle) 단축화가 진행되는 속에서 변화에 둔감한 체질의 기업은 낙후되고 만다. 이것은 비지니스맨 개인에게도 할 수 있는 말이다.

【비슷한 말】승리의 여신은 변화를 예상할 수 있는 자에게만 미소 짓는다.

소비자는 왕이다

★ 20세기의 백화점 왕으로 일컬어지는 미국의 워너메이커(Johon Wanamaker)의 말이다.

상업자를 지배하는 주권자는 누구인가? 그것은 소비자일 수밖에 없다. 따라서 소비자는 왕인 것이다. 왕에는 명군이 있는가 하면, 멋대로이고 변덕스러우며 거만하거나 혹은 폭군 같은 여러 가지 유형이 있을 것이다. 그래도 그 신하들은 앞장서서 왕에게 봉사한다. 왜일까? 왕의 뜻에 어긋나거나 또는 배반하는 것은 그것이 자기 존재의 소멸에 이어지기 때문이다. 바꾸어 말하면 왕이라는 주권자가 있어야만이 신하인 자신도 존재할 수 있기 때문이다.

소비자라는 왕에게 버림을 받게 되면 상업의 존립은 있을 수 없다. 고객을 왕으로 삼으면 신하의 입장이 되는 것은 상업자인 것이다. 그 이념의 기반으로 삼지 않으면 안 되는 것이 이 한 마디이다. 워너메이커는 "소비자는 왕, 고객은 항상 옳다."고 말했으며, 그는 이미 죽고 없지만 이 명언은 지금도 살아 있다.

☆ 판매, 서비스에 종사하는 모든 사람들에 대한 이념 교육에 응용할 수 있다. "급료를 주고 인사권을 행사해서 사원들을 통치하고 있는 것은 회사이다. 그렇지만 기업 위에 군림해 있는 것은 고객이다. 고객을 헌신적으로 우대하는 것은 고객을 접하는 자의 기본이며 그것은 서비스 이념의 원점이기도 하다. 그리고 언젠가는 기업과 더불어 사원들도 번영으로 이끌어주게 될 것이다."라고 보충해 말해 보자.

소인(小人)의 학문은 귀로 들어가서 입으로 나온다

★『순자(荀子)』중에서.

이른바 "소인(小人)"의 학문이란 것은 남에게서 들은 귀동냥 학문으로, 그것을 또 그대로 남에게 옮기는 식이라는 뜻이다.

물론, 남에게서 듣는다고 하는 것은 중요하지만, 그것을 그대로 받아들이지 말고, 현대적으로 말하자면 "삼현주의(三現主義)", 즉 현장으로 직접 가서, 현물을 직접 확인하고, 실제로 만져본다는 식으로, 오감(五感)으로 느끼고 또한 직접 생각해 볼 필요가 있다는 것이다.

또 그와 같이 지각(知覺)한 것을 다만 남에게 전하는 것이 아니라, 좋은 일이면 직접 해 볼 필요도 있다는 것이리라. "알지 못하는 사람은 말만 한다. 알고 있는 사람은 몸소 행한다."

학문이란 것은 직접 확인하고 피부로 느끼며 생각하는 일을 제대로 하지 않고서는, 그것은 결국 차용한 것일뿐 습득할 수가 없다. 직접 흘린 땀 만큼밖에 습득하지 못한다. 어쩌면 직접 생각해 낸 것밖에 피가 되고 살이 되지 않는다고 말해도 될 것이다.

☆ 학문뿐만 아니라 조사, 연구, 개발 등 어느 활동이든지 들으면 직접 보고 행동한다는 식으로 끝까지 문제를 추구하는 자세가 없으면 완전한 것이 되지 않는다. 특히 이러한 업무에 종사하는 사람들에게 때때로 들려 주고 싶은 말이다.

손수 장작을 패라. 이중으로 따뜻해진다

★ 미국 자동차 공업의 대부라 불리우는 헨리 포드는 "손수 장작을 패라. 이중으로 따뜻해진다."는 자필서를 응접실에 걸어놓고 "이것이 나의 건강 비결이오." 하며 내방자에게 보여 주었다고 한다.

확실히 손수 장작을 패면 운동을 한 것과 마찬가지로 혈행(血行)이 좋아지고 자연히 몸도 따뜻해진다. 그리고 팬 장작을 태우면 또 한번 몸을 따뜻하게 할 수 있다. 즉 "일석 이조"가 되는 셈으로 더우기 건강상으로 이익이 되니 이런 좋은 일은 없다.

그렇지만 현대의 사람들은 장작을 패기는 커녕 제 발로 걷는 것조차도 귀찮아하게 되었다. 하지만 과연 이래서 되는 것일까? 자동차나 엘리베이터, 에스컬레이터를 타기 전에 잠시만 포드의 이 말을 상기해 보면 어떨까?

☆ 부하들에게 무턱대고 일을 맡기지만 말고 때로는 각 개인의 건강 상태에 관심을 가져주는 것도 중요하다. 아뭏든 비지니스맨에게 있어 건강은 다시없는 최상의 것이니, 평상시에 되도록이면 몸을 움직여 다소의 더위나 추위쯤에는 끄떡도 않는 저항력을 길러두어야 할 것이다.

현대는 포드의 시대와는 생활 양식도 많이 달라져 장작을 팰 필요는 없어졌지만, 이 말 자체는 아직도 살아 있다.

쇠사슬이라는 것은 가장 약한 고리의 강도로 전체의 강도가 결정된다

★ 코난 도일이 지은 셜록 홈즈 이야기의 일편인『공포의 계곡』에서 홈즈가 쇠사슬의 고리에 비유해서 범죄 조직 내의 내통자에 대해 한 말을 듣고 와트슨이 기록한 글.

홈즈는 곧잘 쇠사슬을 비유로 꺼내는데『비색의 연구』중에도 "인생은 하나의 커다란 쇠사슬이니 그 하나의 고리를 알면 인생의 본질을 포착할 수 있다."는 말을 하고 있다.

그는 범죄 조직이나 인생을 쇠사슬로 비유했지만 회사 역시 쇠사슬과 같은 것이라고 할 수 있다. 쇠사슬을 구성하는 고리, 즉 사원 개개인이나 또는 회사의 각 부문이 평균된 높은 수준의 능력을 갖추지 않으면 강한 회사로 성장해 나갈 수 없다. 가령 생산 기술면에서 뛰어난 회사도 판매력에 약점이 있으면 결국 그 약한 부분의 수준에서 그 회사의 종합적인 기업력은 결정나고 마는 것이다.

☆ 조직 관리, 또는 사원의 능력 개발에 관해 훈시할 경우에 인용할 수 있는 말이다.

옛날의 병법서에서는 적을 효과적으로 공격하자면 우선 공격하기 쉬운 급소를 치고 그런 연후에 즉각 공격의 화살을 돌려 적의 요점이 되는 곳을 공격하라고 가르친다.

냉혹한 기업 경쟁에 있어서도 마찬가지이다. "가장 약한 고리", 즉 기업의 약점이 표적이 되어 경쟁 회사에게 집중적으로 공격을 당한 회사가 쇠사슬이 끊기면서 금방 휘청거리게 되어 궁지에 몰리는 예도 흔히 있는 예이다.

수치는 청년의 장식, 노년의 불명예

★ 그리스의 대철학자 아리스토텔레스의 『니코마코스 윤리학』에 나오는 말이다.

젊은이의 어떤 실패에서 보이는 부끄러움은 오히려 음전하고 겸허하게 보여 바람직하게 느껴지는 장식이라고도 할 수 있지만, 늙어서 창피를 당하는 것은 정말로 불명예스럽다고밖에 말하지 않을 수 없다는 뜻이다.

논어에도 "열 다섯 살에 학문에 뜻을 두었고, 서른 살에 견고하게 기초가 확립되었으며……"로 시작해 "예순 살에는 무엇이든 한 번 들으면 마음에 저절로 통달하게 되었고, 일흔 살에는 마음이 하고자 하는 바를 따라 행하여도 법도에 어긋나지 않았다."고 말해 처신하는 일에 대해 엄히 경계했다. 과연 성인이라 불리우는 공자의 가르침이다.

늙어서도 부끄럽지 않은 오늘을 —, 좀처럼 쉬운 일은 아니지만 꼭 명심하기 바란다.

☆ 환갑이나 고희, 희수(喜壽), 미수(米壽), 백수(白壽) 등의 축하 답례로서 "많은 분들의 축하며 격려를 받았읍니다만 아직도 인생 수업이 모자라 남들에게 모범이 되는 언행도 없고 거의 도움도 되지 못하면서 헛되이 나이만 먹어 부끄럽습니다."고 인용하고 실로 아리스토텔레스가 말한 바와 같이 참으로 면목이 없다고 겸손히 말하면 어떨까? 틀림없이 그렇게 말하는 이의 장식이 될 줄로 믿는다.

숲에서 완전히 벗어나기까지는 환성을 지르지 말라

★ 위기를 완전히 벗어나기까지는 너무 기뻐하지 말라는 뜻이다. 백보 중 구십 구보까지 걸어도 목표 지점까지는 아직도 반의 도정이라고 생각하라는, 방심하면 단지 일보에서 역전당하고 만다는 뜻의 서양의 속담이다.

지금은 관리자가 되어 있지만 젊었을 때는 언제나 매상 1위의 영업 사원이었던 사람이 있다. 그러나 그는 당시 상급자에게 매일처럼 꾸지람을 들었는데, 사무 처리가 제대로 되어 있지 않았기 때문이다. "납품, 검수(檢收), 회수 등 중요한 일은 아무것도 되어 있는 것이 없잖은가?" 하는 식이다. 불량 외상 판매도 동료보다 많았다고 한다. 영업 사원이 판매를 한 뒤 뒷일은 나는 모른다는 식이 되면 그의 영업 사원으로서의 생명은 끝난 것과 다름없다.

비근한 예를 하나 들자면 중견 광고 대리점의 영업 사원이 거액의 계약이 이루어질 듯해서 기쁜 나머지 사내에 자랑하고 다닌 것까지는 좋았는데, 정식 견적서의 초고에 불필요한 항목을 덧붙이고 말았다. 타이피스트는 그대로 타자했다. 사전 교섭 때보다 더 높은 액수의 숫자가 의뢰자에게 제출된 것이다. 결과는 보나마나였다. 그 때문에 그 영업 사원은 지금 사내에서 거짓말장이, 허풍선이라는 말을 듣고 있다.

☆ 팔기만 하면 되지 않느냐고 하는 영업 사원, 좋은 것을 만들면 되지 않느냐고 하는 연구 개발 사원, 젊고 자신감이 넘치는 사원은 어느 부서에나 있다. 그런 사원에게 인용하고 싶은 말이다. "개인으로는 일을 하지 못한다. 개개의 부과(部課)라도 안 된다. 그대는 숲에 한 걸음 발을 들여 놓았을 뿐이다."라고.

스스로 자신을 가치 있는 것으로서 인정하면, 성공 메카니즘이 작동하여 자신의 능력을 성공으로 향해 최대한 발휘시킬 수 있다

★ 인간 기계론으로 유명한 W. 멀츠의『오늘의 창조적 삶』의 서문에서의 한 구절.

인간은 자기가 그리는 자화상이 긍정적이고 적극적이면 전향적(前向的)인 잠재 의식(성공 메카니즘)이 작용해서 좋은 결과를 낳지만, 반대로 부정적이고 소극적일 경우에는 후향적인 잠재 의식이 작용해서 나쁜 결과를 초래한다. 즉 자기상(自記像)이 행동의 결과를 좌우한다.

따라서 자기 용인(容認)에 따라 자신에 대한 왜곡된 소극적인 견해를 제거하는 것과 동시에 과거에 있은 자기의 성공 체험을 상기하고 적극적으로 사는 것에 의해 행복을 잡을 수 있다는 것이다.

이와 같은 사고 방식은 단순히 심리학적인 견해에 그치는 것이 아니라 생리학이나 생물학적인 이론에 뿌리박은 것이며, 인간의 심신이 일종의 자동 제어 기구로부터 이루어지고 있다는 것에서도 설명되고 있다.

☆ 전향적인 인생을 보내고 싶은 사람은 다만 구체적인 사항에 적극적으로 맞닥뜨린다는 것만으로는 제대로 되지 않는다. 그 이전에 적극적인 자기상의 형성이 필요하다. 다만 장기에 걸쳐서 형성된 부정적 자기상은 쉽게 변하지 않는다. 작은 성공 체험의 축적이 필요하다고 본다.

능력 개발 연수, 창조성 훈련 때에 인용할 수 있는 말이다.

습관은, 만약 그것에 반대하지 않으면 곧 당연한 것이 되고 만다

★ 『신국(神國)』이나 『고백(告白)』 등 많은 철학적, 신학적 저서를 남긴 중세 로마의 사교(司教), 아우구스티누스의 말이다.

나쁜 습관은 제 스스로 잘 알고 있어도 좀처럼 고치지 못한다. 남에 의해 강제적으로, 또는 제 스스로의 강한 의지력으로 교정해 가지 않으면, 나쁜 습관은 평생 그 사람에게 따라붙으니, 이것은 긴 인생을 통해 커다란 마이너스가 된다.

어떤 영국의 극작가는 "단 5분! 결국, 나는 일생을 통해 줄곧 5분 간이 늦었다."고 술회하고 있다. 일상 행동에서의 5분이라는 시간의 엉성함이 습관화되고, 그것이 인생에 있어서 돌이킬 수 없는 오점이 되고 말았다는 것이다.

이것은 어떤 악습관에도 통하는 말이다. 나쁜 습관은 일찌감치 잘라 버리지 않으면 자기가 손해를 보게 되는 것이다.

☆ 신입 사원에게 집무 수칙(守則), 예를 들어 정리 정돈의 실행 등을 훈시할 때 등에 인용할 수 있는 말이다.

어떤 도서관 사서에게서 들은 이야기가 있다. 전에는 좀처럼 없던 일이지만, 색인 카드함을 뽑아서 이용한 뒤에도 제자리에 되돌려 놓지 않는 사람이 적지 않다고 한다. 그것도 어엿한 여대생 같은 젊은 여성에게 많다는 것이다. 자기 집에서 신변의 물건을 제대로 정리 정돈하지 않는 악습관이 이런 데에서 나타나는 것인지도 모른다고, 사서는 말하고 있었다. 귀찮아해도 가정에서의 교육은 엄격해야만 한다.

【비슷한 말】 습관은 제2의 천성.

시기 적절한 일침은 구침(九針)의 시간을 절약한다

★ "시기 적절한 수선으로 막대한 비용이 절약된다."는 유의구가 있다. 적절한 시기에 조금만 손을 보게 되면 훗날 큰 수고를 덜게 된다는 뜻이다.

"알고는 있지만——" 하는 식으로 우리의 일상을 돌아보면 좀처럼 실행하지 못하는 경우가 많다.

중소 회사를 경영하는 친구가 세무사에게 매달 불평을 듣고 있다. 금전 출입이 맞아떨어진 적이 없는 것이다.

"돈이 나갔을 때는 푸른 전표에 기입하고 들어왔을 때는 빨간 전표에 기입……, 단지 이렇게만 해 주시면 되는 것입니다." 하고 불평하는 세무사의 말은 지극히 간단한 일이다.

5백 원, 7백 원 같은 날마다의 교통비를 그때마다 기입하는 것은 그리 쉬운 일일 수는 없다. 친힌 거래선에게 소액의 지불을 하고 영수증은 나중에 주어도 된다는 식으로 말할 적도 있다.

☆ "시기 적절하다"고 하는 뜻과는 좀 다르지만 습관화하면 그리 어려운 일이 아니며, 게다가 장기간으로 보면 큰 이익을 주는 적이 적지 않다.

게으른 버릇이 있는 부하를 꾸짖을 경우 등에 인용할 수 있는 말이다. "지금 조금만 해 놓으면 두고 두고 편해질 수 있다." 는 식으로.

시기할 때는 천 개의 눈을 가진다

★ 유태의 속담.

시기할 때는 모든 감각이 동원되고 신경이 한 곳에 집중된다는 뜻일 것이다. 또 시기할 때는 의심이 많아진다. 혹은 성공한 사람의 주위에는 그것을 시기하는 다수의 인간이 있다. 따라서 성공한 사람이면 특히 겸허해야 한다는 해석도 할 수 있다.

남에게서 시기를 받는다는 것은 두려운 일이다. 무심코 한 자기의 행동, 무의식의 행동까지도 시기하는 사람의 눈에는 중대한 의미를 가진 행동으로서 받아들여진다. 모든 행동이 남의 감시 하에 놓여진다.

이와 같은 상태가 되는 것을 막자면 우선 시기받을 만한 말을 하거나 행동을 보이지 말아야 한다. 예를 들어, 특정인을 남의 앞에서 지나치게 칭찬하는 것을 피하는 일 등이다. 또 시기받고 있다는 것을 알면 자기의 행동을 근신하도록 해야 한다. 특히 자기가 소속된 집단의 규칙이나 규율 면에서, 비록 조금이라 할지라도 일의 실마리를 만들지 않도록 조심해야 한다. 보통 사람이면 말없이 보아 넘길 수 있는 일이 시기받는 사람의 경우에는 중대한 사건이 될 수도 있다. 그리고 시기는 받는 쪽에도 문제가 있다.

☆ 자사(自社)의 행동이 신문 기사와 주간지의 기사거리가 되거나 사회적으로 바람직하지 않은 화제에 오르고 있을 때, 조례(朝禮) 등에서 말해보면 어떨까?

식욕 없이 먹는 것이 건강에 해로운 것처럼, 욕망이 따르지 않는 공부는 기억을 상하게 한다

★ 레오나르도 다빈치의 수기(手記) 중에서.

우리가 섭취하는 세 끼의 식사만 해도, 배가 고픈 것이 아닌데도 식사 시간이 되었다는 이유만으로 무심히 먹는 식사는 아무리 값비싼 요리라도 특별히 맛있다고는 느껴지지 않는다.

그와 마찬가지로 공부나 일에 있어서도 자신의 내부에 욕망이 솟구치지 않는 상태이면 지식을 흡수하는 일도, 일의 좋은 성과도 거둘 수 없다. 더구나 "남이 시켜서 한다"는 수동의 상태이면 무엇을 해도 자기 몸에 배이지 않는다.

공부도 그렇고 일에 있어서도 마찬가지이지만, 이렇게 되고 싶다, 저렇게 되고 싶다는 욕구를 가지게 함으로로써 자발적이 되게 하는 것이 중요하다. 여기서 "욕구"를 "목표"로 바꾸어 생각한다면, 사람은 목표를 가지는 것에 의해 적극적으로 일에 임할 수 있게 된다.

☆ 교육의 요점을 훈시할 경우에 응용할 수 있을 것이다. 그리고 어머니나 관리자에게 자식 및 부하 육성의 요점을 말할 때에도 쓰일 수 있다. 입으로만 공부하라고 자식을 야단치는 어머니에게는, 자식으로 하여금 어떻게 하면 공부할 의욕이 솟게 할 수 있는가를 잘 생각케 할 필요가 있다. 교육에서는 저절로 필요한 욕구를 느끼게 하는 것이 요점이 된다.

실수했다고 해서 무엇이든 판가름 나는 것은 아니다

★ 미국의 골퍼인 줄리어스 보로스는 "실수했다고 해서 무엇이든 끝이 나는 것은 아니다. 그처럼 구애받지 않아도 괜찮다."고 했는데, 요는 1회전 안에 몇 번 정도의 실수를 할 수도 있다고 하는 허용 범위를 파악해 두는 일일 것이다.

대개의 사람이 작업 도중에 실수를 하면 그것에 구애받아 더 큰 실수를 거듭해 이러지도 저러지도 못하게 되고 마는 적이 많다.

확실히 실수를 하지 않도록 하는 일은 중요하지만, 어떤 명인이라 해도 1회전 안에는 반드시 산이나 골짜기가 있어 크든 작든 실수를 하게 된다. 그렇지만 그들은 그런 때 무리하거나 성급히 구는 일 없이, 실수를 최소한으로 적게 하기 위해 노력하는 것이다.

☆ 부하가 어쩌다 실수를 해서 낙담하고 있을 때 이 말을 인용해서 격려해 준다면 얼마 안 있어 그 실수는 말소되고 말 것이다.

부하가 저지른 실수를 너그럽게 보아주고 그 다음 기회에는 보다 훌륭하게 일을 마칠 수 있도록 해 주는 것도 관리직의 중요한 임무의 하나이다. 부하의 실수에 일일이 쌍심지를 켜는 것 같은 실수는 절대로 하지 말아야 한다.

싸워서 이기기는 쉽지만 지키며 이기기는 힘들다

★ 춘추 전국 시대의 병법서 『오자(吳子)』의 한 구절.

"싸워서"는 싸움을 걸다, 즉 공격한다의 뜻. 공격해서 이기는 것은 용이하지만 수세(守勢)에서 이기는 것은 어려운 법이다. 공격하는 쪽은 여러 가지 조건을 고려해서 표적을 좁히고 그것에 집중 공격을 하면 되지만, 지키는 쪽은 어디를 공격당할지 모르는 것이니 여기저기로 병력을 분산하지 않으면 안 되기 때문이다. 또한 공격하는 쪽과 지키는 쪽은 사기에도 큰 차이가 있을 것이다.

그래서 기업에 대한 다음과 같은 말이 있다. 즉, "기업에는 오퍼레이션(operation ; 전략, 작전)과 매니지먼트(management ; 관리, 경영)의 두 가지 힘이 필요한데 오퍼레이션은 적을 쓰러뜨리는 힘, 매니지먼트는 적을 막는 힘이다. 전쟁, 스포츠, 기업 경영의 어느 것도 이 두 가지 힘이 필요하지만, 승리를 손에 잡는 힘은 오퍼레이션이다. 오퍼레이션이야말로 혁명의 힘이다."

이기기 위해서는 적을 비롯한 환경 조건에 좌우되지 말고, 반대로 환경 조건을 적극적으로 자기쪽에 유리하도록 새로 만들어 가는 것(主動性)이 필요하다. 공격은 이 주동성을 확보하기 위한 최량의 수단이다. 지키는 것은 적이 만든 환경 조건에 대한 추종일 뿐이다.

☆ 전쟁이란 말은 온당치 못하지만, 이것을 자본주의 경제에서의 자유 경쟁이라는 말로 바꾸어 볼 수 있다. 패배는 도태(淘汰)를 의미한다. 이기기 위한 자세, 그것은 공격적이며 적극적인 것이라고 말할 수 있다.

아리스토텔레스가 뭐라고 하든, 철학이 떼지어 덤벼들든 담배보다 나은 것은 없을 것이다

★ 몰리에르의 『동 쥬앙』에 나오는 한 대목.

몰리에르는 굉장한 애연가였던 모양이다. 아리스토텔레스가 인용된 것은 과장된 감이 있지만, 여기에서는 고매한 철학 사상도 한 모금의 담배맛에는 못 미친다는 것을 나타내고 있다. 혹은 담배를 피우는 습관조차도 바꾸지 못한다는 빈정거림이 느껴진다.

어쩌면 인간의 쾌락이란 것은 국가 권력으로도 막을 수 없다는 의미도 있으리라. 미국의 금주법은 밀조(密造), 마피아를 살찌게 했을 뿐이었다는 사실도 있듯이.

☆ 어휘를 바꾸어 여러 가지의 장면에 응용할 수 있는 말이다. 가령 아리스토텔레스와 철학을 '의사'나 '의학서'로, 담배를 '술'이나 '도박'으로 바꿀 수 있다. 그 대신 목숨을 단축시키고 일생을 그르칠 각오는 해 두어야 할 것이다.

아마추어는 생각하다 기회를 놓친다. 프로는 먼저 기회를 잡고 생각은 나중에 한다

★ 국제 마약 조직을 둘러싼 서스펜스 영화로 잘 알려진『마르세이유 특급』에서 마약 단속관 안소니 퀸으로부터 마약 밀매 우두머리의 암살을 의뢰받은, 마이켈 케인이 분장한 살인 청부업자가 말하는 직업적인 이야기의 한 구절.

"피할 수 없는 일은 생각지 않는다. 생각하는 것보다 행동이다. 어떤 사진 작가에게서 들은 얘기지만 아마추어 사진 작가와 프로의 차이는, 아마추어는 생각하다 기회를 놓치고 프로는 먼저 기회를 잡고 생각은 나중에 한다는 것이다."

어느 방면의 프로에게 있어서도 주저라는 말은 삼가해야 할 말이다. 프로는 항상 기회를 엿보고 호기로 생각되면 즉시 행동으로 옮겨 성과를 거둔다. 그것은 충분한 경험과 연습에 의해 터득하며 습성화된 예리한 감각과 기민한 순발력이 가능케 하는 것이다.

☆ 회사원 연수(研修) 등에서 프로 비지니스맨에 관한 얘기를 할 때에 인용할 수 있는 말이다.

조직인으로서 봉급을 받는 신분이라도 입사하고 5,6년이 지나면 훌륭한 프로가 될 것이다. 하지만 안이한 판매를 하려는 생각을 벗어나지 못하는 사람도 적지 않다. 그러한 사원이 많은 회사에서는 좋은 비지니스의 기회를 놓칠 적이 많다. 프로 의식에 철저한 사원이 많은 회사는 상기(商機)를 확실히 포착해서 이익을 올리고 성장해 간다.

【비슷한 말】일을 할 때는 때를 놓치지 않는다.

아무리 나쁜 사람이라도 칭찬할 것은 칭찬해 주라

★ 서양의 속담.

셰익스피어의 『헨리 4세』 1막 2장에 "존은 반드시 약속을 지킨다. 틀림없이 악마에게 혼(魂)을 주고 말거야. 속담대로의 사람이니까 말이야. '주어야 할 것은 악마에게라도.' 라는 속담이 있잖아."라고 인용되어 있다.

나쁜 사람에게도 칭찬할 점은 있다. 그렇지만 그렇다고 해서 그가 좋은 사람이라는 건 아니다. 도둑의 이치도 같아서 이러쿵저러쿵 변명한다고 해서 죄가 가벼워지는 것은 아니다. 그렇지만 그렇게 단정해 버리게 되면 너무 노골적이어서 맛이나 함축성이 없어지게 되니, 더 건설적 내지는 성선설 쪽으로 생각하는 것이 발전성이 있다.

사람은 누구나 장점이 있는 법이다. 미인이 아니라면 성격의 좋은 점을 칭찬하면 된다. 결과가 나빠도 착상과 동기는 버리기 아까운 기획도 있다. 적어도 결점이나 실수를 따져서 상대방을 몰아세우는 것 같은 어리석음은 삼가야 한다.

☆ 기업의 관리자 제씨(諸氏)에게 잘 기억해 주기를 바라는 속담이다. 어린아이에게는 셋을 야단치고 일곱을 칭찬하라고 했다. 젊은 사원에게도 마찬가지이다. 그리고 야단을 치더라도 도망갈 곳은 만들어 주어야 하는 법이다. 야단을 칠 때는 뭇 사람 앞에서 창피를 당하게 하지 말고 단 둘이 대좌하고서 야단을 치게 되면 반발심을 일으키지 않고 효과적으로 훈계할 수 있다.

아이디어는 당신의 모자 밑에 있다

★ 서점의 점원으로부터 입신해 뉴욕에 최초의 백화점을 개설하고 후에 체신부장관까지 지낸 미국의 실업가, 워너메이커의 말.

1877년, 그는 각 층에 전문점을 입주시키는 방식으로 오늘날의 백화점 상법(商法)을 세계에서 처음으로 확립했다. 또 사원 모집이나 개점 선전에 신문 광고를 이용하는 등, 획기적인 아이디어 상법의 여러 가지를 개발해서 성공한 예이다.

그가 말하기를 "머리는 누구에게나 있는 것이다. 참신한 아이디어나 대담한 상상력은 별다른 것이 아니다. 당신의 모자 밑의 머릿속에 있다."고 했다.

즉 누구든지 아이디어맨이 될 수 있다는 것이다. 다만, 항상 궁리하는 마음을 가지고 아이디어를 붙잡으려고 머릿속에 안테나를 둘러치고 있지 않으면 안 된다. 채플린도 "아이디어는 그것을 열심히 추구하기만 하면 반드시 생겨나는 것이다."라고 했듯이.

☆ 작업 개선이나 QC(품질관리) 활동에서의 훈시 등에 이용해 보면 어떨까?

TQC(종합적 품질 관리) 활동의 도입 초기에는 품질 개선은 QC의 전문가가 하는 것이라는 의식에서 벗어나지 못하는 사람을 흔히 보게 된다. TQC 활동에서는 한 사람의 명인(名人)은 필요치 않다. 전원이 참가해서 QC 추진을 꾀하는 데에 그 의의가 있다.

'아이디어는 당신의 모자 밑에 있다'는 말대로, 현장에서 일하는 개개인이 창의력을 가동시켜 적극적으로 품질 향상에 참여할 수 있도록 철저히 주지시키지 않으면 안 된다.

악담이 입에서 나오지 않으면 분한 말을 듣지 않는다

★『예기(禮記)』의 한 구절.

공자의 제자인 자춘(子春)이 발목을 다쳤을 때 이에 대해 문병을 온 제자와의 대화 속에 나오는 말이다.

"내가 수심에 잠겨 있는 것은 어버이로부터 받은 오체(五體)에 부주의로 상처를 입은 까닭이다. 나는 남의 악담을 한 적이 없다. 왜냐하면 악담을 하면 남에게서 화난 목소리가 돌아오지만, 욕설을 하지 않으면 그런 일도 없고 내가 모욕을 받을 일도 없다. 이것도 효(孝)라는 것이다."고 하여 본래의 뜻은 효도의 길을 가르치는 말이다.

남에게 악담을 하면 의외로 빠른 속도로 그 사람의 귀에 닿는 법이다. 악담을 들은 당사자로서는 기분좋을 리가 없다. 그래서 분한 생각에서 이번에는 그 사람이 흠을 잡으려고 할 것이다.

함부로 남의 악담은 하지 않는 것이 좋다는 훈계의 말로서, 세상에는 남을 헐뜯고 모함하는 자가 많아 보통 사람들이 쉽게 흉내낼 수 있는 일은 아니다. 평론을 빙자하거나 소문을 가장한 악담도 있으므로 까다롭다.

☆ 신입 사원 연수, 특히 남의 말을 하기 좋아하는 직장 여성에 대한 훈화로 적합할 듯 싶다. 직장에서 원만한 인간 관계를 유지하기 위해서도 서로 악담이나 소문의 소재 찾기는 피해야 한다.

안영(晏嬰)의 호구(狐裘)

★ 안영(晏嬰)이란 사람 이름으로서, 십팔 사략(十八史略)에 의하면 그는 춘추시대 제(帝)나라의 재상으로, 절검 역행(節儉力行)으로써 명망이 높았다고 한다.

호구(狐裘)란 여우의 옆구리 밑쪽의 흰 모피 부분으로 만든 옷을 말하는 것으로, 그는 고위 고관이었음에도 불구하고 한 벌의 호구를 30년이나 소중하게 입었고, 그 뿐만 아니라 모든 낭비를 줄이는 절검에 힘써서 얻은 경제적 여유를 공적이 있는 자나 유능한 인사(人士)에의 원조비로 돌리는 등 보호 육성에 힘써 사람들로부터 명재상으로서 크게 존경을 받았다.

그리하여 그 덕이 이야기로 전해져서 지위나 경제력이 있는 사람이 자진하여 검약 질소한 생활을 하면 안영의 호구, 또는 일호구(一狐裘) 30년 등으로 일컬어져 근검을 미덕으로서 칭송하는 찬사로 쓰여왔다.

☆ 경제 절감의 모임에 인용해 볼 수 있다.

경제 절감은 어떤 경우에나 불변의 과제라고 할 수 있는 것으로, 그렇다고 해서 무슨 묘수가 있는 것도 아니다. 그리고 사람이란 방심하게 되면 아무래도 안이해지게 마련이다. 그러하니 역시 되풀이해서 절감을 부르짖을 수밖에 없는 것이지만, 가끔 색다르게 안영의 호구 같은 것을 인용해 보면 어떨까?

알게 되면 끝장이다

★ 짧은 말이지만 꽤 의미 심장한 격언이며, 남녀의 사이에도 해당될 수 있는 말이다.

시세라는 것은 일반적으로 좋고 나쁜 여러 가지의 재료를 선취(先取)하면 값이 형성되어 높아지기도 하고 값싸지기도 한다.

'알게 되면 끝장이다'라는 말은 투기꾼의 습성을 가장 단적으로 표현한 것으로, 그 뜻은 시장에서 시세의 고하(高下)에 무언가 영향을 줄 만한 새로운 재료가 있어 이러쿵저러쿵 화제삼을 때, 그것이 과연 어떤 것인지 만연하지 않을 때가 대처할 때라는 것이니, 그것이 뚜렷한 정체를 나타냈을 때에는 이미 투기의 재료로서는 가치를 잃고 수용화되고 마는 셈이다.

예를 들어 주식의 경우, 어떤 회사에서 획기적인 새 기술이 개발되었다는 뉴스가 어디선지 모르게 시장에 유포되면, 그것이 어떤 내용의 것인지 전혀 알지 못해도 주가(株價)는 자꾸 오르게 된다. 그 다음 회사에서 정식 발표를 하게 되고 그 진상이 밝혀지게 되는 셈인데, 이렇게 해서 그것이 어떤 것이라는 것을 모든 사람이 알게 되면 '알게 되면 끝장이다'라는 식으로, 주가는 대개 반락(反落)하고 잘못하면 도로아미타불이 된다. 전문가는 그렇게 되면 직전에 팔아 넘기지만 소인(素人)은 좀처럼 그런 결단을 내리지 못하는 법이다.

☆ 날씨에 좌우되는 업계 같은 데서는 투기와 마찬가지로 앞을 내다보는 대처 방법에 명운이 달려 있다.

알고 난 후에 배우는 일이야말로 중요하다

★ 미국의 농구 코치인 존 우든은 자기 제자들에게 "알고 난 후에 배우는 일이야말로 중요하다."고 훈계한다. 곰곰이 생각해 보니 자기가 "알고 있는 일"과 자기가 "할 수 있는 일"과는 전혀 다른 것이기 때문에 이 두 가지는 엄중히 구별할 필요가 있다.

그렇지만 현실에는 어떤 일을 안 것만으로 자기가 그것을 할 수 있다고 착각하는 사람이 너무나 많다. 이 점은 동서양을 막론하고 비슷하여, 중국 명대의 유학자로서 유명한 왕양명도 지행합일(知行合一)이라는 것을 중시하여, "안다고 해도 행하지 않으면, 곧 참된 지(知)가 아니다."라고 하였다. 이러한 생각에 기초를 둔 학문을 특히 "양명학(陽明學)"이라고 한다.

☆ 입사식 같은 공식적인 무대에서 신입 사원을 향해 "알고 난 후에 배우는 일이야말로 중요하다."고 말하면 효과가 있을 것이다.

그때까지의 학교 생활을 통해서 그들은 주로 "안다"는 것에 중점을 두고 있을 테니 일순간 이상하게 생각할지 모르지만, 곧 학교와 실사회의 차이를 감지하게 될 것이다. 또 이 밖에도 각종 연수회 때나 조례(條例) 때 인용할 수 있는 말이다.

알기만 하는 자는 좋아하는 자에게 미치지 못한다. 좋아하는 자도 그것을 즐기고 있는 자에게는 미치지 못한다

★ 공자의 『논어(論語)』 중에서 한 대목.

공자와 제자의 「사회 생활의 달인(達人)」에 관한 문답 중에 나오는 말이다. "공자가 말하기를, 그것을 아는 자는 그것을 좋아하는 자에 미치지 못한다. 또 그것을 좋아하는 자는 그것을 즐기는 자에 미치지 못한다." "학문을 즐긴다"는 것은 진짜 학자, 즉 "달인"이 되는 것이다. 인생도 일도 즐기면서 하고 있는 사람에게는 미치지 못하는 법이다.

논어에서 "즐긴다"고 한 것은 학문을 가리키는 말이다. 그러면 현대는 어떻게 변하고 있는 걸까?

최근 일본의 대학생 채용 광고에 "구함, 우수한 인간"이라는 것이 있었다. 광고를 낸 것은 사무기(事務機)회사. 이 회사 사장에 의하면 "일본은 이제부터 본격적인 레저 시대를 맞게 된다. 사람들의 생활 방식이나 가치관이 다양화되고 생활의 중심을 레저로 옮기게 된다. 그러므로 마음이 풍부하고 발상이 자유로운 인재를 갖추고 있지 않으면 신규 사업은 실패한다."는 것이다.

또한 마음껏 일하고 마음껏 즐기는 인간이 아니면 신선한 발상은 생기지 않으며, 레저를 즐길 줄 아는 인간은 인간 심리의 짜임새를 잘 알고 남을 즐겁게 할 줄도 안다, 나는 일만 하고 융통성이 없는 회사원은 거절한다고도 했다.

☆ 물품이 넘쳐 있는 시대에서는 사람들의 구매성을 제대로 포착한 새상품을 만들지 않으면 기업은 살아남지 못한다. 아뭏든 즐길 줄 모르는 일벌의 시대는 사라졌다는 것을 알 필요가 있다.

애욕의 물결은 도처에 흐르고 만초(蔓草)는 움트기 시작하고 있다. 지혜를 가지고 그 뿌리를 절단하라

★ 이 세상에 있어서 집착의 근원인 애욕을 제멋대로 방치하게 되면 도처로 흘러 우거진 애욕의 만초는 자기 자신을 칭칭 얽어매게 된다. 이것으로부터 빠져나오기 위해서는 지혜를 가지고 애욕의 뿌리를 자르는 수밖에 없다고 하는 설유(說諭)이다.

이 글은 『법구경(法句經)』의 애집(愛執)에 관한 부분 중에 있으며 애집을 만초 같은 것에 비유해서 무성해지는 것이 빠르고 뿌리가 억세다는 것을 호소하며, 비가 온 뒤 잡초가 만연하다는 것을 묘사하고 있다. 또 애욕에 사로잡혀 있는 사람들을 덫에 걸린 토끼에 비유하고도 있다.

현대에서는 애욕에 관해서는 관대하며 애욕의 추구가 인간 성장의 용수철이 되는 것처럼 말하지만 고통을 받는 것은 본인이다.

☆ 현대는 탐하는 것은 무엇이든 얻을 수 있는 시대라고 한다. 다만 어떤 것을 탐하는가, 또 그것을 어떻게 손에 넣느냐 하는 목적물과 수단에 문제가 있다. 욕망을 본능이 향하는 대로 방치해 두면 언젠가는 죄를 짓게 될 것이다.

얼마나 현명하게 애욕을 조절하느냐 하는 것은 옛날 석가 세존 시대로부터 오늘에 이르기까지 동서 고금을 통해 우리에게 주어진 큰 과제이다.

【비슷한 말】 인간이 애욕의 고뇌에 빠지는 것은 수치가 아니다. 쾌락에 빠지는 것이야말로 수치이다. (파스칼)

앵무새는 말을 잘해도 나는 새를 면치 못한다

★ 주나라의 말기에서 한대에 걸친 고례(古禮)에 관한 유자(儒者)의 말을 모은 것이 『예기(禮記)』로서, 옛부터 사서 오경의 하나로 삼고 있다.

또 『예기』는 예에 관한 이론과 실제를 집록하고 그 대부분은 의례에 관한 경문의 설명이기 때문에 오경의 하나라고 하지만 경문 자체는 아니다.

"앵무새는 말을 잘해도 나는 새를 면치 못한다"고 하는 말은 그 곡례(曲禮) 상편에 있으며, 앵무새를 예로 들어 인간도 아무리 능숙하게 말을 할 수 있어도 예에 어긋난 행동을 하게 되면 새나 짐승과 다르지 않다고 말하고 있다.

☆ 작금의 세상을 둘러보면 남이 한 말을 앵무새처럼 흉내내어 마치 자기의 견식에 의한 것같이 가장하는 사람들이 많다. 그렇지만 이것은 예에 어긋난 일이므로 금수와 다를 바가 없다.

『예기』에 "구슬은 갈지 않으면 보배가 될 수 없고 사람은 배우지 않으면 길을 모른다"는 유명한 말도 있듯이 어쨌든 간에 똑똑히 배워서 금수의 범위를 벗어나지 않으면 안 된다.

사원 개개인에게 예절의 중요성을 역설하고, 사내의 분위기를 바로잡을 필요가 있을 경우에 사용할 수 있다.

약은 음식에 미치지 못한다

★ 의(醫)와 식(食)의 나라로 일컬어지는 중국의 속담으로, 어쩌면 음미할 만한 가치가 있는 구절이기도 하다.

"돌다리도 두들겨보고 건너라"는 속담도 있지만, 병에 걸린 뒤에 좋은 약을 쓰기보다는 평상시에 균형을 갖춘 음식을 먹고 병에 걸리지 않도록 예방하는 것이 현명하다고 할 수 있다.

옛적에 있었던 일로 가난한 집에 왕진 간 의사가 약을 주는 대신에 "이것이 무엇보다도 약일 테니……" 하면서 그 머리맡에 몰래 돈을 놓고 왔다고 하니, 그 의사야말로 명의 중의 명의라고 할 수 있다.

당연한 일이지만 병자는 의사가 놓고 간 돈으로 영양가 높은 음식을 먹을 수 있었으므로 당장 차도가 있었다고 한다.

☆ 사원들에게 건강에 대한 마음가짐으로서 인용할 수도 있지만, 이것을 좀 색다르게 매일의 일에 적용해 보면 어떨까?

흔히 잘못을 저지른 자를 붙잡고 이러쿵저러쿵 설교를 하는 관리자가 있는데, 그보다는 수하의 사람이 잘못을 하지 않도록 평상시에 제대로 교육을 하고 그것을 미연에 방지하도록 하는 편이 요령 있는 일이다. 다시 말해 "설교는 교육에 미치지 못한다."고 하는 셈이다.

양주(良酒)는 간판을 필요로 하지 않는다

★ 좋은 제품은 선전이 필요치 않다는 뜻이다. 그러나 현대는 PR 의 시대이다. "선전불요(宣傳不要)"의 상법을 탈피하고 재빨리 TV 광고를 활용하여 급속히 매상을 올린 회사가 부지 기수이다. 술에 밝지 않은 사람에게 술을 고르라고 하면 거의가 TV 광고에 자주 등장하는 상표를 골라 산다고 한다.

개인의 단위에서는 나름대로 PR 경쟁이 치열하다. 흔히 목소리가 큰 사람의 의견이 통한다는 식의 말도 있다. 때에 따라 이것은 필요하다. 그렇지만 과대 광고를 해서는 안 된다. 내용이 따르지 않는 선전은 자주 비극으로 이어진다. PR, 선전이 오가는 시대인 만큼 고객의 "선택능력", "관찰능력"도 높아지고 있기 때문이다.

☆ 요즘은 감성이 예민한 젊은이가 많고 그들은 또 자기 주장에도 능하다. 중년의 관리자들이 크게 본받아야 할 점이지만 감성만 믿고 노력이나 경험의 축적을 게을리하는 경향이 있다는 것도 부정할 수 없다.

덕이 있는 사람, 실력이 있는 사람에게는 모두 자연히 따르게 마련이다. 내용이 없는 PR는 도리어 자기의 가치를 떨어지게 한다. 그것을 젊은 부하에게 깨우쳐 주어야 한다.

어느 구름에도 은색의 단면이 달려 있다

★ 서양의 속담.

지상에서 보면 구름은 검지만 구름 위는 햇빛을 받아 은색으로 빛나고 있다. 불행 중에도 행운은 있다. 불행의 피안(彼岸)에는 행운이 기다린다는 뜻이다.

스코틀랜드의 작가, 사무엘 스마일즈의 『인격론』에 "구름을 볼 때는 그 은색의 빛에 눈을 감아서는 안 된다."고 인용되어 있다.

어떤 중견 과학 기기 메이커의 전무는 사원의 활용이나 육성에 관해 이런 생각을 가지고 있으며 실행도 하고 있다. 즉 "쓸만한 사원에게는 엄하게 대하고 강등(降等) 인사도 감행한다. 그 점에 견디며 기를 쓰고 일하는 사원은 장래성이 있다."라고. 실수를 저지르고 냉대받아도 단념할 필요는 없다. 적절한 충전 기간이라는 생각을 하고 실력을 축적해야 한다.

낙(樂)이 있으면 고(苦)가 있고 그리고 고가 있어도 낙은 반드시 온다. 기분이 나지 않고 눈이 흐리다면 찾아든 기회를 놓쳐 버릴지도 모른다. 정신적인 긴장만은 역경에 처해서도 계속 가져주기 바란다.

기다리는 사람에게는 주위가 보인다. 자기를 죽일 수 있는 사람은 살 수 있는 것이다.

☆ 불행에 처한 사람에게 꼭 들려주고 싶은 말이다. 불행도 상대적인 것이므로 생각하기에 따라서는 꽤 경감될 적이 많다. "자네는 자신을 불행하다고만 생각하는 것이 아닌가? 설령 불행하다고 해도 다음에 오는 것은 행복이야. 얼마 동안 꾹 참고 견디어 내도록 하게." 라고 충고해 주자.

어느 새나 제 둥지를 가장 좋아한다

★ 영국의 속담.

"어느 새든지 제 둥지를 가장 멋지다고 생각한다"는 유의구(類義句)가 있다. "내 집보다 나은 곳은 없다", "정들면 고향" 등도 같은 뜻이지만, 어느 정도는 남의 집도 엿보지 않으면 세상이 좁아 보이게 된다.

어떤 경제지(經濟誌)의 기자가 이런 말을 하고 있다. "좌담회를 할 때 재미있는 것은 얘기가 여기저기로 비약되는 사람이더군."

자기의 체험이나 자기 회사의 일밖에 말하지 못하는 사람들의 모임은 재미가 없다. 자기의 경험을 얘기하는 데도 다른 것과 이어서 표현함으로써 깊이나 설득력이 더해지는 예는 확실히 많다. 대기업의 사원일수록 업계나 동업 타사의 동향에 어둡다는 말을 듣게 된다. 일의 내용이 세분화되고 전문화할수록 상대적으로 그런 경향은 더해지게 된다.

유아 교육의 책을 읽고 더욱더 머리를 혼란시키고 있는 젊은 어머니의 경우도 같은 것이다. 어떤 책에서는 체벌은 절대로 안 된다고 씌어 있고 다른 책에서는 필요하다고 씌어 있다. 그렇지만 체벌의 시비 같은 것은 가정 교육이나 일반적인 교육에서 보면 사소한 일이다.

☆ 자사(自社) 일변도의 애사심은 회사에 있어서 고마운 일이지만 시야가 좁으면 달갑잖을 적도 있다. 자기의 둥지로부터 벗어남으로써 자기 둥지의 위치를 알 수 있는 법이다. 사실을 직시하고 널리 주위를 보아 자신의 결점을 정확히 파악할 필요가 있다.

젊은 사원에게 꼭 말하고 싶다. "안주(安住)할 곳은 만족하는 데서는 생겨나지 않는다."라고.

어떤 때라도 절은 가벼운 것보다는 공손할수록 좋다

★ 러시아의 문호, 톨스토이의 말.

확실히 명언이라고 할 수 있다. 절은 대인 관계를 맺는 중요한 매개체이다. 절이라고 하면 곧 인사나 에티켓이라는 식으로 연상하지만 절의 성립을 보면 단순한 예의만의 것이 아니다.

절은 본래 약자와 강자의 관계를 나타내는 동작에서 출발하고 있다. 다시 말해 대면할 두 사람 중에서 지위나 신분, 또는 능력 관계에서 열세에 있는 약자가 절이라는 동작을 통해 강자에게 허리를 굽혀 경의를 나타내게 되는 것이다. 따라서 절하는 방식이 나쁘면 강자에게 경의를 나타내지 않는다고 해서 목숨을 잃은 시절도 있다.

오늘날의 세상에서는 그와 같은 일은 없지만, 절은 가벼운 것보다도 공손할수록 좋고 틀림이 없다. 공연히 지위 관계를 무시하고 인사가 소홀하면 좋지 못한 평을 듣게 된다. 어떤 상대라도 공손할수록 좋다. 자신이 이 정도면 됐다고 생각하는 정도보다도 조금만 더 정중하게 절을 하도록 하자.

☆ 원숭이를 관찰하면 절의 중요성을 알게 된다. 절쯤 뭐냐는 식의 젊은이에게도 동물학적인 지식에서 절의 중요성을 설명하면 제법 순순히 받아들여지게 된다. 설교가 아니기 때문이리라.

어떤 사람도 측근자에게 있어서는 영웅이 아니다

★ 서양의 속담.

어떤 영웅이나 위인도 가까이 지내는 사람의 입장에서 보면 보통의 범인에 불과하다는 뜻이다. "선지자가 자기 고향과 자기 집 외에서는 존경을 받지 못함이 없느니라." (『신약 성서』 마태복음 제13장 57절), "출판업자에게 있어서는 어떠한 저자도 천재가 아니다." (하이네) 등의 유의구가 있다.

수완가로 정평이 있는 인물도 자식에게 있어서는 보통의 아버지에 불과하다. 어떤 국민학생 대상의 조사에 의하면 "텔레비전을 보며 빈둥거리는" 아버지 상(像)이 상당한 숫자를 차지하고 있었다. 하지만 그리 큰 문제는 아닌 듯싶다. 빈틈을 보여도 될 때는 보여도 좋다. 그것 때문에 존경을 못받게 된다면 본디 존경을 받을 만한 값어치가 없었기 때문이다.

머리가 좋은 사람은 똑똑한 체하지 않는다. 부하에게 마구 뽐내기보다는 예컨대 동업 타사(他社)로부터 한 수 위로 보이는 존재이고 싶어한다. 기업의 관리자에게 있어서 이른바 관리는 가장 중요하지만, 엄격함이 두드러져 부하에게 중압감을 주게 되고 운신을 못하게 하는 결과가 되는 일은 삼가야 한다.

☆ 엄격함과 생산성 향상을 비례한다고 믿는 관리자가 있다. 어느 정도까지는 옳지만 그러나 한계가 있다. 부하에게 엄격함을 신조로 삼고 있는 관리자가 있다면 기회를 보아 이런 충고를 해 보면 어떨까── "팽팽하게 당겨진 활시위는 끊어지기 쉽다. 느슨한 쪽이 부하를 움직이기 쉬운 법이다."라고.

어떤 사람이라도 자기 자신을 용서하기보다도 더 빨리 용서하라

★ 서양의 속담.

남은 용서해도 자신은 용서하지 말라, 자신을 꾸짖고 남을 용서하라, 남에게는 관대하고 자신에게는 엄격하라는 가르침이다.

"자신은 용서하지 말고 남은 크게 용서하라."(독일), "남은 자주 용서하고 너 자신은 용서하지 말라."(그리스, 로마) 등의 비슷한 말이 있다.

남은 용서하는 데는 용기가 필요하다. 이것을 할 수 있는 사람은 진정 용기있는 사람이다.

부하의 입장에서 보았을 경우 어떤 상사를 싫어하게 되는가 하는 논의를 비지니스맨 사이에서는 자주 볼 수 있다.

예를 들어보자. 외자계(外資系) 상사의 영업 부장은 부하 직원들에게 평판이 아주 바쁘다. 젊은 사원이 상사를 헐뜯는 광경은 드물지 않으나 누구에게 물어도 한결같이 "부하의 공을 가로챈다"고 하는 것이다. 예를 들어 할인은 10% 이내로 엄명해 놓고 자신이 가서는 20~25%의 할인으로 성립시키고 "우리 회사에는 쓸모없는 직원이 많다."고 하는 식의 말을 다반사로 한다는 것이다.

존경받지 못하는 관리자의 전형적인 예라고 할 수 있다.

☆ "공적은 부하에게, 책임은 자신에게"가 관리자가 취할 기본 자세의 하나이다. 상사가 책임을 지게 됨으로써 부하의 책임감도 배가한다. 부하와 상사 사이에 신뢰감이 있으면 아무리 관리가 엄해도 불평은 나오지 않는 법이다.

부하를 거느린 사람 모두에게 들려주고 싶은 속담이다.

어리석은 자, 헛된 존경을 찾아다닌다

★ "어리석은 자는 헛된 존경을 찾아다닌다. 수행승(修行僧)은 높은 자리를 얻으려고 하며 승방(僧房)에 있어서는 권세를 원하고 밖에서는 봉사를 원한다.",『법구경(法句經)』중의 한 구절.

이와 반대되는 다음과 같은 구절도 있다. "현자는 집착하는 일이 없으며 쾌락을 탐하지 않는다. 칭찬을 받거나 비난을 받아도 동요하는 기색이 없다."

석가 세존의 시대에도 조직 내의 갈등이 있었던 듯하다. 수행승이면서 상위를 얻으려 하고 권세를 원했으며 이익이나 명예를 추구했고, 밖에서는 대접을 받거나 의복의 봉사를 원한 모양이다. 이에 석가 세존은 이것을 어리석은 짓이라고 훈계했으며 현자는 어디에 가서도 쾌락을 탐하거나 집착을 하지 않으며 칭찬과 비난을 당해도 동요하는 적이 없다고 말하고 있는 것이다.

☆ 자기의 생가(生家)가 좋다는 것을 자랑하거나 당시의 유력자나 유명인 중에 친구가 있는 것을 자랑하기도 하고, 게다가 친척이나 아내의 친정 자랑까지 하는 자가 있다. 한심스러운 일이다. 고향 자랑 정도라면 사랑스럽겠지만 도를 넘어서면 경박스러워 보인다.

샐러리맨이라면 상위를 목표로 하고 권세를 원하는 것은 당연하겠지만, 실력이 없으면 어떻게 할 수가 없다. 지위, 평가는 남에게서 주어지는 것이다.

【비슷한 말】허영심과 결부된 자만심은 경멸을 부른다. (프랭클린)

어머니의 눈물에는 과학으로 분석할 수 없는 깊고 소중한 애정이 담겨 있다

★ "파라디의 법칙"으로 잘 알려져 있는 과학자 파라디의 말.

동서양을 막론하고 부모가 자식에게 보이는 애정에는 이론적으로 설명할 수 없는 깊은 것이 있다. 특히 어머니의 애정은 다른 어떤 것도 미칠 수 없는 것이다. 인간 뿐만 아니라 동물이라도 그것은 마찬가지이다.

이 말에 나오고 있는 "눈물"은 어머니가 때때로 보이는 깊은 애정의 표현으로서의 눈물일 것이다. 그 눈물은 생리학적으로 혹은 과학적으로 그 성분을 분석할 수는 있지만, 그 속에 담겨 있는 깊은 어머니의 사랑까지는 분석하지 못한다는, 과학자다운 좋은 말이다.

현재의 가족 관계는 양상을 달리해 이전의 시대처럼 좋지는 않지만 그래도 어머니가 보이는 자식에 대한 애정에는 큰 변화가 없다. 그렇지만 체외수정(體外受精)이나 태아를 분별해서 낳는 것 등이 일반화하게 되면 이것도 어떻게 될지 알 수 없는 일이다. 과학적인 기술로 자식을 얻은 어머니의 눈물은 과학에서 분석이 가능한 범위 내의 성분만 남게 될지도 모른다.

☆ 말이 주는 표현의 묘미를 중심으로 가족의 사랑, 특히 자식에 대해 품고 있는 애정의 깊이나 강함을 강조한다. 혹은 현대 과학에 대한 경고 같은 연제(演題)에도 삽입할 수 있을 것이다.

어버이의 의견과 찬 술은 나중에야 효력이 있다

★옛 속담.

이 속담은 양면으로 쓰이고 있다. 즉 어버이의 의견이 주가 되기도 하고 술이 주가 되기도 하는 등, 그때의 상황에 따라 가려서 쓴다.

그렇지만 어느 한 쪽을 택한다면, 어버이의 의견은 어버이가 죽은 뒤에야 비로소 그 뜻이 이해되듯이 찬 술이라는 것은 나중에야 취기가 오르게 되니 과음하지 않도록 해야 한다는, 찬 술 쪽이 주가 되어 쓰일 적이 많다.

어버이의 의견이나 설교 같은 것은 젊었을 때에 들으면 그저 귀찮을 뿐이지만, 그 내용은 오랜 동안의 경험에서 뒷받침된 진실인 것이다. 그렇지만 행동이 앞서기 쉬운 젊은이에게는, 그 의견이 자신들의 행동을 저해하는 것으로밖에 반영되지 않는다. 나중에 가서야 들어 두었더라면 좋았겠다는 생각이 들게 마련인 것이다.

이것은 현대의 정치나 경제 활동에서도 마찬가지이다. 무엇인가 행동을 일으킬 경우, 목적의 완수를 조급하게 추구한 나머지 남의 의견을 듣지 않고 행동하여 마침내는 중대한 장해를 야기시키는 것을 볼 수 있다. 그러한 활동에 대한 경구(警句)로서, 특히 젊은이들에게는 현대에도 살아 있는 말이라고 할 수 있다.

☆ 어떤 대상에게도 "○○는 '어버이의 의견과 찬 술은⋯⋯'와 같아 나중에 가서야 반성해도⋯⋯"라는 식으로 비유해서 쓰일 수 있다.

여러 가지를 알고 있는 사람은 유연하다. 대강 밖에 알지 못하는 사람은 교만하다

★ 희극『고지식한 남자』외 다수의 예리한 세속 풍자 에세이를 남긴 18세기 독일의 작가 데오돌 히텔의 말.

지식욕이 왕성한 사람이나 자신의 전문 분야 이외의 일에도 능통한 사람은 사물을 다면적으로 포착하고 발상력도 풍부해서 유연한 두뇌를 가진 사람이 많다. 그러한 사람은 인간적으로도 겸허하다.

반대로 자신의 수비 범위의 일밖에 흥미를 보이지 않는 사람이나 전문 이외의 일에는 전혀 무지한 사람은 흔히 일면적인 견해나 사고방식을 고집하기가 쉽다. 자칫 그런 사람 중에는 편협하고 옹졸한 사람이 많은 법이라고 히텔은 말하고 있는 것이다.

☆ 분파주의의 배제, 조직의 활성화 등에 관한 훈시 등에 인용할 수 있는 말이다.

업무 순환이 적절히 이루어지지 않고 파벌이나 학벌 위주의 사원이 많은 회사에는 자칫 그 세력 의식이 횡행하고 조직 기능의 경직화 현상이 생겨 기업 활력이 약해진다. 그렇게 되면 격심한 환경 변화나 다양화 시대에 대응하지 못하게 된다.

이제부터는 특정 영역에 편중하는 일 없이 넓은 시야를 가지고 유연한 발상을 하는, 그리고 몇 가지 영역에서도 보통 이상의 능력을 발휘할 수 있는 비지니스맨의 활약이 기대되는 시대이다.

여성의 직감은 자주 남성의 교만한 지식의 자부(自負)를 견뎌낸다

★ 인도 독립의 지도자 마하트마 간디의 저작 『타락한 우리의 자매(姉妹)』에 나오는 한 구절.

대영(對英) 독립 운동에 헌신한 간디도, 자와하르랄 네루도 민족 운동에서 해내는 여성의 역할을 중시하고 지니고 있는 그 능력을 살리려고 힘썼다. 간디는 그 저작을 통해 자칫하면 여성을 경시하려고 하는 민족 운동가들을 훈계하는 말을 많이 하고 있다.

그런 간디나 아버지 네루의 훈도를 받은 인디라 간디 여사는 여성이 지닌 예리한 감성과 탁월한 리더십으로, 인도 근대화를 추진하고 또한 제3세계 지도자로서 앞에서 한 간디의 말을 뒷받침하는 활약을 했다.

그녀는 『자전적 회상(自傳的回想)』에서 말하고 있다. "남자도 그렇고 대개의 여성도 사실상 여성이 지닌 잠재적 능력을 아직 잘 모른다."라고. 남성은 말할 것도 없이 여성 자신도 유의해서 듣지 않으면 안 되는 말이다.

☆ 신임 여성 관리직을 격려하는 회합에서의 스피치나, 팀에서의 여성 직원을 격려하는 훈시 때에 인용해 볼 수 있는 말이다.

남녀 고용 기회 균등법도 성립되고 승진이나 배치 같은 것에도 성별의 차는 두지 않는다는 원칙이 확립되었다. 앞으로 남성이 좋아하든 좋아하지 않든 간에 여성의 직역 확대나 고전력화(高全力化)는 더한층 진전될 것이다. 직장에서도 남성이기 때문에 누리는 특권은 차츰 통하지 않게 된다. 남성도 나태하고 범용한 사람은 유능한 여성 사원의 기미(驥尾)에 서지 않으면 안 된다는 것을 명심해야 한다.

여시아문(如是我聞)

★ 불교 경전의 대부분은 서두에 이 말이 씌어 있다. "나는 이와 같이 들었다"는 뜻이다.

석가 세존이 입적한 뒤 수제자들이 석가 세존의 가르침을 잊지 않도록 불전의 편집 회의를 열었다. 이것을 결집(結集)이라고 한다. 첫번째 결집은 5백 명의 아라한(阿羅漢; 득도한 자)이 모이고 평상시 석가 세존을 수행하며 기억 발군(拔群)이라는 말을 들었던 제자 아난(阿難)이 스승의 설법의 크고 작은 일을 빠짐없이 낭송하고, 줄지어 앉은 아라한이 틀리지 않았는가를 체크하며 암기했다. 입에서 입으로 전해지다가 문자로 정리된 것은 석가 세존 입멸 후 5백 년쯤 지나서라고 한다.

따라서 "여시아문"이란 그저 막연히 들었다는 것이 아니라 확실하게 똑똑히 들었다, 틀림이 없다는 뜻을 가지고 있다.

☆ 젊은 세대 중에는 "의식하고 똑똑히 듣는" 훈련이 모자라는 경향이 있다. 상대방의 얘기에 열심히 귀를 기울이지도 않고 이내 알고 있다는 식의 얼굴을 한다.

정보 과다로 지식이 풍부해진 결과인지도 모르지만 상대방의 생각이나 행동에는 그만한 이유와 근거가 있다. 그러므로 다음에 상대방이 자기에게 무엇을 원하는가를 알지 않으면 안 된다. 소홀히 취급하면 다음에 귀중한 정보가 있어도 알려주려 하지 않을 것이다.

여자는 깊이 보고 남자는 멀리 본다

★ 이 말은 "남성에게는 세계가 심장, 여성에게는 심장이 세계"로 이어진다. 19세기 독일의 극작가 그라페가 쓴 대사의 한 토막.

여성은 집안 일을 꾸려나가는 것을 본분으로 삼고 남성은 사회에 나가서 활동하는 것이 본분이라고 하는, 중국의 『역경(易經)』이나 유교의 가르침 등이 옛날부터의 정견(定見)으로 간주되고, 그 위에 "여성이 원하는 것은 남성이고 관심을 가지는 것은 장식품이다."라고 하는 설도 있어 전반적으로는 여성의 시야와 사고의 좁음을 가리키는 경향이 있다.

남녀 평등의 사상이 정착해 있는 오늘날에는 여성을 멸시하는 말이라고 힐책을 받을지 모르나, 그같이 형식적으로 구애받고 토라져서 해석하지 않아도 될 것이다. 깊이 보고 남성을 원하는 것이 여성의 일면이라고 한다면, 그것을 이해하고 따뜻하게 포용하는 것이 남성의 다정함과 남성다움이라고 할 수 있지 않을까?

☆ 신부의 아버지가 신랑과 그 가족에게 하는 인사로서 "여성은 깊이 보고 심장을 세계로 삼으며 그 원하는 것은 남성이라고 하지만, 그것은 남편에 대한 사랑이 깊을수록 더욱더 그 정도가 깊어져 좌우를 보지 못하게 됩니다. 그런 때, 미거한 딸이기는 하지만 다정하고 따뜻하고 너그럽게 감싸는 넓은 마음으로 대해 주십시오. 여성은 아는 것이 적지마는 이해하는 것은 남성보다 많다고도 하니 현모양처(賢母良妻)가 되는 것도 남성이 하기에 달렸읍니다."고 하며 다짐하는 것도 한 방법일 것이다.

여자로 태어나는 것이 아니라 여자로 만들어지는 것이다

★ 1986년 4월, 78세 나이로 죽은 프랑스의 작가 시몬느 드 보봐르 여사의 베스트셀러『제2의 성(性)』에 나오는 말이다.

여자란 것은 처음부터 여자로서 태어나는 것은 아니다. "여자이니까" 하고 여자가 되도록 키워지고 그 결과 여자가 되는 것이다 —라는 뜻이다.

1949년에 발표된 이 책은 세계에 큰 평판을 일으켜 각지의 여권 확장 운동, 여성 해방 운동의 성전(聖典)이 되었다.

보봐르 자신은 사르트르와 계약 결혼을 하는 등 눈부신 일생을 보냈지만『제2의 성』출판 이후 40년이 지난 현재 여성의 입장은 얼마 만큼이나 진보했는지?

☆ 지금은 남녀 고용 균등법도 시행되고 여성의 취업 차별은 표면상 금지되었다. 그렇지만 노력의 의무 뿐이고 실효가 있는 법률이 아니기 때문에 현재로서는 아직 미비하다는 감이 없지 않다.

그러나 앞으로의 비지니스는 인구의 반을 차지하고 또한 "원시(元始)의 태양"이었던 여성을 무시하고서는 성립되지 않는다. 조직 내의 여성들에게 분기를 촉진할 때에 이 말을 활용하려면, "판매의 정상은 처음부터 정상이 아니다. 노력해서 정상이 된 것이다."와 같은 말로 풍자적 개작도 즐길 수 있다.

여자아이라는 것은 꽃이나 별을 탐하는 법이다. 그렇지만 별은 아무리 애써도 손에 잡을 수가 없다

★ 아나톨 프랑스의 소설 『소년 소녀』에 있는 한 구절.

이 문장은 다시 다음과 같이 이어진다. "그림은 어린 여자아이들에게 이 세상에는 결코 충족될 수 없는 소원이라는 것도 있음을 가르치고 있읍니다."

여기서 "여자 아이라는 말은 여성이라는 말로 바꾸어 생각하는 편이 꼭 어울릴 것 같다. 여성이란 꽃이나 별, 즉 아름다움이나 행복 같은 추상적인 것을 즐겨 원한다. 남성에게는 그런 여성이 사랑스럽기도 하지만 언젠가는 남성에게 대해 분수에 넘치는 "다정함"이나 "애정"을 원하게 된다. 남성들도 이렇지는 않다고 단언하지는 못해도 다소라도 그런 것은 자기의 힘으로 손에 넣을 수 있다는 인식은 가지고 있을 것이다.

여성의 비현실적인 욕망을 손에 넣을 수 없는 별의 대상으로서 값비싼 다이아몬드로 바꿔친다고 생각하면 두렵기만 하다.

☆ 여러 가지로 조건이나 이상을 늘어놓으며 결혼하려고 하지 않는 딸에게 설득으로서 인용할 수 있을 것이다.

결혼 생활의 "현실"을 정직히 말해 주게 되면 더욱더 결혼하기를 꺼릴지도 모르지만 어딘가에서 딸에게 정확히 일러줄 필요도 있다.

연년 세세(年年歲歲) 꽃은 상사(相似)하다. 세세 연년(歲歲年年) 사람은 같지 않다

★ 초당(初唐)의 시인, 유희이(劉希夷)의 『백두(白頭)를 슬퍼하는 노인을 대신함』이라고 제목을 단 장시 중에서.

"꽃은 피고 새는 노래하고 또 올해도 봄이 왔다. 해마다 꽃은 그 모양이 같은데 해마다 인간은 같지가 않구나. 지금 한창 때인 청년들이여, 죽어가고 있는 노인을 동정하지 않으면 안 된다. 노인의 하얗게 센 머리는 정말 가엾도다. 그래도 옛적에는 젊디 젊은 미소년이었던 것이다……"의 뜻으로, 봄을 맞았을 때의 서글픔을 노래하고 있다. 이 시의 감상은 사람에 따라 각각 다르겠지만 젊은 세대에게 헛되이 인생을 보내지 말라는 교훈으로 인용할 수 있는 말이다.

☆ 나무는 해마다 연륜(年輪)을 새긴다. 하나의 연륜에는 나무의 1년간 역사가 새겨진다. 인간의 경우는 나무의 연륜처럼 눈에는 보이지 않으나 그것은 정신과 마음속에 새겨지는 것이다. 인간의 연륜은 자라나는 나무와 마찬가지로 경험과 살아가는 노력 가운데서 생겨나는 것이다. 일에 몰두하는 사람, 풍상을 견디며 고생을 거듭했던 사람, 경험을 교훈으로 삼아 비축하고 활용하는 사람, 여러분은 지난 1년간 어떤 연륜을 새겼는가? 정신은 몇 밀리나 성장한 것인가? 헛되이 나이만 먹지 않기를 빈다.

연리(連理)의 가지, 비익(比翼)의 새

★ 현종제(玄宗帝)와 양귀비가 나눈 사랑의 맹세로서, 시성(詩聖) 백낙천의 『장한가』에 나오는 한 구절이다.

원컨대 하늘에서는 비익의 새가 되고 지상에서는 연리의 가지가 되겠다는 부부의 깊은 언약을 비유한 것이다. 비익의 새란 몸은 둘이고 날개가 한 쌍을 이룬 새를 말하는 것으로 두 마리가 마음을 합치지 않으면 날 수가 없다.

연리의 가지란 한 나무의 가지가 다른 나무의 가지와 맞닿아서 결이 서로 통한 가지로, 가지는 둘로 되어 있어도 근본은 하나라는 뜻이다. 잉꼬 부부를 가리킬 때 좀 수준 높은 말로서 쓰이고 있다.

이 글은 백낙천의 시에 등장해서 유명하기는 하지만, 본래는 『후한서(後漢書)』에 있는, 종나라 강왕(康王)의 박해에도 감연히 견디고 부부애를 관철한 한빙과 그의 아내 하씨의 이야기를 백낙천이 비유로서 인용한 것이라고 한다.

☆ 결혼 축하는 말할 것 없고 특히 은혼, 금혼의 축사에 인용할 수 있는 말이다. 귀에 익은 말이지만 고사 내력의 해설을 덧붙여서 "오늘 경사스럽게도 금혼을 맞으신 것은 오랫 동안 화목하게 비익조(比翼鳥)와 연리지(連理枝)가 되어 힘써 오셨기 때문인지라 참으로 부럽고 경하해 마지 않는 바입니다." 하고 말하면 매우 적당한 축사 내용이 될 것이다.

염려하지 말라, 앞길에 지기(知己) 없음을. 천하의 누군들 군(君)을 알아주지 않겠는가

★『당시선(唐詩選)』의「칠언 절구」에서, 당나라의 숙종 시대에 간의대부의 요직에 있었던 고적(高適)이 신임지로 떠나는 동료 동대(董大)를 위로하며 격려하여 지은 시의 한 구절이다.

이 글은, 새로운 부임지에 친지가 없는 것을 걱정하지 말라, 천하의 도처에 군의 진가를 모르는 사람은 없을 것이라는 뜻이다. 시는 계속해서 "황진(黃塵)의 구름에 하늘은 어둡고 북풍은 기러기를 날려 눈이 분분하다."로 이어지는데 제법 비장감이 감도는 여행길이었던 모양이다.

물론 현재의 지방 전근 풍경에는 이러한 비장감을 볼 수 없다. 그렇지만 오랫 동안 지냈던 직장을 떠나 아는 사람이 없는 새 임지로 부임하는 전근자의 심정은 지금이나 옛날이나 변함이 없는 것이다.

☆ 지방으로 전근하는 사원을 격려하는 환송 모임에서의 연설에 인용할 수 있을 것이다.

현재의 전근 사원도 동료나 부하의 환송 박수에 얼굴로는 웃으며 응하고 있어도 마음속으로는 이제부터의 새로운 일 또는 새 임지에서의 생활에 대한 일 등을 생각하고 얼마간의 불안이나 긴장감에 싸여 있을 것이다. 특히 가족을 남기고 먼곳으로의 단신 부임이라도 하게 되면 더욱 생각도 많을 것이다.

그렇지만 염려할 일은 없는 것이다. 일의 실적과 자신만 있으면 "천하의 누군들 군을 알아주지 않겠는가"의 기개로 새로운 부임지에서 훌륭히 해낼 수 있을 것이다.

염색집이 검게 할 수 없을 만큼 흰 양털은 없다

★ 영국의 작가 존 릴리의 『유퓨이즈와 그의 영국』에 나오는 한 구절.

아무리 인격이 고결하고 의지가 견고한 인간이라도 여러 번 유혹을 받게 되면 마음이 흔들리는 법이라는 뜻이다. 반대로 말하자면, 의지 있는 곳에 길이 있다고 하는 것과 내용적으로는 같은 말이 될 수 있다.

흔히 일을 할 수 있다, 할 수 없다는 표현이 있는데 능력이라든지 소질 같은 것은 불과 몇 퍼센트일 뿐 기본적으로는 노력이나 훈련이 인간의 가치를 높여 주게 되는 것이 아닌가 하는 생각이 든다.

아무리 기사를 잘 쓰는 신문 기자라도 처음부터 잘 썼던 것은 아니다. 처음에는 아무리 열심히 써도 채택되지 않아 두고 보자며 이를 악물고 기사의 패턴을 익혀가게 되는 것이다. 물론 개선은 필요하다. 거기에서 자기가 쓴 기사의 특성이 생겨나는 것이다. 골프 실력이 향상되고 있는 사람은 대개 꾸준히 연습하고 있다. 우수한 형사일수록 현장을 몇 번이나 밟고 있으며 유능한 세일즈맨은 방문 횟수가 동료들보다 많다.

에스키모에게 냉장고를 억지로 판 세일즈맨은 아마도 처음에는 상사나 동료들에게 어이없는 비웃음을 샀을 것이다. 출장 여비나 시간 등의 계산이 어떻게 되었는지는 알 수 없지만 왕성한 의욕과 끈기는 짐작할 수 있다.

☆ 젊은 영업 사원에게 대하여 이 문구를 인용하면 오히려 역습을 당할지도 모른다. 그렇다면 이쪽은 끈기다. 그리고 솔선 수범이다. 뭐라해도 영업은 거절당하는 순간부터 시작되는 것이니까……

예의는 모든 법도 중에서 가장 작은 것이지만 그래도 세상에서 가장 잘 지켜지고 있는 법도 이다

★ 17세기 프랑스의 도덕론자로서 유명한 라 로슈프코의 『잠언(箴言)과 고찰』의 한 구절이다.

인간 사회에는 질서를 지키기 위해 필요한 여러 가지의 법도나 규칙이 존재한다. 그리고 그 중에서 예의는 벌칙이나 구속력이 따르지 않는 유일하고 최소한의 법도라고 할 수 있는데 그래도 사람들은 이것을 가장 잘 지키고 있다고 로슈프코는 말하고 있다.

확실히 그가 말하는 대로이지만, 20세기의 오늘날은 그가 살았던 시대에서 보면 인간의 도덕도 많이 저하되어 있는 것 같다. 예의는 인간 관계의 윤활유로 일컫는데 최근에는 윤활유의 부족 현상을 한탄하는 사람도 많다. 채플린도 말했듯이 "우리 모두가 작은 예의 범절을 조심한다면 이 세상은 더 살기 쉬워지는 것"이지만…….

☆ 신입 사원 연수에서 직장 생활의 방법을 훈시할 때에 인용할 수 있는 말이다.

라 로슈프코 식으로 말하자면 "예절은 직장의 인간 관계에 있어서 가장 필요한 규칙이지만 그럼에도 불구하고 가장 지켜지지 않는 규칙이다."라고나 할까? 최근에 신입 사원들의 예의는 형편없다. 신입 사원 연수 계절이 되면 예절 교육 강사들만 바쁘다고 한다.

예의는 "습관은 제2의 천성"이라는 데까지 가야 비로소 윤활유 효과를 발휘하게 되는 것이다.

오르막길과 내리막길은 하나의 같은 비탈길 이다

★ 고대 그리스의 철인 헤라클레이토스의 말이다.

오르막과 내리막이라는 건 그 비탈길에 서 있는 사람의 주관에 지나지 않는다. 비탈길 밑에서 올려다보면 오르막이고 비탈길 위에서 내려다보면 내리막길로서 그것은 하나의 같은 비탈길로 되어 있는 것에 지나지 않는다.

지극히 당연한 말이지만 사람들은 이런 당연한 일을 깨닫지 못하고 오르막길이라고 하거나 내리막길이라고 규정하고 만다. 그리고 이와 같이 시점을 고정시키는 경우에는 새로운, 상식을 타파하는 것 같은 발상은 생겨나지 않는다.

오르막길이라고 보던 길도 비탈길을 오르는 도중에 뒤돌아보면 내리막길이고, 내리막길이라고 보던 길도 뒤돌아보면 오르막길이다. 이와같이 비탈길은 하나의 비탈길이라는 관점에 서면 여러 가지 발상이 생겨나기도 하는 법이다.

☆ 발상법의 강화 등에서 이용할 수 있는 최적의 말이지만 말을 바꾸어 "경기 하강(景氣下降)이라고 하지만 이것은 어쩌면 상승일지도 모른다."는 식으로 경영자에게 적합하도록 조정할 수도 있다. 요는 시점을 고정시킨 채 주관적으로 일을 판단하지 말라는 가르침이라 할 수 있을 것이다.

5분간의 스피치에는 하룻밤의 준비가 필요하다

★ 미국의 제7대 대통령 토마스 윌슨의 말이다. 그는 연설의 명인(名人)으로 알려진 사람이다.

표제의 말만으로는 아무런 색다른 점도 없지만, 이 말의 앞 구절에 "한 시간의 연설에는 아무런 준비도 필요치 않다. 20분 정도의 연설에는 두 시간 가량의 준비가 필요하다. 5분간의 연설에는……"라고 씌어 있다. 즉, 짧은 연설일수록 어렵고 준비도 그만큼 필요하다는 것을 자신의 체험에서 미루어 말한 것.

이것은 연설을 해 본 사람이면 누구든지 공감할 수 있는 것으로, 긴 연설은 골격이 단단하면 어떻게든 되지만, 짧은 연설에서는 처음에 시작하는 말에서 마지막 말까지 음미하고 또 음미를 거듭한 것이 아니면 청중에게 감명을 주지 못한다. 이른바 "기승 전결(起承專決)"이 중요한 요소가 된다.

결혼식의 스피치를 예로 들 것도 없이, 한국 사람은 스피치의 단련이 되어 있지 않다는 말을 듣는다. 그것은 바로 준비 부족 이외의 아무것도 아니다. 청중 앞에서 말한다는 체면만 신경을 쓰고 내용을 음미하지 않는 탓이기도 하다. 또, 이야기는 긴 편이 좋다고 생각하는 감각도 없는 바가 아니다.

☆ 대상은 독자 자신이라고나 할까. 이 책을 읽는 독자 여러분이 가장 마음에 새겨야 할 말인지도 모른다.

왜? 어째서 안 되는가?

★ 리처드 버크 원작의 미국 영화 『갈매기 조나단』 중에서.

주인공 조나단 리빙스턴의 독백. '어째서 갈매기는 매와 같은 속도로 비행이나 공중 회전 등의 곡예 비행을 할 수 없는가?' 이야기는 이런 자문 자답으로부터 시작된다.

단 한 마리, 무리에서 떨어진 조나단은 어떻게 하면 빨리, 보다 높이 날 수 있는가에 도전한다. 그리하여 몇 번이나 죽음의 위험을 무릅쓰고 실패를 거듭하면서도 끝내 조나단은 갈매기의 비상(飛翔) 능력의 한계를 돌파하고 고등 비행의 위대한 명수가 된다.

직업 비행사이기도 한 원작자 리차드 버크는 이 현대의 우화에 빙자해서 무한한 가능성에 도전하는 것의 귀중함을 가르치고 있는 것이다.

☆ "하고자 하는 마음"의 환기나 "문제 해결"에의 도전을 촉구하는 훈시 등에 인용할 수 있는 말이다.

어떤 세계에 있어서도 문제 해결의 제1보는 "왜"하는 의심에서부터 시작된다. 문제 의식을 가지고 무엇이 해결을 위해 애로가 되고 있는가를 발견하게 되면 반은 성공했다고 할 수 있는 것이다.

그렇지만 정말로 힘든 것은 그 다음부터이다. 해결은 하루 아침에 이루어지는 것은 아니다. 끊임없는 노력과 실수를 거듭하면서 끈질기게 도전해 가지 않으면 안 된다. 거기에 굳센 의지와 큰 용기가 필요하게 되는 것이다.

【비슷한 말】 구하라, 그러면 얻을 것이다. 두드리라, 그러면 열릴 것이다.

용기와 힘이 있어도 신중함이 없으면 아무것도 이룰 수 없다

★ 윈퍼의 『알프스 등반기』에 나온다.

모험을 하자면 체력과 기능 및 기타 여러 가지 힘이나 용기가 필요하다. 이러한 힘이나 용기는 모험의 규모에 비례한다고도 할 수 있을 것이다. 따라서 모험에서 용기와 체력은 불가결이지만, 동시에 신중함이 없이는 좋은 결과가 나오지 않는다. 사람은 앞으로 내딛는 용기에 대해서는 이해하기 쉽지만, 신중함에 대해서는 자칫 "겁장이"로 받아들이기가 쉽다. 신중함은 용기 있는 행동에의 확고한 뒷받침이며 그것에 의해 신념 있는 행동을 취할 수 있는 것이다.

성공한 모험이라는 것은 모두 신중한 준비와 계획 하에 성립되는 것이다. 사업상의 모험도 마찬가지일 것이다.

☆ 활력도 있고 일을 하는 태도도 열심이지만 현상태에서 한 단계 더 성과가 오르지 않는 부하에 대한 훈시로 인용할 수 있는 말이다. 이러한 부하는 계획성이나 상황 판단에 문제가 있을 테니 "좀더 머리를 쓰라"는 의미를 담아서 지도해 가는 것이 좋을 것이다.

우리가 나무의 나뭇잎처럼 많은 혀를 가지고 있다고 해도, 우리가 품고 있는 생각을 다 말할 수는 없다

★ 그림 동화에 나오는 한 구절.

온갖 말을 다 해도 자기의 생각을 전부 말할 수는 없다는 뜻으로, 이같은 표현은 "당신은 나의 별이다, 달이다, 태양이다."와 마찬가지로 지극히 서구적인 표현 방식이며 우리에게는 과장되고 거슬리는 표현일지도 모르나 그런 만큼 반대로 자기의 생각을 어떤 말로도 다 표현하지 못한다는 마음을 나타내는 것으로서 인상에 남을지도 모른다.

동양에도 중국의 "백발 삼천장(白髮三千丈)"이라는 식의 표현이 있으나, 서양에서는 많은 나무의 나뭇잎을 인간의 혀로 대치시키는 식의 표현 방법이 많은 것 같다.

☆ 이 구절은 여러 가지의 장면에서 쓰일 수 있을 것이다. 예를 들어 외국인의 초대 파티 같은 때이면 그대로 사례의 말로서 쓰일 수 있을 것이고, 내국인의 각종 파티 등에서도 듣기에 거슬리는 인상은 남지만 사의를 나타내는 말로서 응용할 수도 있을 것이다. 여자를 설득하는 장면에서도 이 정도의 대사를 구사해서 설득하면 효과가 있을지도 모르겠다. 다만 연령 상응이라는 것도 있으니 자기의 나이와 상대방의 나이를 잘 생각해서 인용하는 것이 좋을 듯하다.

우리는 죽음의 영역에 가깝다

★ "우리는 죽음의 영역에 가까와지고 있다. 이 도리를 사람들은 미처 깨닫지 못한다. 그렇지만 이 도리를 알게 됨으로써 분쟁은 진정된다."(『법구경(法句經)』)

자신도 언젠가 죽어 이 세상을 떠나지 않으면 안 된다. 태어나서 한 걸음씩 죽음으로 다가가고 있다는 것은 누구나 다 의심치 않는 바이다. 그렇지만 다른 사람은 몰라도 자신의 죽음을 실감하게 된다는 것은 어렵다. 되도록이면 이 문제를 뒤로 미루고 싶은 것이 인지 상정이다.

옛날부터 인간의 욕망에는 끝이 없다고 한다. 특히 생명에 관해서는 자기의 죽음을 멀리 몰아내고 허무한 눈앞의 욕망을 쫓으며 싫증낼 줄을 모른다. 또 목숨과 생활을 위협하는 원인에 대한 싸움이 끊이지 않는다. 이 구절에서는 지나친 욕망 때문에 어리석은 싸움을 일삼는 우자(愚者)를 경계하고 있다.

☆ 생명이 있는 것은 언젠가는 꼭 죽음이 닥쳐오기 마련이다. 사람도 정년을 넘기면 절대의 침묵이 닥쳐온 듯이 생각한다. 그렇지만 그럴수록 이제부터라도 어떻게 하면 강하게 살 수 있는가를 생각해야 한다. 그러기 위해서는 과거를 돌아보지 말고 미래를 꿈꾸지 않으며, "현재"를 힘껏 충분히 누려야 한다. 내가, 내가 하는 식의 자기 중심으로 생각하는 마음을 단호히 버리고 쓸모없는 아욕을 줄곧 몰아내어서 매일을 번민하고 슬퍼하는 어리석은 사람이 되지 말아야 한다.

우리는 짧은 인생을 받은 것이 아니라 우리가 그것을 짧게 하고 있는 것이다

★ 세네카의 『인생의 짧음에 관하여』에 나오는 한 구절.

꽤 의미 심장한 글로서 대개의 사람들에게는 귀에 익은 문구라고 할 수 있을 것이다.

인생 50세의 시대에서 60세, 70세, 그리고 현재에 와서는 평균 수명도 80세의 시대에 들어서고 있다. 게다가 문명의 이기에 의한 발달은 생활을 편리하게 해 주고 있을 뿐만 아니라 우리의 생활 시간에 많은 여유를 가져다 주었다. 그런 만큼 우리는 더욱 뜻있는 인생을 영위하도록 해야만 함에도 불구하고 오히려 옛날 사람보다 현대인 쪽이 "산다"는 것에 대한 진지함을 잃고 있다는 생각이 든다.

☆ 이 문구도 여러 가지의 국면에서 인용할 수 있는 말이지만 제일 먼저 해야 할 것은 자기 자신에 대한 반성의 글귀로서, 그 다음에는 빈둥거리며 하는 일 없이 세월을 보내는 자식에 대한 훈계로서 기회가 있을 때 말해 보는 것은 어떨지…….

우모(羽毛)를 사랑하고 골육(骨肉)을 멀리 한다

★ 중국의 남북조 시대의 고사인『세설(世說)』에 있는 문구이다.

중국의 남북조 시대는 단명의 왕조가 잇따라 흥망하는 격동의 시대였다. 그 남조에 제라는 나라가 있었는데 이 제나라를 다스리는 무제는 육친에 대한 이해심이 없는 사람이었다.

어느 날, 이상하게도 무제는 동생들을 부르고 주연을 베풀었으므로 동생들은 기뻐하고 함께 하룻밤을 마음껏 즐겁게 보냈다.

이때 동생 중의 한 사람인 무능이 대취해서 초(貂; 관(冠)에 붙어 있는 초의 꼬리와 매미의 깃 장식)를 사용해서 요리를 먹었다. 이것을 본 무제가 "초가 더럽혀진다."고 꾸짖었더니 무능은 "폐하는 장식물인 깃털을 사랑하고 육친은 멀리하고 있으니 유감스러운 일입니다." 하고 간했다 한다.

이렇게 동서 고금에는 형제 상극(相克)의 이야기가 적시 않나. 권력의 자리를 둘러싸고 부모 형제라도 언제 잠자는 사람의 목을 벨지 모르는 시대에서는 형제라고 해도 간단히 마음을 줄 수 없는 점도 있었겠지만, 현대에서도 기업 경영의 자리를 둘러싼 이러한 형제의 관계가 적지 않을 것이다.

☆ 경영자 세미나 등에서 인용할 수 있으며, 애인에게 탕진만 하고 가정이나 회사 경영을 돌보지 않는 사람을 훈계하는 경우 등에서도 응용할 수 있을 것이다.

우유를 마시는 사람보다 그것을 배달하는 사람 쪽이 건강하다

★ 영국의 속담.

말의 뜻은 특별히 보충할 필요가 없을 만큼 분명하다. 굳이 덧붙여 말한다면 세 가지 뜻이 있다.

하나는 일찍 일어나는 것이 건강의 기본이라는 것, 두 번째는 몸을 움직이는 것이 건강에 도움이 된다는 것, 그리고 세 번째는 이것을 실천하고 있으면 의사가 필요없다는 것이 될 것이다.

바야흐로 세계는 도처에서 건강 선풍이 일고 있다. 약에다 식품에다 조깅, 이것에 편승하지 않으면 시대에 뒤떨어졌다는 감이 들 정도의 가열 현상을 빚고 있다. 요는 별 것이 아니다. 이 고훈(古訓)을 돈을 써서 실천하고 있는 것에 불과하다.

☆ "샐러리맨의 최고 처세술이란 건강"이라고 한 평론가가 있었다. 동감이다. 젊은 세대는 아침 식사를 거르는 경향이 있고 빈혈증도 많다. 무슨 연약한 모습인가!

아침을 거르는 젊은이에게 한마디……. 아침 식사는 배불리 먹는 쪽이 건강하고 하루의 일의 활력도 좋다. 아침 식사를 거르고 투지가 솟을 턱이 없다. 정력적인 사람은 잘 먹고 마시고 스포츠를 애호하는 데서 시작한다. 발랄한 모습은 멋지다. 건강은 매일 매일을 위해서 뿐만 아니라 장래를 위해 인생의 기반을 만드는 데 필요한 것이다.

우자(愚者)는 자기가 하려고 마음먹은 것을 말한다

★ 프랑스의 속담.

이 말 앞부분에 "노인은 자기가 한 일을 말하고, 젊은이는 자기가 하고 있는 일을 말하며……."라고 씌어 있다.

어느 쪽에 대해서도 비난의 뜻이 내포되어 있는 것이지만, 마지막의 "우자(愚者)……"는 더 강한 비난의 뜻이 숨어 있다. 아무것도 하지 않고 있으면서도 앞으로 하려고 마음먹은 것을 남에게 자랑스러운 듯이 말하는 것은 어리석은 자가 하는 짓이라는 뜻으로, 「유언불실행(有言不實行)」을 훈계하고 있다.

우리의 주변에도 이런 종류의 인물은 많다. 그 일을 하고 싶다, 이 일을 하고 싶다, 이렇게 되면 좋은데 하고 생각나는 대로의 말을 하고, 그러면서도 무엇 하나 손대지 않을 뿐만 아니라, 실행하기 전에 "○○의 문제가 있기 때문에 할 수 없다."든지 "상부에서 이해하여 주지 않기 때문에 이 계획은 안 된다." 등의 이유를 달고, 자기의 계획은 좋은 데도 누군가가 나쁘다고 남의 탓으로 돌리려고 하는 사람이다. 이러한 종류의 인물이 있으면 일은 좀처럼 전향(前向)적으로 진행되지 않는다.

일은 모름지기 「불언실행(不言實行)」을 유념해야 한다. 실행할 마음이 없는 말은 잡음으로밖에 들리지 않는 법이다.

☆ 대상은 누구라도 관계 없으며, 특히 비지니스맨을 대상으로 삼을 경우에 공감하기 쉬울 것이다.

[비슷한 말] 약한 개일수록 잘 짖는다

웅변은 은, 침묵은 금

★ 서양의 속담.

언제 무엇을 말하는가를 안다는 것은 중요하지만 언제 어떻게 침묵을 지키는가를 아는 것은 더욱 중요하다. 침묵은 최상의 웅변이라는 뜻이다.

스코틀랜드의 토마스 칼라일은『의상 철학』에서 "…… 난 오히려 '웅변은 그 시대의 것, 침묵은 영원의 것'이라고 말하고 싶다."고 말하고 있다.

과묵한 것이 반드시 좋다는 것이 아니라 말해야 할 때와 침묵할 때를 구별해야 한다는 뜻이다. 특히 젊을 때는 자기의 의견이나 주장을 내세우는 것이 우선이 되기 쉽다. 침묵하는 일이 어려운 것이다.

그런데 침묵하는 것도 언제 어떤 식으로 침묵하느냐가 더 어렵다. 상황에 비추어 보는 판단이 필요한 것이다. 침묵을 "상대방의 말에 귀를 기울이는 자세"로 해석하면 좀더 이해하기 쉬울 것이다.

저 사람은 남의 얘기를 잘 듣는다는 식의 말을 우리도 자주 하고 있다. 분명히 칭찬하고 있는 것이다. 자기의 얘기를 들어 주었던 사람에게는 감사해 한다. 그런데 그럼에도 불구하고 남의 얘기를 들어주려고 하는 사람이 의외로 적은 것은 이상한 일이다.

☆ 대체로 말이 너무 많다고 생각되는 부하에게는 이렇게 말해 주고 싶을 때가 있다. "남의 얘기를 들으면 새로운 사고 방식도 익혀지게 된다. 지식의 흡수에는 입이 아니라 귀를 쓰라."

원수의 집에서라도 주는 음식은 먹으라

★ 옛 속담.

예컨대 원수라고는 해도 만약 그 집에 초대되는 일이 있으면 내놓은 음식은 먹는 것이 예의라는 뜻이다.

옛부터 손님에게 음식을 낸다는 것은 최대의 대접이다. 따라서 대접을 받는 쪽은 설령 양자의 관계가 원수 사이라고 해서 이것을 입에 대지 않고 돌아가는 것은 대단한 실례가 된다.

현재 실제로 원수의 집에서 음식을 대접받는 일 같은 것은 없지만, 비지니스 세계의 전쟁에서 맞수끼리 회식하는 일 같은 것은 흔히 있는 일이다. 내심으로는 맞수가 내놓은 음식 같은 것은 먹고 싶지 않을 터이지만 그럴 때는 비지니스의 규범으로 알고 즐겁게 식사를 해야 한다.

또 최근에는 음식을 가려 먹는 사람도 많다. 싫어한다고 해서 수저도 대지 않고 돌아가는 사람이 있다. 초대자, 특히 그 집의 주부로서는 이것은 대단히 뒷맛이 씁쓰레한 일이다. 하기야 미리 손님의 선호를 알아두는 것이 초대측의 예의이기는 하다.

☆ "원수가 내놓은 음식이라도 입에 대지 않으면 결례가 된다고 한다. 더구나 상급자나 친지에게 초대받았을 경우는……" 하는 식의 말로 남의 집을 방문하고 음식을 내놓았을 때의 마음가짐을 가르치는 데 인용할 수 있는 말이다. 특히, 맛있게 먹는 것이 그것을 만들어 준 사람에 대한 예의라는 것을 강조한다.

원인의 10퍼센트를 억제하면 결과의 90퍼센트를 지배한다

★ P. F. 드래커의 말.

무슨 일에든지 결과에는 원인이 있다. 예상도 못해 본 것 같은 결과에 놀랄 적이 있지만 냉정히 생각해 보면 원인은 단순할 경우도 많다. 그러한 원인의 전부를 미리 알 수는 없을지 모르나 그 10퍼센트 정도는 사전에 예방할 수 있을 것이다. 그 10퍼센트를 억제하면 결과의 90퍼센트는 사전에 지배할 수 있다는, 경제학자 피터 드래커다운 말이다.

경제 환경 뿐만 아니라 이 세계는 더욱더 복잡한 상태로 향하고 있다. 과학 기술의 진보는 인간의 생활을 윤택하게 했지만 반대로 위험도 늘어나게 했다. 그리고 그 위험은 이전과는 비교가 안 될 만큼 만일의 경우에 치명적인 타격을 준다.

예상도 못했던 사고 등이 요즘 잇따라 일어나고 있는데, 원인을 규명해 보면 인위적이고 단순한 실수가 큰 사고를 야기하고 있다. 즉, 10퍼센트의 예측 가능한 원인을 간과하고 있었기 때문에 100퍼센트의 치명적인 사고를 야기시킨 것이다.

☆ 물품 구입 관계자, 경영자, 기술자 같은 사람들을 대상으로 삼아 원인과 결과, 또는 사고 발생과 원인의 인과 관계를 강조하고 싶을 경우에 인용할 수 있다.

원한을 원한으로 대하면 원한이 그칠 날이 없다. 이것은 영원한 진리이다

★『법구경(法句經)』의 한 구절.

"눈에는 눈을, 이에는 이를, 손에는 손을……"이라고 하는 구약 성서의 보복율(報復律; 출애굽기)을 사랑에 의해 끊는 "오른쪽 뺨을 맞으면 왼쪽 뺨을……" (신약 성서 마태복음) 이라는 예수의 가르침과 같다.

우리도 "죽어서 혼백이 되어서라도 원한을 갚겠다."라든지 "여자가 한을 품으면 오뉴월에도 서리가 내린다."는 등의 표현은 삼가야 할 것이다.

☆ 자기가 열심히 노력해서 이루어 놓은 일을 다른 사람이 가로채고 말았다, 그래서 그 사람의 공적이 되었을 뿐만 아니라 높이 평가받았다. 이같은 경우, 원한이 골수에 사무쳐서 보복을 생각하는 것이 당연할지도 모른다. 그렇지만 이런 때는, 상대방은 몰인정한 사람이라고 연민의 정을 줌으로써 원한의 마음을 가라앉히기 바란다.

조만간 시간이 경과함에 따라 진상은 밝혀지게 되는 법이다.

위도가 세 번 바뀌면 모든 법률이 뒤집혀진다. 자오선이 진리를 결정한다

★ 파스칼의 말로서, 현대를 예견한 것 같은 말이다. 이만큼 과학이 발달해도 나라라는 단위는 없어지지 않을 뿐만 아니라 더욱더 그 국정(國情)의 차이를 강화하고 있는 것 같은 생각이 든다. 나라가 다르면 당연히 법률이나 규칙도 다르게 마련이지만 그 차이는 현저하다. 한쪽에선 백이라도 다른 한쪽에서는 흑이 되는 수도 있을 것이다.

사회 환경의 차이라고 해 버리면 그만이지만 인간의 기본적인 규범을 다룬 법률까지도 이러하니 경제 분야에서는 더한층의 차이가 있다. 무역 마찰 등은 바로 자오선을 넘었기 때문에 생긴 경제적 시련이라고 할 수 있다.

또 해외 여행은 이제 예사로운 것이 되었지만 그 나라의 국정을 생각하지 못하는 여행자가 있어 빈축을 사기도 한다.

자오선을 넘는다는 것은 다만 시차가 생긴다는 것만의 일은 아니다. 세계는 하나일지도 모르지만 보이지 않는 자오선의 영향력은 아직도 사라지지 않고 있다.

☆ 약간 어려운 말이지만, 해외 여행자나 출장 사원에 대한 현지에서의 각오를 일깨워 주는 말로 쓰일 수 있을 것이다.

[비슷한 말] 향(鄕)에 들면 향을 따르라.

위엄이 있으면서 온화하다

★ 공자의 제자가 스승의 인품을 말한 것으로『논어』의 술이편 (述而篇)에 나와 있다.

즉 스승(孔子)께서는 예의바르고 겸허하나 그렇다고 딱딱한 느낌이 없다, 다시 말해 위엄이 있지만 위압감이 없고 차가운 것 같으면서도 봄바람처럼 따뜻하다는 뜻이 포함되어 있다.

이러한 인물상은 유교에서는 인격의 이상이지만 그 경지에 도달하기는 아주 어렵다. 흔히 권한 같은 것을 가지면 이것을 과시해 남을 위압하고 따르게 하려는 것이 인간이다. 자신들의 욕망 때문에 정치적 이합(離合)이 무상한 정치가, 규칙을 방패로 체벌을 가하는 교사, 상부의 결정임을 내세워 우격다짐으로 나오는 공무원, 직권을 힘입은 상사 등 군자가 아닌 자들이 너무나 많다.

☆ 이 문구는 사람 위에 서는 자, 지도자가 되려는 자에 대한 가르침의 말로서 적합하다. 그런 점에서 경영자로부터 시작해서 주임이나 계장 등의 초급 관리자의 교육시에도 활용할 수 있을 것이다. 지도자라면 엄격한 위엄과 함께 저절로 사람들이 모여드는 온화함이나 부드러움을 갖는 것이 바람직하다.

은행은 여러분이 돈을 빌릴 필요가 없다는 것을 증명하지 않는 한 돈을 빌려 주지 않는다

★ 서양 사람이 즐겨 쓰는 역설의 대표적인 것 중의 하나이다.

은행이라는 것의 본질을 날카롭게 찌르고 있으면서도, 또 이만한 반어적인 표현의 말도 없다. 은행의 업무는 남에게서 맡은 돈을 대부하고 운용함으로써 경영이 성립되는 것이므로 절대로 회수할 수 있는 확실한 상대에게만 돈을 빌려 준다는 것을 원칙으로 삼는다. 한편 돈을 빌리는 쪽은 돈이 없기 때문에 빌리려고 하는 것이다. 여기에 돈을 빌려 주는 자와 빌리는 자와의 사이에 갈등이 생긴다.

은행은 그냥 돈을 빌려 주는 곳이란 식의 인식을 가지고 있다면 무슨 일이 있어도 돈은 빌리지 못할 것이다. 돈을 빌리고 싶다면 어떻게든 자기가 은행의 투자자로서 유망한가를 이해시키고 사실은 돈 같은 건 빌릴 필요가 없다는 데까지 납득시키지 않으면 은행은 안심하고 돈을 빌려 주지 않는다는 이치이다.

이런 역설은 은행 뿐만 아니라 돈을 빌려 주는 자의 심리나 논리를 아주 잘 말해 준다고 할 수 있을 것이다.

☆ 중소기업 경영자의 세미나나 재무 담당자의 연수회 등에서 이런 문구를 삽입해 이야기하면 무엇보다도 실감난다는 것은 장담할 수 있다.

의기 양양할 때 실의의 슬픔이 생긴다

★ "고(苦)는 낙(樂)의 씨앗, 낙은 고의 씨앗"이라는 말이 있듯이, 『채근담』에도 "고통과 번민 중에도 항상 마음을 기쁘게 하는 멋이 있고, 의기 양양할 때 실의의 슬픔이 생긴다."는 한 마디가 있다.

태평양 전쟁 초기, 일본군은 진주만의 기습에 성공하고 이어 말레이 앞바다에서 영국의 동양 함대를 박살낸 뒤 마닐라를 점령했으며 다시 싱가포르를 공략하는 등, 연전 연승하며 확실히 파죽지세였으므로, 개수 일촉(鎧袖一觸)의 기세로 임했다. 그러나 미드웨이 해전에서 비장의 항공 모함 네 척이 침몰당하여 크게 지고 그 이후는 완전히 공수가 바뀌어 끝내는 무조건 항복을 감수하지 않을 수 없게 되고 말았다.

미드웨이 해전에서의 양측 전략을 보면 분명하게 일본군이 우위에 있었지만, 서전에서의 승전에 의기 양양하고 교만해져서 정석대로의 이단 색직(二段索敵)을 행하지 않았기 때문에 그만 패전하게 된 것이다.

☆ 옛부터의 "교만한 자는 오래 가지 못한다"는 말대로 교만해진 자가 망하게 되는 것은 이미 시간 문제이다.

부하나 동료의 언동에 교만이 느껴지는 때라든지 자기 자신에게 있어서 매사가 뜻대로 되고 있을 때에는 한번 이 말을 상기해서 주의해 볼만한 일이다.

[비슷한 말] 세상에 자부심 만큼 두려운 것은 없다.

의론(議論)으로 상대방을 꺾어도, 의론의 승리는 가치가 없다

★ 피뢰침(避雷針)의 발명과, 또 정치가로서도 아메리카 합중국의 건국에 커다란 공적을 남긴 벤자민 프랭클린의 말이다.

이 프랭클린의 말 외에도 논전(論戰)이나 의론(議論)이 야기하는 위험한 면을 지적한 제현(諸賢)의 경구는 많다. 예를 들어 프랑스의 철학자 알랭의 "논전에 이기는 것으로, 무언가 진리가 수립된 예는 없다.", 버나드 쇼의 "상대방의 입을 다물게 했다고 해서 상대방의 의견을 바꾸게 한 것은 아니다." 등.

비지니스 때도 무의식중에 흥분해서 동료나 거래선과 논전이 되는 예가 적지 않다. 논전이나 의론으로는 절대로 남의 마음을 사로잡거나 움직일 수 없다. 설령 상대방이 침묵하고 동의한 것 같이 보여도 여전히 자기의 의견은 바꾸고 있지 않은 것이다. 오히려 가슴속에 반발심이나 감정적인 응어리를 애써 감출 적이 많다.

☆ 비지니스맨에게 상담 예절을 가르치거나 회의에서 발언하는 마음가짐을 훈시할 때에 사용할 수 있다.

"웅변은 은, 침묵은 금"이라고 하지만, 직장 회의에서의 침묵은 금이긴커녕 비지니스맨으로서는 실격을 의미한다. 반대로 적극적인 것은 좋지만, 자기 주장을 무리하게 관철시키려고 의론을 위한 의론으로 치닫는 사람도 역시 실격이다.

회의는 문제 해결을 위한 자리이다. 불모(不毛)의 논전(論戰)은 자기 만족을 위한 변설(辯舌)에 지나지 않으며, 그것에서는 아무것도 창조적인 것은 생겨나지 않는 법이다.

이론이 있어야만 비로소 그것이 무엇을 관측할 수 있는가를 결정하는 것이다

★ 양자 역학(量子力學)의 기초를 확립하고 1932년 노벨 물리학상을 수상한 독일의 물리학자 벨나 하이젠베르크의 말이다.

자연계의 모든 사상, 혹은 경제의 동향이나 사회 현상도 그것을 명확히 설명할 수 있는 이론이 확립되어 있지 않으면, 그 인과 관계를 알거나 또는 문제 해결의 실마리를 얻을 수 없다.

직장의 문제 해결에 있어서도 마찬가지이다. 과거의 경험이나 육감에만 의지하게 되면 유효한 해결책을 얻기가 힘들다. 과학적으로 실증된 이론이나 수법을 원용(援用)하고 발생한 사상이나 자료를 옳게 파악하고 분석해 간다. 그것에서 처음으로 문제점을 올바르게 관측할 수 있고 정확한 해결책도 생겨나게 되는 것이다.

☆ 현장의 QC(품질 관리) 활동에서의 훈시 때 인용할 수 있는 말이다. QC 활동은 매일의 일에서 "항상 개선을 생각하고 그것을 실천한다."는 데에 참된 목적이 있다. 그렇지만 그 실천도 일에서 생기게 되는 많은 자료를 어떻게 파악하면 좋을지 모르고서는 이룰 수 없다. 그래서 필요한 것이 품질 체크를 위한 과학적 수법, 즉 QC의 여러 가지 도구이다. 이것을 확실하게 익혀놓지 않으면 문제 파악과 개선 활동도 취할 수 없는 것이다.

이 몸은 손가락 끝까지 왕이다!

★ 셰익스피어의 희곡『리어왕』의 주인공, 리어왕의 대사이다.

"음, 이 몸은 손가락 끝까지 왕이다! 내가 한 번 쳐다보기만 하면 신하들은 두려움에 몸을 떤다.", 인간이 권위를 보유했을 때의 '교만'을 한 마디로 응축한 무시무시한 대사이다.

극의 주제는 부모와 자식의 애정과 증오에 관계되는 것이지만 복선으로 인간의 허식과 어리석음을 깨우치고 있다.

리어왕의 대사에서 보는 바와 같은 인간의 교만은 사업계에서도 자주 볼 수 있으며 한 명의 지도자에 의한 조직의 불협화음은 일일이 셀 수가 없을 정도이다. 인간은 누구나 권력을 손에 넣으면 자신에게 이롭지 못한 정보는 귓가에서 차단하는 것인 모양이다. 신임 직제(職制)에의 훈사에 이 문구를 이용해 보면 어떨까…….

☆ 인간은 높은 자리에 앉게 되면 어느 틈에 자기의 힘을 과시하고 여러 사람을 자기의 뜻대로 움직이려고 하는 마음을 가지게 된다. 중요한 것은 "손가락 끝까지 장(長)이 되었다"고 착각하지 않는 일이다. 설령 자기에게 그 "장"이라는 명칭이 없어도 과연 부하들이 자신에게 협력해 줄까? 주어진 "장"이라는 테두리에서 벗어나도 현재의 일원이 따라와 줄 것인가? 사령(辭令)에 의해 주어진 "장"이 마력 같은 힘을 가지고 있다고는 생각지 말아야 한다.

이성(理性)이나 판단력은 천천히 오지만, 편견 (偏見)은 무리를 지어 닥친다

★ 루소의 『에밀』에 나오는 한 구절이다.

사물을 객관적으로 바라보고 이성을 가지고 냉정하게 일의 시비를 판단하는 것은 상당한 노력과 시간이 걸리는 일이다. 이것에 비해 편견이란 것은 이성의 필터를 통하지 않기 때문에 무리를 지어 닥치게 되는 것이다.

옛부터 "제 눈에 안경"이라고 하는 말이 있다. 편견이 무리를 지어 닥치는 것은, 사람이나 사상(事象)을 볼 때의 자기 기분이 어떤가에 달려 있다. 상대를 좋아한다는 감정이면 "마마자국도 보조개"로 보일 것이고, 싫어한다면 "보조개도 마마자국"으로 보이게 된다.

사람이나 사상을 어해 관계나 특수한 감정을 빼고 있는 그대로를 본다는 것은 우리들 범인에게는 아주 어려운 일이지만, 되도록이면 있는 그대로 보는 노력을 할 필요가 있다. 한편, 자기 자신도 누군가에게 편견을 가지고 보이는 일이 없도록 그 언동에 충분히 주의하지 않으면 안 될 것이다.

☆ 관리자 연수나 세일즈맨 연수 등에서 대인 관계에 대해 강의할 때에 인용할 수 있는 말이다. 사람이나 사물을 보는 방법이나 마음가짐에 관한 훈시에 인용해도 될 것이다.

이 세상에서 가장 발달하지 못한 지역, 그것은 당신의 모자 밑에 있다

★ 영국의 속담.

표현이 아주 멋지다. 과거에 세계의 바다를 석권하여 대제국을 이룩한 대영 제국의 편린을 느끼게 하는 격언이다.

미발견의 땅을 찾아서 많은 모험가가 바다를 건너가고 잇따라 이제까지 알려져 있지 않았던 지역을 유럽 사회에 소개했다. 이 말은 빈정거리기 좋아하는 영국인 누군가의 말일 것이다. 발달하지 않은 지역에 유럽 문화를 도입시키려고 하지만 정말로 발달하지 못한 것은 우리의 머릿속이 아니냐고 하는 조롱이 담겨 있다.

이런 상황은 현대의 우주 개발 시대와도 비슷하다. 과학 기술의 급속한 발전, 인간은 어디까지 문명을 발전시키는 것일까? 벌써 막다른 곳에 다다른 것은 아닐까? 이런 의문이 생길 법도 하지만 아직 발전하지 못한 지역이 모자 밑에 남겨져 있다. 인간의 뇌에 대한 연구는 이제야 겨우 본격화했을 뿐이다. 자기의 능력을 이미 한계라고 생각하는 사람은 없다. 인간에게는 무한한 가능성이 모자 밑에 남겨져 있다.

☆ 이런 격언은 좀더 긍정적으로 받아들이는 편이 좋을지도 모른다. 자기의 능력에 막다른 상태를 느끼고 있는 사람, 장래에 의문을 가지고 있는 사람, 면학에 전력하고 있는 사람들에게 어울리는 말이다.

이 세상에서는 하찮고 사소한 일이 어쩌다 그만 우리의 생활에 중대한 의미를 가질 때가 가끔 있다

★ 몰락해 가는 귀족 사회 안에서 권태와 고뇌의 나날을 보내는 지식인들의 모습을 완전히 포착한 19세기 말 러시아의 극작가 체호프의 사대극(四大劇) 중의 하나인 『세 자매』에서 제4막 트로조로프가의 막내딸에게 남작 투젠바프가 말하는 대사.

중대한 사건이나 변화란 것에는 반드시 그 원인이 있게 마련이다. 그렇지만 그것은 시초일 적에는 아주 사소한 징후밖에 나타나지 않는다. 그리하여 사람은 그것이 언젠가 가져다 줄 중대성에 대해 좀처럼 생각이 미치지 못하는 법이다.

그러나 그 사소한 것은 사람이 깨닫지 못하는 사이에 쌓이고 쌓여서 어느 날, 사람의 힘으로는 제지할 수 없는 중대한 사건이나 변화가 되어 나타나게 된다. 이것은 이 극중에 이야기되고 있는 사람의 경우에도 그렇고 또 온갖 자연 현상이나 사회 현상에 통해 있는 것이기도 하다.

☆ 경영 환경의 생혹성에 관한 훈화, 일에 임하는 자세의 훈시 등에도 인용될 수 있을 것이다.

재해 방지나 공장 사고 방지에는 무엇보다도 평소의 점검 정비가 중요하다. 비행기 추락과 같은 큰 사고나 재해의 대부분이 평소에 간과했던 작은 고장이나 결함이 원인이 되어 발생하고 있다. 아주 사소한 일이 기업의 골간을 흔드는 중대사로 발전하는 것을 사업가는 특히 명기해 두지 않으면 안 된다.

이 세상에서 성공할 사람은 대명사의 구사에 조심하지 않으면 안 된다

★ 19세기 미국의 외교관으로, 또『링컨 전(傳)』의 저자로서도 유명한 존 헤이의 말이다.

그는 이렇게도 말한다. "'나'를 한 번 말하는 사이에 '당신'을 스무 번 말하라."고. 성공한 사람은 예외없이 설득에 능하다. 설득에 능하다고 하면 열변을 토해 남을 설복시키는 것으로 생각하기가 쉽다.

그렇지만 정말로 설득에 능한 사람은 "나"를 연발해서 자기의 의사를 일방적으로 남에게 강요하지는 않는다. "당신은 어떻게 생각합니까?", "당신이라면 어떻게 하겠읍니까?" 하는 식으로 우선 상대방의 의사나 입장을 묻고 상대방의 심리적 저항을 배제한 연후에 차분하게 자기의 의사를 전하면서 설득해 가는 것이다. 설득을 당하는 쪽은 납득하고 따르게 된다. 즉, 상대방의 말을 잘 듣는 것이야말로 설득에 능한 것이다. 그런 인물이 남을 움직인다.

존 헤이는 "나"와 "당신"이라는 대명사의 구사로 그 사람의 사람됨을 알 수 있다고 말한다.

☆ 인간 관계나 통솔력, 또는 설득력에 관해 역설할 때에 인용할 수 있는 말이다.

대화에서의 대명사 구사에 관한 심리적 효용이란 점에서 말하자면 "당신" 대신에 "○○씨"라고 상대방의 고유 명사로 호칭하는 것이 친밀감의 효과를 더해 줄 수 있을 것이다.

이 세상은 생각하는 사람에게는 희극이고 느끼는 사람에게는 비극이다

★ H. 월폴의 말이다.

이 세상의 사건은 객관적으로 냉정하게 생각해 보면 어떤 심각한 문제가 있어도 우습거나 어리석게 보이는 법이다. 즉 희극이다. 또 반대로 주관적으로 감정적인 해석을 하면 비애에 찬 비극이 되고 만다는 것이다.

어떤 사건을 "머리"로 포착하면 희극이 되고 "가슴"으로 포착하면 비극이 된다라고 해석해도 무방할 것이다. 월폴은 전적으로 똑같은 사항이 견해에 따라 희극이 되기도 하고 비극이 되기도 하여 정반대로 받아들여질 수도 있다는 것을 말하려고 했을 것이다.

우리는 슬픔에 잠겼을 때 냉정하고 객관적으로 생각해 보도록 하자. 불쑥 우스운 생각이 들어 슬픔을 잠시 잊고 의식을 되찾아 다시 원기있게 일어설 게기를 얻게 될지도 모른다. 요는 생각하기에 달린 것이다.

그렇지만 남의 슬픔에 관해서는 이것이 적용되지 않는다. 남의 슬픔을 희극적으로 바라보는 것은 메마른 인간, 차가운 인간이란 말을 듣게 한다. 남의 슬픔은 가슴으로 받아들이고 이해해 주어야 한다.

☆ 일을 비관적으로 생각하기 쉬운 사람에게 지나치는 말로 한마디 해 주고 싶은 말이다.

20년은 긴 세월이지만 인간의 코가 독수리 코에서 사자 코로 바뀔 만큼 길지는 않다

★『O.헨리 걸작선』에 나오는 문장이다.

이 글 뒤에는 다음과 같은 댓구의 귀절이 있다. "하지만 때로는 20년이라는 세월은 선인(善人)을 악인으로 바꾸어 놓기도 하지."

세월은 인간의 외견을 그다지 크게 바꾸어 놓지 않을지는 모르지만 인간의 마음은 바꿀 수 있다는 매우 의미 심장한 글이다. 동창회 등에서 몇 해 만에 만난 친구, 머리털은 없어지고 돋보기는 쓰게 되었을 망정 그래도 용모에는 소년 시절의 모습이 남아 있다. 그렇지만 술잔을 주고받으며 여러 가지로 애기가 진전됨에 따라 '이 사람, 변했구면!' 하는 인상을 갖게 되는 체험은 누구나 겪어보았을 것이다.

세월이라는 것은 바뀌지 않는 것 같으면서도 사람을 많이 바꾸어 놓는 것인가 보다. 요즘은 10년이나 20년의 세월이 아니라, 2, 3년의 세월도 사람을 바꾸어 놓는다. 더구나 남녀의 사이 같은 것이면 1년이나 반년의 세월 속에서 크게 바뀌어지는 것이 아닐까?

☆ 사람의 마음이라는 건 "불변"하는 것이라고 할 수 없다는 것을 말하는 장면에서 응용할 수 있는 말이다. 예를 들어 ○○와 결혼하고 싶다고 열을 올리고 있는 아들딸에게 20년, 30년 이상의 장기 전망으로 사랑을 관철할 수 있는지 확인시키거나 잠시 머리를 냉각시키는 장면 등에서 인용해 보면 어떨까?

인간만사 새옹지마(人間萬事塞翁之馬)

★ 중국의 『회남자(淮南子)』에 나오는 이야기로, 행복이나 불행은 언제 어떻게 변할지 모른다는 뜻.

옛날 중국의 북변 요새 가까이에 한 노인이 있었다. 그런데 어느 날 소중하게 기르던 말이 이웃나라로 도망치고 말았다. 그런데 그 말이 이윽고 멋진 준마를 데리고 다시 돌아왔다. 그리고 이번에는 노인의 자식이 그 말을 타고 달리다가 낙마해서 발목을 삐게 되었는데, 그 동안에 전쟁이 시작되고 부근 젊은이는 모두 병정에 뽑혀가서 많이 죽었지만 노인의 자식은 상처 덕분에 무사히 살아남을 수 있었다.

"화복(禍福)은 마치 꼬아 놓은 새끼줄과도 같다."는 말과 같아서 행복과 불행이 번갈아 닥치거나 함께 일어나는 이 세상의 현상을 교훈으로 삼은 이야기이다.

☆ 인간이나 조직체도 마찬가지여서 화복은 언제든지 변한다. 사업 도중에 뜻밖의 사건이 생겨서 어려워지는 경우가 많다. 그런 때 모든 사람에게 "이 화를 바꾸어 복을 삼으면 어떻겠습니까?" 하며 새옹(塞翁)의 얘기를 소개하면 된다.

또한 좌천이 되어 의기 소침해 있는 부하에게 이 말을 선사하고 격려해도 될 것이다. 영전한 사람이 동석해 있을 때에 사용하는 것은 좀 거북스럽지만……

인간은 누구든지 자기가 하는 일에 자부심을 가지고 있어서 제스스로 기만당하기 쉽다

★ 마키아벨리의 『군주론』에 나오는 한 구절.

확실히 말 그대로이다. 그렇지만 인간이란 자부심이 있기 때문에 "성공을 믿고" 무엇인가를 행동으로 옮길 수 있다는 이견도 있다. 자부심은 "내가 하게 되면……" 하는 식의 어떤 종류의 분발로서 그것은 자신감에 이어지는 측면도 있어 자부심과 자신감은 종이 한 장 차이라고 할 수 있을 것이다.

그러나 충분히 연구와 기획, 사전 공작을 하고 나서의 자부심을 가진 행동이라면 몰라도, 연구나 계획 등은 세우는 둥 마는 둥하고 자부심만으로 치닫게 되었을 경우에는 크게 허물어지기가 쉽다.

이와 같은 유형의 사람은 비교적 순조롭게 지위에 오른 사람 중에 많다. 왜냐하면 그들은 지금까지 순조롭게 승진하게 된 것이 자기의 책략이 우수했고 통솔력에 의한 능력의 소치라고 어느덧 믿게 되기 때문이며 주위의 사람 역시 끊임없이 절찬하는 말을 건네기 때문이기도 하다. 또 그러한 사람에 한해서는 실패하면 그것을 운이 없었다, 부하가 움직여 주지 않았다고 생각하기 쉬운 법이다.

☆ 이것은 훈시용이라기보다도 경영자 등 지도적 입장에 있는 사람이 자기 자신에 대한 반성이나 훈시의 말로 명심해 두어야 할 줄로 안다.

인간은 만물의 척도이다

★ 옛날부터 인간에 관한 말은 하늘의 별 만큼이나 많다. 그렇지만 이 프로타고라스의 말은 인식(認識)이란 추상을 논하려고 한 시사적이기는 하지만 지극히 곤란한 명제로서 전해지고 있다.

그는 기원전 5세기 무렵의 그리스에서 철학적 논리의 웅변술을 아테네의 정치가들에게 지도했다고 한다. 그에 의하면 사물의 존재는 사람의 인식 여하에 따른 것인데 그 인식은 사람에 따라 다르므로 그것에 관해서의 옳고 그름은 판단할 수 있는 것이 아니라고 한다. 각자의 인식이 제각기의 척도가 되어 만상을 측정하고 인식하기 때문이라는 것이다.

독일의 사회학자였던 막스 뮐러는 모든 정의가 실패로 끝날 만큼 인간이란 폭 넓고 다기 다양한 것이라고 말한다. 무수한 성격이나 재능이 무수히 엮어져서 다른 인식의 인간이 무한히 생겨나게 되는 것이다. 그리하여 "이상한 것은 많나. 그렇지만 인간 만큼 이상한 것은 없다."고 그리스의 학자 소포클레스는 말하고 있다.

다른 인식이란 것은 각각의 개성인 것이며 각각의 의견에는 새로운 요점도 숨겨져 있는 법이다. 의견의 차이를 배척할 것이 아니라 온갖 이론으로 이익이 되는 발견에 힘써야 한다.

☆ 회의 등의 첫머리나 경영의 비결에서 뿐만 아니라 때로는 철학적 만남을 내세우는 것도 어떨지?

인간은 자기가 남보다 못한 것은 능력 때문이 아니라 운 때문이라고 생각하고 싶어하는 법이다

★ 프로타고라스의 『요설(饒舌)에 대하여』에 나오는 한 구절.

전적으로 표제의 말대로인데, 샐러리맨 사회에서는 흔히 있는 얘기이다. 인간이란 것은 남에게 뒤졌을 경우라도 그것은 그 사람 쪽이 운이 좋고 자기는 운이 나빴다고 생각하고 싶어한다.

예를 들어 세일즈맨이면 "내가 담당한 상품이 나쁘고 지역도 나쁘다. 그것에 비하면 그 사람은……" 하고 생각하고 싶어한다. 하기야 그렇게라도 생각하지 않으면 구제될 바가 없고 견딜 수 없을 때도 있을 것이다. 그렇게 생각함으로써 자기의 마음을 달래는 효과도 있고 일시적으로 마음의 평정을 되찾고 새로운 태세로 기분을 전환하여 대처하는 실마리가 될 수도 있다.

하지만 이런 경우에도 역시 남보다 어딘가 뒤지고 있다는 자기 인식이 필요하다. 그런 자기 인식 없이 운 때문이라고만 하는 것은 "도피"밖에 되지 않는다. 도피에서는 아무런 진보도 성장도 생겨나지 않는다. 만약에 그런 도피적인 생각을 가진 사람이 있다면 꼭 들려주고 분기를 촉구하고 싶은 말이다.

☆ 시험을 앞두거나 시합을 앞둔 자식에게 말할 수도 있고 실적이 신통치 않은 부하에 대한 훈계에도 이용할 수 있는 말이지만, 사용하는 시기가 적절하지 않으면 도리어 자신 상실에 빠질지도 모르니 조심해야 한다.

인간은 자기가 아니면 안 된다는 착각을 하는 적이 많다

★ 드래커의 말이다.

그는 또 "경영자의 태반은 공장을 괴롭히기 위해 그 시간의 대부분을 쓰고 있다."는 말도 하고 있는데 참으로 이것은 지언(至言)이라고 할 수 있다.

요즈음 우리 나라에서 벌어지고 있는 정치 같은 것이 그 좋은 본보기라고 할 수 있는데, 민주화를 해야 한다고 하니 과거의 경력을 접어두고 너나 할것 없이 민주 투사를 자처하고 내가 아니면 안 된다는 식으로 대통령에 입후보하는 양상은 착각도 이만하면 가관이 아닐 수 없다.

하기야, 경우에 따라서는 자기가 아니면 안 된다고 할 수 있는 일이 있을지도 모르지만 설령 그렇다고 하더라도 우선은 다른 사람이면 이것을 어떻게 처리할 것인가 하고 생각해 보는 정도의 마음의 여유가 있었으면 한다.

☆ 이 한마디는 일반 사원 뿐만 아니라 경영의 정상에 있는 사람까지 합쳐서 모두가 마음속에서 되새겨 볼 필요가 있는데, 특히 부하를 통솔하고 관리하는 자는 명심해 두어야 한다.

조직이라는 것은 톱니바퀴와 톱니바퀴가 맞물려 있는 것과 비슷하므로, 부디 어느 특정의 톱니바퀴만 특별한 회전을 하지 않도록 조심하지 않으면 안 된다.

어쨌든 자기가 할 수 있는 일은 남도 할 수 있다고 일단은 생각해 보아야만 한다.

인간은 칭찬을 갈망하면서 살고 있는 동물이다

★ 미국의 철학자 윌리엄 제임스의 말이다.

고등한 동물, 예컨대 개는 칭찬해 주면 제법 기뻐하지만 그것은 칭찬받는 것과 먹이가 주어진다는 것이 연속해 있기 때문이고, 만약에 먹이를 주지 않고 칭찬만 하게 되면 끝내는 그것을 거들떠보지도 않게 된다.

그렇지만 인간은 다만 칭찬을 듣는 것만으로도 기뻐하는 동물인 것이다. 그것은 인간이 사회적인 동물이라고 하는 것과 깊이 연관되어 있다. 즉 다른 인간과의 관계에 있어서 칭찬을 받고 인정받음으로써 자기의 사회적 입장이나 위치를 확인할 수가 있어 정신적인 만족감과 안도감을 얻는 것이다.

그것은 칭찬을 받지 못하는 인간은 부단히 불안정한 채로 놓여지게 된다는 뜻이 된다. 그리고 이와 같은 인간은 그 사회나 집단에 적극적으로 참가하는 의욕을 잃게 된다. 사람을 부릴 경우, 혹은 움직일 경우에 칭찬한다는 것이 중요한 건 바로 그 때문이다.

다만, 요즘은 아마츄어 선수도 단순한 칭찬 뿐만 아니라 먹이가 없으면 움직이지 않게 된 것은 시대의 유행 탓이라고나 할까?

☆ 경영자, 부하를 지도하는 관리자, 혹은 어린이를 교육하는 사람들에게 응용할 수 있는 말이다. 부부 사이에도 같은 말이 적용될 수 있을 것이다.

인간은 환경의 자식이다

★ 서양의 속담이다.

사람은 자기의 과거 및 현재의 생활 환경에서 배우게 되는 것이 매우 많다. 인격의 형성, 인생관의 확립에도 환경은 큰 역할을 맡게 된다 . 그러나 자기가 사는 삶의 방식상에서의 결함을 환경의 탓으로 돌리는 건 잘못이다.

오디오 기기(機器) 메이커의 사장 T 씨는 이런 말을 한다.

"현재보다 20퍼센트 높은 목표를 준다. 대부분의 사원이 소화시킨다. 다음에 또 20퍼센트를 올린다. 이런 상태로 나가게 되면 3년 뒤에는 두 배의 일을 하게 된다. 인간의 능력은 무한하다."

☆ 인간은 환경에 지배당하기도 하고 환경을 바꿀 수도 있다. 기왕이면 건설적으로 익숙해져야 한다.

기업에 대한 충성심이나 생산성 향상만을 강요해도 젊은 사원에게는 먹혀들지 않을지도 모른다. 그렇다면 자신을 위해 더 좋은 환경을 만들라고 말해 주어야 한다.

인간의 가장 위대한 힘은 그 사람의 가장 큰 약점을 극복하는 데서부터 생겨난다

★ E. G. 레터맨의 『일류 세일즈맨이 되는 법』에 나오는 한 구절. 레터맨은 단체 보험의 세일즈로 거액의 계약을 줄곧 획득해서 미국 제일의 세일즈맨으로 불리워진 사람. 그의 저서 『판매는 거절당했을 때부터 시작된다』도 유명하다.

그는 자기가 최대의 약점으로 생각하고 있는 약점이 자기의 노력 여하에 따라서는 최대의 자산으로 바꾸어질 수 있다고 말한다. 말솜씨가 없는 처칠이 노력에 의해 대연설가가 된 예, 그리고 무릇 세일즈맨으로서는 적격이 아닌 레터맨이, 약점을 바꾸어 힘으로 삼은 사람들의 실례를 찾아내고 그것에 의해 용기를 불러일으켜서 자신을 개선함으로써 일류 세일즈맨이 된 예를 들고 있다.

자기의 약점에 대해서 열등감을 가지고 있을 경우 이것에서 도망치지 말고 정면에서 부딪쳐 가면 그것은 반드시 극복할 수 있다고 레터맨은 말한다.

☆ 자신의 약점을 것을 잘 인식하고 이것을 하나씩 극복해 가는 데에 자기 성장과 향상이 있으며 거기에 사는 보람이 있게 되는 것이다.

약점을 가지는 것에 따른 불안이나 두려움에서 생기는 마음의 피로와, 약점을 극복하기 위한 노력의 피로 중 어느 것이 견디기 힘든 것인가는 명백하리라.

사원 교육, 더우기 영업 사원 교육에 활용하고 싶은 말이다.

인간의 눈은 실패하고서야 비로소 뜨이게 되는 것이다

★ 『갈매기』, 『벚꽃 동산』 등의 작품을 남긴 러시아의 문호, 체호프의 말이다.

잘 알려져 있는 "실패는 성공의 어머니"라는 격언과 같은 말로서, 체호프의 이 말에서는 특히 인간으로서 다른 사상(事象)을 보는 힘, 내용을 이해하는 힘을 강조하고 있는 점이 특징으로, 작가다운 점이 나타나 있다. 아주 가난한 상인의 집에 태어나 고학 끝에 의학교(醫學校)를 졸업한 경험이 이 말에서 느껴진다.

인간은 누구나 완전한 궤적(軌跡)을 그리면서 성장할 수는 없다. 경험과 실패를 거듭하면서 인생을 어떻게 살 것인가를 배워가게 되는 것이다.

또, 특히 인간은 고독하여서는 살아갈 수 없는 것이며 다른 것과의 공존을 원하는 법이다. 남에게 기만당하기노 하고 모처럼 사귄 친구나 상대가 기대한 대로의 인물이 아니었다는 것을 경험적으로 배우면서, 비로소 사람을 보는 눈이 갖추어지게 되는 법이다.

사람에 대하여 신용이나 원망이 클수록 그것이 깨졌을 경우의 낙담도 크다. 그렇지만, 그것이 크면 클수록 자기의 성장속도도 높아질 것이다.

☆ 젊은 사람을 대상으로 삼아 인생이나 연애에 실패했을 때 용기를 북돋우는 말로서 인용할 수 있을 것이다. 되도록이면 체호프의 작품, 특히 『벚꽃 동산』 같은 것의 내용 해설을 에피소드적으로 삽입하면 더욱 좋다.

[비슷한 말] 실패는 성공의 어머니

인간이 영리해지는 것은 경험에 의해서가 아니라 경험에 대처하는 능력에 따라서이다

★ 기지와 예리한 풍자에 넘친 저술로 유명한 영국의 노벨상 수상 작가인 버나드 쇼의 말이다. 희대의 독설가(毒舌家), 버나드 쇼다운 아이러니컬한 명언이다.

같은 영국의 정치 사상가인 J. 로크는 경험에 관하여, "어떠한 사람의 지식도 그 사람의 경험을 초월하는 것은 아니다."라고 했다. 확실히 로크가 말하는 것처럼 경험은 소중할 뿐만 아니라 지식도 경험의 뒷받침이 있어야만 빛을 발하게 된다.

그렇지만 독설가인 쇼는 그런 틀에 박힌 해석으로는 만족하지 않는다. 경험도 매우 좋지만 그 경험을 살리는 능력이 문제라고 말한다. 즉 아무리 경험을 쌓아도 그것을 혁신적인 것으로 발전시키는 능력이나 의욕이 따르지 않으면 인간의 진보는 있을 수 없다는 것이다. 경험자도 끝내는 보수적(保守的) 인간, 매너리즘에 빠져서 끝난다고 빈정거리고 있는 것이다.

☆ 중견 사원의 매너리즘화를 설유(說諭)하는 훈시 등에 인용할 수 있는 말이다.

일의 경험을 쌓은 중견 사원의 적(敵)은 매너리즘. 쇼의 방식으로 말하자면 경험은 귀중하지만 유용한 면이 있는 반면 위험한 요소도 있다. 즉 매너리즘에 빠진 인간의 절대적인 무기도 되는 것이다. 함부로 경험만을 금과 옥조(金科玉條)처럼 과시하며 설교해도 정신이 똑바른 신입 사원에게는 적용되지 못한다. 그들은 상대방이 "경험에 대처하는 능력"을 가진 인간인지 아닌지를 민감하게 가려낸다. 경험이 풍부함을 자부하는 중견 사원은 쇼의 말을 잘 음미할 필요가 있을 것이다.

인생은 왕복 표를 발행하고 있지 않다. 일단 떠나게 되면 다시 돌아오지 못한다

★ 소설, 희곡, 평론 등 폭 넓은 문필 활동으로 숱한 작품을 남긴 프랑스의 노벨상 작가 로망 롤랑의『매혹된 혼(魂)』의 한 구절.

사람들은 흔히 "그때에 그렇게 했더라면…….", "가능하다면, 그 시점(時點)까지 되돌아갈 수 있다면……." 하고 생각하는 적이 있다. 그런 인간 심리를 체호프도 희곡『세 자매』에서「이미 살았던 인생은, 말하자면 초잡은 글이고, 다시 한번 정서(淨書)할 수 있는 것이었으면…….」하고 등장 인물로 하여금 말하게 한다.

그렇지만, 인생에는 초고 같은 것은 없으며 두 번 다시 고쳐 살 수는 없다. 지나간 시간, 그리고 인생은 되돌아오지 못한다. 그래서, 주어진 편도(片道) 표를 꼭 쥐고 후회 없는 인생 항로의 실현을 향해 나아간다는 마음가짐이 필요한 것이라고, 로망 롤랑은 언외의 의미를 담아서 말하고 있다.

☆ 신입 사원에 대한 훈시 및 스피치 때에 인용할 수 있는 말이다.

취직, 그것은 학교 생활이라는 물결 잔잔한 내해(內海)에서 외양(外洋)을 향해 본격적인 인생 항로길을 떠나는 출항이다. 또다시 내해로 되돌아오지 못하는 나그네길이 된다.

"○○회사에 입사한 것은, 보람 있는 인생 항로의 실현을 위한 편도 표를 손에 넣은 것이 되기도 한다. ○○회사에 승선한 이상, 운명 공동체의 일원으로서, 절대로 도중 하선(下船)이나 진로 변경 같은 것은 생각지 말고 일해 주기 바란다."는 식으로, 표제의 구절을 삽입구로 삼고 말하는 것도 좋을 것이다.

인생이란, 환자마다 누구나 침대를 바꾸고 싶다는 욕망에 사로잡혀 있는 한 개의 병원과도 같은 것이다

★ 보들레르의 『파리의 우수(憂愁)』에 나오는 말.

"남의 잔디는 좋게 보인다"는 말도 있듯이, 사람이란 어쩐지 남의 인생 쪽이 좋게 보이는 법인 모양이다. 더구나 조금만 무엇인가에 좌절을 느끼거나 기분이 좋지 않을 때는 더한층 자기의 인생은 축복받지 못하고 불행하며, 그것에 비해 다른 사람은…… 하고 생각하기 쉽다.

그렇지만 결국 누구나 다 인생의 고뇌를 안고 살아가는 법이며 다만 그것이 남에게는 쉽게 보이지 않을 뿐이다.

자기는 자기이며 자기의 인생은 자기가 책임을 질 수밖에 없는 것이기 때문에 "분발"하는 것이 최상의 길이다. 가령 가난한 사람이 큰 부자의 인생과 바꿀 수 있다고 해도 큰 부자의 인생적 고뇌를 안게 될 뿐인 것이다.

☆ 인생에 지친 사람, 흔히 다른 곳에서 파랑새의 환상을 꿈꾸는 사람들에 대한 설유(說諭), 훈시로서 쓸 수 있는 말이다.

현재의 직장 생활이 마음에 들지 않아 어디든 더 멋진 회사를 원하고 구인 광고란에만 매달려 있는 사람에게는 아주 적합한 말이라고 생각한다.

인(忍)으로써 갑옷을 삼는다

★『대지도론(大智道論)』은 반야경 중의 「대품 반야경(大品般若經)」을 용수(龍樹; 2C~3C 남인도의 바라몬 출신)라는 유명한 논사(論師)가 주석한 것이라고 한다. 그 중의 한 구절.

불교에 있어서의 인(忍)이란, 말할 것을 말하지 않고 할 것을 하지 않는 소극적인 인내의 태도를 가리키는 것이 아니다. 곤경에 대하여 지지 않는 신념을 가진 의연한 태도를 말하는 것이다. 또 불교 사상에서는 "확인한다"는 뜻도 있다. 모든 것은 우연히 생기는 것이 아니라 반드시 그것에는 원인과 결과가 있을 것이다. 그 원인과 결과의 관계를 확인할 수 있으면 설령 고통이 있어도 납득하고 참을 수 있다. 진상을 분명히 밝히는 것도 인이라고 한다.

이 구절에 이어 "선정(禪定)으로써 활을 삼고 지혜로써 화살을 삼아, 바깥으로는 마군(魔軍)을 물리치고 안으로는 번뇌의 적을 무찌른다."는 말이 있다.

☆ 아버지가 자식의 어깨를 두드리며 "이 세상의 일은 그렇게 뜻대로는 되지 않는다."고 한다. 아버지는 할아버지에게 마찬가지로 그 말을 들었을 것이다. 이것은 '참아야 하는 것'을 이치가 아닌 체험에 의해 이어받은 생활의 원리인 것이다.

이것에 대해 "그렇다, 이것이구나." 하고 인내하는 요점을 자기에게 납득시킨다. 이것이 인이다. 감정도 아니고 지식도 아니다. 보람없는 일에 심신을 괴롭히지 않고 다음의 발진(發進)을 위하여 안으로 숨겼던 힘찬 에너지이다. 많이 비축하지 않으면 안 된다.

일리(一利)를 시작하는 것은 일해(一害)를 제거하는 것보다 못하다

★『십팔사략(十八史略)』의 한 구절.

몽고의 영웅 징기스칸은 후에 원(元)나라의 태조가 되었는데, 그에게 사사해서 그 보좌역을 잘 해낸 야율초재(耶律楚材)라는 사람이 있었다. 초재는 어느 누구보다도 현명하고 주군(主君)을 위해 직언을 서슴지 않았으며 권력이나 이익에 굴하지 않았다고 한다.

초재가 자주 한 말 중에 "일리를 시작하는 것은 일해를 제거하는 것보다 못하다. 일사(一事)를 생기게 하는 것은 일사를 줄이는 것보다 못하다."는 말이 있는데, 그 뜻은 한 가지 이익을 얻으려고 하는 것보다 한 가지의 해(一害), 즉 애로가 되고 있는 문제점을 제거하는 일이더 중요하다고 해석할 수 있을 것이다.

기업의 경영 활동에 있어서도 성급히 뭔가 재출발의 수단에 의해 수익을 올리려고 혈안이 되기보다도, 먼저 기반을 다시 잘 살펴 보고 무엇이 문제이며 장해가 되어 있는지 그 형편을 잘 포착한 연후에 문제점을 하나하나 처리해 나가는 자세에서 좋은 결과를 얻을 수 있을 것이다.

특히 기업의 해결은 수학 문제를 풀듯이 해결하는 것이 목적이 아니라 그 결과로서 약간의 이익을 얻는 일이니, 한 가지 해를 발견하는 것이 선결 문제가 될 것이다.

☆ 관리자 세미나, 문제 해결의 연수 등에서 활용할 수 있다. 그리고 사장이 간부 사원에게 하는 훈시에서 응용해도 될 것이다.

일수 일확(一樹一穫)하는 것은 곡물이다
일수 십확(一樹十穫)하는 것은 나무이다
일수 백확(一樹白穫)하는 것은 사람이다

★ 중국의 고전『순자(荀子)』의 한 구절.

한 개를 심어서 한 개만의 수확으로 그치는 것은 곡물이고, 한 개를 심어서 열 개의 수확이 있는 것은 목재(木材)이며, 한 개를 심어서 백 개의 수확을 얻을 수 있는 것은 인재(人材)라고 하는 뜻.

『순자』는 부국강병책을 역설한 책으로, 이 구절은 나라를 위해서는 인재의 육성이 가장 중요하다고 역설한 것이다. 저자인 순자는 춘추 전국 시대에 있어서 "성악설"의 논자이다.

오늘날 "기업은 사람이다"라고 일컫지만, 마찬가지로 이미 기원 전 3세기에 있어서 국가 백년지대계(百年之大計)를 위해 인재를 육성해야 한다는 필요성이 강조되고 있었던 것이다.

☆ 순자가 인재의 육성을 식물의 육성과 비교하고 있는 점도 재미있다. 인재의 육성은 "공업적 조립 과정"이 아니라 "농업적 육성 과정"이라고 한 사람이 있는데, 인재의 육성은 짧은 기간에 단순히 지식과 기능을 쪽매붙임처럼 이어붙이는 것이 아니라, 긴 세월에 걸쳐 이른바 인물(人物)을 양성하는 것이 되어야 한다는 뜻이다.

기술이다, 정보다 하고 말하지만 인간이 양성되기만 하면 그것은 저절로 따라붙게 된다.

인사(人事) 관계 행사, 특히 관리직 연수회 등에서 인용해 보는 것도 좋을 것이다.

일에 소요되는 시간은 있으면 있는 만큼 모두 소요된다

★ 퍼킨슨의 말.

역설로 알려진 그의 저서 『퍼킨슨의 법칙』에서의 한 구절이다. 시간은 충분히 있으며 그쯤이야 문제없이 처리될 것으로 믿었던 일을, 기한이 닥치기까지 손대지 않고 팽개쳤다가 빠듯이 겨우 기한에 대거나 아예 기한에 대지 못하는 일은 흔히 있는 법.

사소한 일이라도 나중에 하자고 미루든지 내일이 있다고 생각하는 사이에 날짜가 지나가고 결국 막바지에 이르러서야 서두르게 되는 것, 인간이면 누구나 가지고 있는 약점일 것이다.

이와 같은 약점을 극복하기 위해서는 "해야 할 일은 지금 곧 그 자리에서 한다"는 습관을 가질 필요가 있다. 스타팅 토크(starting torque)로 일을 시작하고 또 일단 시작하면 자기에게 가혹한 책임을 떠맡기고 계속한다는 습관을 가지도록 노력하자.

가혹하다고 할만큼 시간적으로 자기를 속박하고 시간의 정도(程度)를 높여 밀도(密度)를 올린다고 하는 자세가 없으면 박력있는 삶은 살 수 없을 것이다.

☆ 일에 쫓기는 것이 아니라 일을 쫓아 일찌감치 일을 완료한다는 것은 긴장감이 있는 직장 풍토의 중요한 요소이다.

직장의 풍토 조성을 위한 일환으로서 조례 등에서 말해보는 것도 좋을 것이다.

일이 지근(至近)하고 관련되는 바가 큰 것은 언어와 음식 이상의 것이 없다

★ 『근사록(近思錄)』 중에 "일이 지근(至近)하고 관련되는 바가 큰 것은 언어와 음식 이상의 것이 없다"고 씌어 있는데, 그 뜻은 우리에게 있어서 언어와 음식 이상으로 소중한 것은 없다는 말로 양쪽 다 입에 관계된 것이 취급되고 있는 점이 재미있다.

『근사록』에는 이 밖에도 "언어를 삼가는 것으로 그 덕을 키우고 음식을 절제하는 것으로 그 몸을 기른다"는 말이 있는데 이것도 거의 같은 뜻을 가진 말이다.

또 『역경(易經)』에도 "군자(君子)는 따라서 언어를 삼가고 음식을 절제한다"고 적혀 있다. 이것으로 미루어 보아 중국에서나 우리나라에서도 똑같이 '입은 화근' 이라고 여겼던 것을 충분히 짐작할 수 있다.

이 한 마디는 특히 국가 재정의 궁핍은 아랑곳하지 않고 밤마다 주연으로 흥청거리며 무책임하기 짝이 없는 방언, 실언을 일삼는 정치가나, 모쟁이에서 숭어로 출세했을 뿐만 아니라 비지니스계의 숭어가 되겠다는 분들에게 바치고 싶다.

"꽃은 반쯤 핀 것을 보고 술은 적당히 취하도록 마신다"는 『채근담(菜根譚)』 중의 명언도 있듯이 입도 역시 적당히 먹으며 적당히 말하는 것이 현명하지 않을까?

☆ 망년회 기간을 맞이하여 인용해 보고 싶은 말이다.

일하는 기쁨은 제 스스로 생각하고 실제로 체험하는 데에서만 생겨난다

★ 힐티의 『행복론(幸福論)』에 나오는 한 구절.

확실히 일하는 기쁨 같은 것은 남에게서 주어지는 것이 아니며 또 남의 말을 듣고 알게 되는 것도 아니다.

설령 아무리 작은 일이라고 해도 제 스스로 계획하고 개선하면서 성취한 일이야말로 달성의 기쁨을 느끼게 하는 것이다.

직장 소집단 활동에서의 작은 일의 개선은 이러한 노동의 기쁨을 조직 구성원의 모든 사람에게 실감해 주기 바라는 목적이 있다고 할 수 있다.

말하자면 일하는 기쁨이란 것은 창조의 기쁨이며, 자기의 능력이 어딘가에서 발휘되고 확인되고 그리고 높아지게 되는 기쁨이기도 하다.

그런 의미에서 요즘의 매뉴얼 인간은 "밥을 먹는 로보트"이며, 오히려 실수를 하거나 불평을 하는 점에서는 로보트 쪽이 낫다고 할 수 있을 것이다. 이와 같은 매뉴얼 인간이 많은 직장은 얼핏 보기에는 통제가 빈틈없는 것같이 보이지만 직장에 활력은 생겨나지 않는 법이다.

☆ TQC (종합적 품질 관리)를 비롯한 소집단 활동 연수의 도입으로서, 혹은 노동에 대한 의의를 말하는 장면에서 응용할 수 있는 말이다.

이와 같은 훈화는 신입 사원 때부터 철저하게 해 놓을 필요가 있을 것이다.

입을 존중하면 곧 궁해진다

★ 『역경(易經)』은 사서 오경 중의 하나로서 본래는 복서(卜筮)에 쓰였는데, 그 어구가 간결하면서도 함축이 깊기 때문에 처세상의 교훈으로 삼고 있는 것이 많다.

"입을 존중하면 곧 궁해진다"의 한마디는, 변명이란 것은 하면 할수록 자기를 궁지로 몰게 되는 것이니 해서는 안 된다는 뜻이며, 실제의 문장은 "말할 것이 있어도 믿어주지 않고 입을 존중하면, 즉 궁해진다"로 되어 있다.

누구든지 한두 번의 변명을 한 체험은 있다고 생각되지만 확실히 이것은 하면 할수록 헛된 것이다. 그렇지만 질리지도 않고 저도 모르게 하고 한다는 식으로 정말 처치 곤란한 것이라고 할 수 있다.

흰 것을 검다고 해도 절대로 복종하지 않으면 안 된다는 것도 곤란하지만, 국회의 답변처럼 무책임한 말을 함부로 늘어놓는 것도 안 될 말이다.

경찰의 고문 치사 사건 때, "부하가 멋대로 은폐한 짓이므로 우리는 전혀 알지 못한 일이다."라고 발뺌하더라도 결국 그들 역시 책임을 모면하지는 못한다.

☆ 납기(納期)에 늦었을 때 되도록이면 거래선에 변명하지 않도록 하는 것이 더 상책이다.

자기만이 자기가 의지할 곳이다

★ "자기만이 자기가 의지할 곳. 달리 있겠는가. 잘 가다듬어진 자기만이 의지할 유일한 곳이다." (『법구경(法句經)』)

석가 세존이 80세의 고령에 이르러 병상에 누워 입멸(入滅)을 가다릴 때, 울고 있는 제자 아난(阿難)을 머리맡에 불러 훈계한 말이다.

잘 가다듬어진 자기란 태어난 그 상태로 방임하고 빈둥빈둥 지내는 자기가 아니다. 석가 세존의 가르침을 잘 이해하고 자기 것으로 만든 자기이다. 일반적으로 말하는 자기(自我= 에고)가 아닌 것이다. 자아(自我)의 또 하나 마음속에 있는 자기로, 번뇌를 잘 진정시키고 자제력이 강하며 단련된 것을 말한다. 자기 자신을 잘 새긴 굳센 자기이다.

이 구절은 '자등명(自燈明)', '법등명(法燈明)'이라고 일컬어지는 유명한 글귀로서, 석가 세존의 "유아 독존(唯我獨尊)"이라는 기본적인 사상이다.

☆ 인간 사회는 그물코처럼 서로 얽혀서 형성되어 있다. 그러므로 혼자서는 생활하기 어렵다. 그리고 옛날과는 달리 분업이 진보했으므로 우리는 무엇을 해도 남을 의지하는 습관이 몸에 배어 있다. 자기 혼자서는 무엇 하나 할 수 없는 인간이 되어가고 있다. 그렇지만 곤란한 문제에 부딪쳤을 때 끝내 의지가 되는 것은 자신밖에 없다. 자신이 하지 않으면 누가 하겠는가? 이 정신이야말로 평소부터 양성해 놓지 않으면 안 되는 것이다.

자기보다 현명한 인물을 신변에 모으는 방법을 터득한 사람이 여기에 잠들다

★ A. 카네기의 묘비명에 적힌 말.

일반적으로 집단의 리더가 된 자는 항상 그 구성원의 누구보다도 현명하지 않으면 안 된다고 생각하기 쉽다. 따라서 이따금 우수한 부하를 헐뜯거나 혹은 경원하거나 부하와 견주어보기도 하는 상급자도 있게 마련이다.

자기가 통솔하는 집단에 속하는 현명한 인물은 집단이나 자기에게도 귀중한 존재일 수밖에 없다. 자기보다 현명한 자를 자기의 주변에 모을 수 있는 방법이란 무엇일까? 이것은 방법이라기보다 오히려 영향력이라든지 인간적 매력이라는 것이 차지하는 비율이 클지도 모른다. 그것은 인간으로서의 종합적인, 인간적이라고 할 만한 어떤 힘을 익힌 자가 신변에 현명한 자를 모을 수 있고, 그 원조나 협력을 얻어서 성공한 사람이 될 수 있다는 것이리라.

☆ 관리자 교육 때의 훈시용으로 쓰일 만한 글귀이다. 능력은 인간의 종합력에 있어서 극히 일부에 불과하다. 따라서 이것을 과대평가해서는 안 된다. 관리자가 관리자일 수 있는 까닭은 지식이나 능력의 유무가 아닐 뿐만 아니라 기업에서 주어진 권한도 아니다. 그것을 초월한 무엇이거나 아니면 성실성과 책임감을 가진 신뢰하기에 충분한 인물일 것이라고 생각하면 될 것이다.

자기의 생명을 사랑해도 안 되고 미워해도 안 된다. 하지만 살아 있을 때까지는 생명을 소중히 여겨야 한다

★ 밀턴의 『실락원(失樂園)』에 나오는 한 구절이다.

밀턴은 1667년 불우(不遇)와 실명의 몸으로 이 실락원을 구술로 집필해서 발간했다.

자기 자신의 생명을 사랑하는 것과, 혹은 자신의 불우에 비애를 느끼고 미워하는 것은 자기의 목숨을 상처입히는 공격적 행동이 되기 쉽다.

요즘 자살의 저연령화가 문제로 되고 있는데, 자기의 생명을 사랑하는 것도 미워하는 것도 한낱 어리광에 지나지 않으며 정신적으로 약하기 때문일 것이다. 자기의 생명에 대한 불안이 도리어 생명을 손수 끊는 방향으로 치닫게 하는 것은 아닐까?

생명은 오직 하나, 죽어 버린다면 소중할 바도 없다. "살아 있을 때까지는 생명을 소중히 여긴다"는 것은 "힘껏 살아본다"는 의미리라.

☆ 이 구절을 실망에 빠지거나 비관에 잠겨 있는 사람에게 들려주면 어떨까?

특히 죽음에 대한 잠재적인 원망을 가지고 있는 사람에게는 "산다"는 것보다도 그 원인이 되고 있는 것에 "두려워하지 말라"고 말하는 편이 효과가 있을 것이라 생각된다.

자기의 생활에 대해서 불만을 갖지 말라. 그렇지만, 자기 자신에 대해서는 항상 불만을 가지도록 하라

★ 미국의 극작가 네이던의 말이다.

말은 평범하지만 함축이 있다. 자기의 생활에 대한 불만을 남에게 말한다는 것은, 그것이 다만 푸념으로밖에 남에게는 들리지 않는다. 그렇게 만든 것은 남이 아닌 그 사람 자신이다. 그렇지만, 그 불만을 자기 자신에게 돌리고 말할 경우는, 푸념과는 달리 자기의 향상심을 불태우게 하는 연료가 된다.

세상에는 불만을 늘어놓으며 살고 있는 사람을 곧잘 보게 되는데, 타인은 차분하게 들어 주기까지는 하지만 육친처럼 그 불만을 알아 주려고 하는 사람은 없다. 듣고 있는 쪽은 관계가 없고, 원래 그 같은 불만이란 것은 들을 만한 값어치가 없는 것이기 때문이다.

급료가 싸다, 출세가 안 된다, 키가 작다, 연인이 없다는 등, 살아 있는 한 사람은 불만을 가지는 법이다. 그렇지만, 그것을 남에게 말한다고 해서 나아지는 것은 아니다.

자기 자신에 대해 잠재적으로 불만을 가지고 있는 사람은 강한 삶을 사는 사람이다. 자신에 대한 불만이란, 자신에게 대한 욕구 불만이 이래서는 안 된다는 향상심이나 개혁심(改革心)이 되어 언젠가 행동으로 나타나게 되는 것이다. 단순한 푸념과 자신에 대한 불만은 본질적으로 다르다.

☆ 미국적인 사고 방식이라는 감이 없지 않으나 사람의 심리로서 공통된 것이라고 말할 수 있을 것이다. 일반적인 인생 교훈이나 처세훈(處世訓)으로도 이용되고, 또한 비지니스맨이나 관리자에게도 적합한 말이다.

자, 다음 일에 착수하자

★ 발명왕이라 일컬어지는 에디슨의 말이다.

그의 말 중에 유명한 "천재란 1퍼센트의 재능과 99퍼센트의 땀(노력)이다."라는 것이 있는데 인간 에디슨으로서의 매력은 이 말 속에 잘 나타나 있다.

평생에 걸쳐 수백 가지나 되는 발명을 한 에디슨은 노력하는 사람이었다. 이른바 천재하고는 전혀 다른 인물로 오히려 시행 착오를 되풀이하면서 발명을 계속한, 일만 좋아하는 사람이었다. 한 가지 발명이 끝나면 곧 다음 발명에 착수하자고 한 이 말은 그러한 그의 성격이 잘 표현되어서 재미있다.

남을 앞질러 무엇인가 일을 시작하거나 만든다는 것은 매우 끈기가 필요한 일이다. 발명은 "번득임"이 중요하다고 하지만 그 일순간을 맞기까지는 끊임없이 골똘히 생각해야 그것이 가능한 것으로, 막연하게 있다가는 "번득임"을 얻을 수 없다.

한 가지 일이 끝났다고 해서 느긋하게 구는 사람은 그 다음의 기회를 자기 스스로 늦추고 있는 것이다.

☆ 설명에서 다소 지나치게 에디슨과 발명에 치우친 감이 있지만, 삽입구로서 사용할 경우에는 별로 구애받지 않고 이해가 가능할 것이다. 한 가지 일이 끝난 뒤의 태도나 마음가짐의 중요성을 훈시하는 경우에 이용될 수 있을 것이다.

자만하는 인간은 현명한 인간의 비웃음의 표적이다

★ 베이컨의 수필에 나오는 한 구절.

사람은 누구나 다 남보다 우월감을 가지고 그것을 자만하고 싶은 법이다. 그렇지만 자만이란 것은 자칫 정말로 우월한 자가 아니라 오히려 열등의식을 간접적으로 행하는 경우가 더 많다. "우리 아들이 유명 대학에 들어가서……" 라든지 "남편이 이번에 ○○ 은행의 지점장이 됐어요." 하는 선전을 하고 현란한 복장이나 보석을 몸에 지니고 과시하는 것도 그 사람 자신의 무내용(無內容)이나 열등의식을 간접으로 나타낸 것에 불과하다.

이러한 자만은 현명한 사람 뿐만 아니라 극히 보통의 감성을 가진 사람의 입장에서 보면 비웃음의 대상밖에 되지 않을 것이다. 게다가 난처하게도 자만하는 사람은, 자기가 오히려 비웃음의 대상으로 남에게 보이고 있다는 것을 깨닫지 못하는 만큼 더한층 애처로움과 어리석음을 느끼게 하는 법이다.

자만이 지나치면 주위의 인간 관계를 나쁘게 하고 세상을 좁게 하는 것만의 효과밖에 없다.

☆ 신입 사원으로부터 간부의 연수에 이르기까지 인간 관계에 관한 강화 때에 응용할 수 있다. 또 그 밖에 인간의 본연의 자세를 역설하는 장면에서 그대로 사용할 수도 있을 것이다.

자식을 불행하게 하는 가장 확실한 방법은 언제나 무엇이든지 손에 넣을 수 있게 해 주는 일이다.

★ 루소의 『에밀』 중에 나온다.

얼핏 생각하기에 자식에게 원하는 것을 무엇이든지 주는 것은 행복을 주는 것같이 생각하기 쉽지만, 긴 안목으로 생각하면 자식의 자립심이나 자율성을 잃게 하고 멋대로이고 안이한 인간이 되는 것에 협조하는 것이 된다.

현대적으로 말하면 "불행"을 "안 된다"로 바꾸어 생각하면 이해가 빠를 것이다. 요즘 우리 나라의 어머니들은 철없는 유아 시절부터 피아노를 배워야 한다, 영어를 배워야 한다고 "자식의 장래를 위해서"라는 착각에서 자식이 전혀 원하지 않는 것까지 주며 "자신의 행복"에 젖어 있는 경향이 있다. 이렇게 되면 윗 글은 "자식과 부모를 불행하게 하는……"으로 바꾸어 읽는 편이 나을지도 모른다. 어찌됐든 루소(1712~1778)의 시대에 이미 이런 종류의 사회 평론의 소재거리가 있었다는 것은 흥미있는 일이다.

☆ 사친회를 비롯한 교육, 인간의 양성에 관한 강연이나 인사말 등에서 그대로 인용할 수 있을 것이다.

자식이 무엇인가를 졸라댈 경우에 부모가 거절하는 문구로서 활용해도 되지만, 이럴 경우는 고교생 정도의 이해력이 없으면 효과가 없다.

자신 있는 행동은 어느 정도의 자력(磁力)을 가진다

★ 에머슨의 말이라고 전해진다.

자력을 가진다는 것은 마음을 사로잡아 사람들로 하여금 따르게 하는 힘이란 뜻으로, 확실히 남의 위에 서는 자(리더)가 자신을 가진 행동을 취하면 자신이 없는 행동을 취할 경우보다도 훨씬 효과적으로 사람들을 이끌 수 있다.

그런 의미에서 리더십의 요점을 찌른 말이라고 할 수 있을 것이다. 특히 리더의 자신 있는 행동이 자력을 발휘하는 것은 집단이 위기에 있을 때에 그 효과가 더욱 크다. 과거에 있어서도 세계의 명장이라고 불리운 장군들은 어떤 위기적인 상황 속에서 태연 자약하게 행동하고 위기를 극복하고 있다.

그런데 이 리더의 자신감은 지식과 경험의 축적 속에서 생겨난, 상황을 돌파하는 확고한 신념과 부하에 대한 이해심과 책임감에서 자연히 나오게 되는 힘으로서의 자신감이 아니면 안 된다.

연출되거나 꾸며낸 리더십으로 잘못 인솔되기라도 한다면 큰일인 것이다. 한 나라의 역사적 비극은 의외로 이러한 잘못에 힘입은 바 크다.

☆ 리더십에 관한 연수나 훈시 때 인용하기에는 안성마춤인 구절이다. 자신은 무엇에서 생겨나는가를 전제로서 잘 생각케 하는 일이 중요하다.

잘못을 변명하면 더한층 그 잘못을 두드러지게 하는 결과를 가져오게 된다

★ 셰익스피어의 희곡『존 왕』제 4 막에서, 일단 왕위를 쫓겨났다가 다시 왕좌에 복위한 존 왕에 대해 펜브르크 백작이 충고하는 장면의 대사.

이어서 펜브르크 백작은 말한다. "마치 작은 흠에 허둥대고 바대를 대게 되면, 누더기의 흠을 숨기는 것이 도리어 전보다도 더 힘들게 되는 것처럼……" 하고.

과실을 범하지 않는 인간은 없다. 과실을 범하면 순순히 그것을 인정하고 반성해서 두번 다시 같은 과실을 범하지 않는 일이 중요하다. 반성보다도 자기가 범한 과실의 변명을 지리하게 늘어놓으며 자기의 행위를 정당화하거나 책임 전가를 하려고 하면 더한층 그 과실의 크기가 눈에 띄게 된다. 그러한 인간은 자칫 같은 과실을 범하게 되는 것이다.

☆ 규칙을 위반한 사원에 대한 충고나 일의 실수에 관한 사후 처리의 바람직한 상태를 훈시하는 장면에서 쓰일 수 있는 글귀이다.

가벼운 규칙 위반이나 일의 실수는 어쩔 수 없어도 위반이나 실수에 대한 당사자의 수용 태도나 사후 처리의 바람직한 상태가 문제이다. 장황한 핑계나 변명은 더욱 자신을 깎아내릴 뿐이다.

"변명은 꾸며진 거짓말에 지나지 않는다"는 잠언도 있다. 순순히 실수를 인정하지 않으려는 자의 말 많은 변명은 어쩌면 거짓말을 하는 것이 아닐까 하고 인격면까지 의심받게 된다.

실수나 실패는, 순순히 반성하고 그것을 교훈으로 삼는 사람에게는 다음 성장의 양식이 되는 것이다. 과실을 고치는 것을 주저해서는 안 된다.

잠을 못 이루는 자에게는 밤이 길다

★ 법구경에 나오는 '어리석은 자'에 관한 시집(詩集)의 한 구절.
"잠을 못 이루는 자에게는 밤이 길고 지친 자에게는 길이 멀다. 도리를 알지 못하는 어리석은 자에게는 생사의 거리가 길다."(『법구경』)

잠을 자려고 하면 할수록 신경이 날카로와져서 잠을 이룰 수 없다. 흥분해 있는 것인지 걱정거리가 있는 것인지 잠을 못 이루고 몇 번이나 몸을 뒤척이는 밤은 긴 법이다. 그리고 걷다가 지친 자에게는 길이 멀게만 느껴진다.

그렇지만 이것은 시간의 장단, 길 자체의 거리에는 관계없이 그 사람이 처해 있는 환경이나 그 사람의 행동, 태도, 의식에 의해 그렇게 느껴지는 것이다.

자기는 이 지상에서 무엇을 할 것인가, 인생의 의미와 이상이 무엇인지를 알지 못하는 사람, 또 생각조차 하지 않는 사람, 나만 살아 있기만 하면 된다는 허울좋은 일생은 긴 법이다. 살아 있는 한 의의 있고 충실된 인생을 보내야 한다.

☆ 여생을 뜻있게 보낸다는 것은 자기의 능력을 재발견하는 데에 있다. 자기의 발로 오르고 산정을 정복했을 때의 기쁨은 자동차로 쉽게 정복했을 때보다도 깊을 것이다. 영어, 서예, 수영 등 예순 살에 시작하는 공부라도 몰두하고 자기 자신을 채찍질함으로써 자기 능력이 재발견되어 충실감과 행복감을 얻을 수 있는 것이다. 아무 것도 하지 않고 하루 하루를 보내는 무의미한 인생이 되어서는 안 된다.

장갑을 낀 고양이는 쥐를 잡지 않는다

★ 서양의 속담.

진지하게 맞붙지 않으면 일은 달성되지 않는다는 비유.

"도구는 장갑을 끼지 말고 다루라. 장갑을 낀 고양이는 쥐를 잡지 않는다는 것을 잊지 말라.", "싸움이나 토론에는 장갑을 벗고 진지하게 뛰어들라." 등은 다 같은 의미이다.

별로 공부를 하는 것 같지 않은데도 언제나 시험 성적이 뛰어난 친구가 학창 시절에 두세 명 있었다. 그 중 A란 친구는 천재형이기는 하지만 노력형은 아니다라는 평을 들었으나, 노력하지 않고 성적을 올린다는 것은 실제에 있어서는 무리이다. 공부하는 방법이나 이른바 소질에 다소의 차이가 있기는 해도, 남보다 갑절의 노력이 있었기 때문에 정상에 오르게 되는 것이다.

널리 알려진 B 투수가 남의 서너 배나 연습했다는 것은 잘 알려진 사실이다. 천성이 명랑하고 적극적인 데다 연습 벌레였기 때문에 희희 낙락한 표정의 그늘에는 항상 노력, 즉 고통의 그림자가 숨겨져 있었던 것이다. "장갑"을 벗고 진지하게 맞붙어 왔다는 것은 틀림이 없다. 천재는 99퍼센트의 노력에서 생겨나는 까닭이다.

☆ 일을 "얼렁뚱땅 해치우는" 사원이 있다. 큰 실수 없이 익숙하게 다루지만 깊이 파고드는 열의가 부족한 유형이다. 노력을 내놓기 아까와하는 것인지, 취미가 첫째이고 회사는 둘째라는 생각인지 아뭏든 얼렁뚱땅 해치우는 유형은 틀림없이 2년만 지나면 동료들에게 뒤지고 만다. 그런 부하에게는 이런 충고를 하자 —— "벽과 마주서야 높이를 알게 되고 부딪쳐야 아픔을 알게 된다. 얼렁뚱땅 일을 해치우는 사람은 언젠가 자신도 그런 처지가 되고 만다."

재능이 다하면 형식이 시작된다

★ 금세기 초, 독일 인상파의 대표적 화가인 막스 리베르만의 말이다.

탁월한 재능과 끊임없는 연구에 의해 걸작을 내놓은 예술가도, 재능의 고갈이나 성공의 교만과 함께 어느 날엔가 매너리즘에 빠지고 안이한 형식주의(形式主義)로 타락한 작품밖에 발표하지 못하게 될 때가 있다. 그는 어떤 화가의 전람회에서 비평해 달라는 청을 받았을 때 이 명문구를 가지고 대답했다고 한다.

이것은 개인뿐만 아니라 기업의 성쇠에도 해당되는 말이다. 기업도 창업 정신이 숨쉬고, 사원들의 재주와 창조력이 넘치고 있는 동안은 성장한다. 그렇지만 한번 안정된 지위를 구축하면 경영은 안전 지향으로 기울고 이루어 놓은 것을 지키려는 자세가 강해진다. 그것에서 형식주의나 매너리즘이 만연하기 시작하는 것이다. 이것은 기업으로서는 "재능이 다하면 형식이 시작된다"고 하는 중대한 위험 신호인 것이다.

기업이 번영을 구가할 수 있는 기간, 즉 회사의 수명은 평균 30년이라고 한다. 경영에 안정과 안전 지향이 강해지기 시작하면 지난날의 성장이나 우량 기업도 쇠퇴기에 접어들었다고 보아도 된다. 회사의 수명을 연장하고 재활성화를 꾀하자면 "형식"이 시작되기 전에 새로운 "재능"을 환기하고 새 사업의 싹을 키워가지 않으면 안 된다.

[비슷한 말] 권위를 후퇴시키고 논하는 것은 재능을 이용하는 것이 아니라 다만 기억을 이용하는 것에 지나지 않는다.

재능이 있는 사람은 그 재능을 과시하라

★ 영리한 매는 먹이를 노릴 때 경계심을 주지 않기 위해 발톱을 숨겨 놓는다. 즉 정말로 실력이 있는 사람은 필요할 때밖에 그것을 과시하지 않는 것으로, 실력을 처음부터 과시하는 것은 소인이나 하는 짓이다.

그렇지만 현대는 그런 한가한 말을 하고 있을 때가 아니다. 숨기고 있으면 언제까지나 인정받지 못한다. 능력은 인정받고 활용해야 비로소 의미가 있으니 마음껏 실력을 과시하라는 것이 나(편자)의 주장이다.

세상은 PR 시대, 능력이 있으면 이쪽에서 적극적으로 팔아넘기는 것이 요구되며, 그렇게 한다고 해서 옛날처럼 무례한 사람으로는 생각하지 않게 되었다.

더구나 뛰어난 능력을 가지지 못한 자는 자기를 인정해 주기를 기다리고 있다가는 언제까지나 인정을 받지 못한다. 자기 쪽에서 적극적으로 인정을 받을 수 있도록 노력할 필요가 있다.

하기야 실력도 없으면서 있는 것같이 보이게 하는 것은 언젠가 가면이 벗겨지기 마련이다. 실력이 있고서야 비로소 해당되는 말이며, 이런 말이 가끔은 엉뚱한 결과를 초래할 수도 있음을 명심하자.

☆ 자기를 과시할 필요가 있는 비지니스맨, 세일즈맨, 또는 취업을 앞둔 학생을 상대로 인용할 수 있는 말이다.

적을 알고 나를 알면 백전(百戰)도 위태롭지 않다

★『손자(孫子)』의 모공편(謀攻篇).

이른바 손자 병법에서 이것은 이미 귀에 못이 박힐 정도로 익히 들어온 말이다. 하지만 변함없는 진리라는 것도 확실하다.

세상은 바야흐로 정보 선취시대로서 요컨대 적의 실상을 알고 있어야 한다. 상대방에 관한 모든 정보가 수중에 있으면, 그리고 자기 쪽에 대한 능력의 정도를 알고 있으면, 온갖 전략과 전술이 적절하고 신속하게 이루어지며 보다 효과적으로 싸울 수 있게 되기 때문이다.

그것은 또한 대응(對應) 작업이나 경비의 손실도 줄일 수 있다. 상대방의 약점을 알고 있으면 어떠한 싸움에도 자신을 가지고 임할 수 있으며 효율이 좋은 승리를 거둘 수 있다는 것은 의심할 여지가 없다.

백전(百戰)을 해도 두렵지 않다, 즉 위태롭지 않다고 가슴을 펼 수 있으며 위험한 싸움은 하지 않아도 된다.

☆ 영업 기획, 신규 사업 개발, 조사, 기획 회의 등에서 자주 쓰이는 말로서 버리기 아까운 진리이다.

정보 중시의 선구자적 명언으로서 주저하지 말고 "이기기 위해서는 방심이나 부실을 서로 경계하고 되도록이면 치밀하고도 많이 정보를 모으자."——고 결론을 지으며 인용할 수도 있을 것이다.

전쟁의 원칙을 단 한마디로 응집한다면 그것은 "집중(集中)"이다

★ 리델 하트의 말이다.

전쟁의 원칙은 몇 가지가 있다. 예를 들어 목적의 원칙, 주동(主動)의 원칙, 동일의 원칙 등이다. 그렇지만 가장 중요한 것은 "집중의 원칙"이라고 한다. 전략적으로 보아 결승점으로 생각되는 때와 장소에 가능한 한 모든 전투력을 결집하고 거기서 적의 거점을 격파한 뒤, 그 국면에 있어서의 부분적 우세를 확보함으로써 전체적으로 열세였던 전황을 역전시켜 유리하게 전개할 수가 있다는 것이다.

전투력을 집중하기 위해서는 결승점 이외의 국면으로 돌렸던 병력 및 직접적인 전투 이외로 돌렸던 병력을 되도록이면 절약하고 주된 전투에 돌려야만 한다.

전투는 최대의 비지니스라고 한다. 또 인생은 하나의 경영이라고도 한다. 전쟁과 비지니스와 인생에 공통된 점이 있다고 말할 수 있을 것이다. "프로는 유유히 일을 한다"고 하지만 A B C 관리라든지 중요성의 원칙 같은 것을 잘 터득하고 있어서, 급소를 누르고 무엇이 가장 중요한 과제인지 잘 판단해서 거기에 전력을 집중하고 있기 때문일 것이다. 부족한 힘이라도 한군데를 향해 송곳처럼 집중함으로써 몇 배나 되는 생산성을 올릴 수 있다.

☆ 기업에서는 예산이 없다, 인력이 없다, 시간이 없다는 식의 변명이 통용되고 개인으로는 능력이 없다는 식의 자기 변호가 많으므로 그런 장면에서 써 보고 싶은 말이다.

절대로 잘못한 적이 없는 자는 아무 일도 하지 않는 자 뿐이다

★ 로망 롤랑의 『장 크리스토프』 중에 나오는 대사이다.

복권을 사지 않으면 당첨도 되지 않는 대신 낙첨해서 손해를 보는 일도 없다. 무엇인가의 결과라는 것은 반드시 무엇인가의 행동에 따르는 것이다.

행동의 결과라는 것은 좋은 결과 뿐만 아니라 오히려 실패하는 쪽이 많을지도 모른다. 그렇지만 그 실패를 두려워하고 아무것도 하지 않는다면 인간에게 진보란 없다.

샐러리맨의 세계에서는 흔히 "늦지 말고, 쉬지 말고, 일하지 말고."라는 말이 있다. 격심한 경쟁하의 민간 기업에서는 이런 말이 통용될 수 없지만, 대조직의 멸점주의적(減点主義的) 인사의 조직체 같은 데서는 섣불리 무엇인가를 하고 실패해서 주목을 받기보다는 오히려 아무것도 하지 않는 쪽이 좋다고 생각하는 처세술이 뿌리박혀 있는 듯하다. 이러한 생각은 예전 같으면 정년이 가깝고 승진할 가망이 없는 중고년(中高年) 사원의 전매 특허 같은 것이었지만, 요즘은 입사한 지 얼마 안 되는 사원에게도 많다고 하니 참으로 한심한 일이다.

☆ 해이해진 직장 분위기에 얼마간 기합을 넣을 때의 스피치에 인용할 수 있을 것이다. 아무 일도 하지 않는 안일 무사주의적인 사원들에게 "활력"을 불어넣지 않으면 그 사원들의 직장 조직은 어느 틈에 죽고 마는 법이다.

정보가 많다고 해서 판단이 쉽다고는 할 수 없다

★ 나폴레옹 전쟁에서 활약한 프러시아의 장군인 칼 퐁 크라우제비츠는 『전쟁론』을 저술하고 수많은 병학상(兵學上)의 명언을 남겼는데, "정보가 많다고 해서 판단이 쉽다고는 할 수 없다."는 이 말은 각종 정보가 범람해 있는 오늘날의 사회에서 크게 생각해 볼 만한 말이다.

요즘은 프로 야구의 세계 같은 곳에서도 정보화 시대를 반영하고 정보의 수집 경쟁이 참으로 요란스럽게 이루어지고 있어 넌더리가 날 지경이다.

언제부터 이런 식으로 되었는지 확실치 않지만 시합 전에는 말할 것 없고 시합 도중에도 잇따라 많은 정보를 흘리게 된다면 선수들은 도리어 그 정보에 휘말려서 시합을 하기 힘들어지는 것이 아닐까?

예컨대 타자에 대해 투수의 배구(配球) 패턴이 어떻다는 것까지 기록자에서 전해지고 있는데 과연 그런 일까지 할 필요가 있느냐고 묻고 싶다.

크라우제비츠는 또 "싸움은 추측의 세계이며 조건의 4분의 3까지는 불확실하다."는 말도 남기고 있는데, 이런 것도 전란지세(戰亂之世)에 살았던 병학(兵學)의 대가만이 비로소 말할 수 있는 명언일 것이다.

☆ 정보, 정보라고 하여 부하들이 필요 이상으로 신경 예민이 되지 않도록 주의해야 한다.

정열은 결혼만큼 오래 지속되지 못한다

★ 유태의 속담.

서로 사랑하는 젊은 남녀에게는 애정이 전부이며 강한 사랑 앞에 불가능은 없는 것같이 생각한다. 또한 애정 이외에는 고작 성격과 취미 정도만을 문제삼고 그 이외의 공통점을 요구하는 것은 타산이나 불순한 것으로 처리하는 경향이 강하다. 그리고 정열이 높아진 가운데 결혼식에 임해 그 정열이 영원하기를 맹세한다. 그렇지만 그 불꽃은 곧 꺼지고 만다.

한편 결혼은 더 실제적인 것으로 구체적인 가계의 변동, 자녀의 진학, 늙은 부모의 부양 문제이거나 또는 자신들의 노후 대책이기도 하다. 가정의 영위란 것은 이같은 대소가 한데 어울린, 희비가 엇갈린 문제 해결에 쫓기는 나날의 연속이라고 말할 수 있을 것이다.

그런 의미에서 결혼 생활을 지탱하는 것은 냉정한 지혜이거나 생활 기술이거나 서로의 영리함이 되기도 한다. 이와 같은 생활의 현실적인 측면을 잊으면 상대방에 대한 기대가 지나치거나 혹은 서로에게 이기적인 면이 나오기도 해서 원만한 결혼 생활을 할 수 없게 된다.

결혼 생활을 오래 지탱하는 것이 결과적으로 무엇인지 그것을 파악한다는 것은 어려운 문제이겠으나 적어도 "정열"만은 아니라는 것은 확실하리라.

☆ 결혼식의 축사나 회사끼리의 결혼이라고도 할 회사의 합병, 제휴 등의 행사 때에 쓸 수 있는 말이다.

제반 사상(事象)은 지나가는 것인즉……

★ "……게을리하지 말고 수행을 실현해야 한다."는 말로 이어지는 열반경(涅槃經)의 한 구절이다.

석가 세존이 임종에 즈음해서 그때까지 신변에 있으며 헌신적으로 돌봐주던 사촌 아우 아난다의 비탄해 하는 모습을 보고 순순히 타이른 것 중의 한 단락으로, 세상에는 여러 가지의 사상(事象)이 생기지만 그러한 것은 모두 지나가는 것이다, 지나가는 것을 한탄하거나 구애받는다 해도 그것은 이미 어쩔 수 없는 일이니 오히려 미래를 향해 보다 의욕적으로 수행을 게을리하지 말고 "득도"의 실현에 힘쓰라는 뜻이다. 과거에 영광이나 혹은 불운이 있었다고 해도 과거는 과거이다.

빈농에서 입신해서 현재는 대만 재계(財界)의 총수로 일컬어지고 있는 왕영경(王永慶) 씨는 "과거의 실패와 성공은 운이라고 생각해도 오늘 이후의 미래를 운에 의지한다면 큰일이다."라는 말을 신조로 삼고 있다고 한다. 과연 지당한 말이라 생각된다.

☆ 판매 회의 등에서 정신력 강화 모임에 응용할 수 있는 말이다.

우리의 수행이란 정력적, 효율적인 판매 활동이며, 득도란 목표를 달성하는 것으로 그것이 수행의 실현에 해당된다고 할 수 있다.

"미래의 시작은 지금이다. 지금을 소홀히 하고 미래의 전개는 있을 수 없다. 지금을 소중히 여기고 지금 노력하지 않으면 언제 노력하느냐?"고 다그칠 수도 있다.

조강지처(糟糠之妻)는 당(堂)에서 내리지 않는다

★『후한서(後漢書)』의 송홍전(宋弘傳)에 있는 말이다.

조강(糟糠)은 지게미와 쌀겨를 말하는 것으로 가난한 살림을 뜻하며, 당(堂)이란 훌륭한 건물, 바깥쪽 방 등을 가리킨다.

가난한 시절에 고락을 같이했던 아내를 남편이 자기가 출세한 후에 소중히 여기지 않으면 남편도 행복하게 되지 않는다는 뜻이다.

아내는 남편이 모르는 가운데 경제적으로나 정신적으로 묵묵히 빈곤을 견디며 모든 것을 남편이나 자식들을 앞세우고 자기를 던져 남편을 뒤에서 받쳐왔을 것이다. 그러다가 생활이 좀 윤택해졌다고 해서 잊혀지는 존재가 된다면 있을 수 없는 일인 것이다.

남편도 그것을 눈치채지 못하거나 혹은 잊어버리고 마는, 이해심이나 온정이 없는 인간이라면 그 또한 행복한 인생은 보낼 수 없을 것이다. 과거의 가난한 시절을 회고하고 아내의 노고를 위로해 주는 것이 더 나아가서는 자기의 행복에 이어지는 길이다.

기업에 있어서도 회사가 고난을 겪은 시절에 회사를 받쳐 주었던 보좌역의 부하를 잊지 말고 그 노고에 보답해 주어야 한다.

☆ 은혼식, 금혼식 등에서의 인용은 말할 것도 없고 회사의 여러 모임의 자리에서도 지난날의 부하에게 보내는 말로서 인용할 수 있다.

조심스럽지 못하면 눈앞에 근심이 닥치게 된다.

★『논어(論語)』의 한 구절.

여기서 말하는 '조심스러움'이란 평소에 쓰이고 있는 의미와는 달리 "깊이 생각하다, 숙고하다"의 뜻이다. 사람이란 먼 앞날까지 깊이 생각해서 대책을 세우지 않으면 반드시 가까운 앞날에 걱정스러운 일, 즉 성가신 문제가 생기는 법이다.

또한 현대적으로 해석하면, 사람이라는 것은 남에게 대해 상응하는 조심스러움이 없으면 "모난 돌이 정 맞는다"라든지 "눈에 띄고 싶어하는 사람은 두들겨 맞는" 결과가 된다는 훈계로 이해할 수도 있을 것이다.

경영 환경의 변화는 피할 수 없는 것이지만 사전에 그 변화를 예견하고 필요한 방법이나 정신력을 기른다는 조심스러움이 있다면 손실도 얼마간은 제거할 수 있을 것이다. 하기야 환율이 급속하게 오르내리면 조심스러움을 따질 처지도 못 되고 닥치는 근심의 연속 때문에 그야말로 금융기관에 매일 출근해야 하는 사태가 벌어지지만…….

☆ 장기 전략에 관한 연수회나 계획성 등의 이야기에서 인용할 수 있을 것이다. 그 외에도 사람과 사람과의 교제나 인간 관계를 현대식으로 해석하고 이야기할 때에도 응용할 수 있는 말이다.

조심은 용기의 대부분이다

★ 충분히 조심한다는 것은 비겁자의 구실이 아니다. 오히려 용기를 나타낸 것이라는 뜻이다. 그리스의 비극 시인, 유리피데스의 격언에서 비롯된다고 한다.

셰익스피어의 『한여름 밤의 꿈』5막 1장에 "이 사자는 용기로 말하면 기껏해야 여우일 것입니다. 그리고 지혜 분별로 말하자면 거위일 것입니다."라고 인용되어 있다.

"뭐, 이 정도 쯤이야 아무렇지도 않아요."라고 하는 어리석은 자의 용기로 인해 비극적인 결과가 도출되는 경우도 적지 않다. 여자 친구에게 근사하게 보이기 위한 과속 운전, 철책을 망가뜨리는 것만으로 끝난다면 다행이겠지만…….

준비 부족, 조사 부족인 채 질주하다 회사와 협력자에게 손해를 입히는 것 등도 똑같은 경우이다.

우유 부단, 비겁, 소극적이라는 말 같은 것은 듣고 싶지 않다 ── 남성에게는 그런 소박한 성벽(性癖)이 있다. 굳이 그 비방을 들으려고 하는 인간이야말로 진정으로 용기 있는 자일 것이다.

☆ 누구에게나 해당되는 속담이지만 특히 중소기업 경영자에게 선사하고 싶다. 새 기획은 연달아 낼 필요가 있다. 그리고 의사 결정도 하지 않으면 안 되지만 그것은 어디까지나 정확한 상황 판단이 기초가 되어야 한다. 확신을 가지기까지는 "나는 배짱이 없어서……" 하는 것은 정말로 배짱이 없어 그러는 것이 아니니 무방하다.

[비슷한 말] 군자는 만용을 부려 위험한 짓을 하지 않는다.

좋게 시작된 일은 반은 끝난 것이다

★ 서양 윤리 사상의 창시자, 소크라테스의 철학을 전승 발전시켰던 고대 그리스의 대표적 철학자 플라톤의 말이다.

좋게 시작된 일, 즉 사전에 계획을 충분히 짜고 일에 필요한 것을 갖추고 난 뒤 시작한 일은 별 문제 없이 진행되는 법이다. 따라서 이것으로 일은 이미 반은 완료된 것과 같다는 뜻이다.

동서 고금에 걸쳐 일을 추진하는 방식의 철칙에는 변함이 없다. 처음에 계획을 입안할 때의 시비가 성과에 크게 영향을 준다. 아무리 좋은 착상이 있어도 주도한 계획이 따르지 않고서는 일의 완성은 있을 수 없는 것이라고, 이미 기원전의 선현들은 가르치고 있는 것이다.

☆ 신입 사원에게 "일의 추진법"에 관해 훈시하는 장면 등에서 인용할 수 있는 말이다.

일의 추진법에는 동서 고금부터 불변의 철학이라는 것이 있다. 그것은 Plan(계획), Do(실시), See(검토), 즉 PDS의 원칙이다. 우선 첫째로 계획, 이 계획의 좋고 나쁨에 따라 일의 추진법과 성과가 좌우된다. 이런 당연한 일이 의외로 지켜지지 않아 실패하는 사례도 많다. 흔히 모처럼의 좋은 착상이 아이디어만으로 끝나는 경우가 있는데, 이것도 실현에 대한 계획과 준비가 충분히 따르지 않았기 때문에 생기는 경우가 많다.

【비슷한 말】 시작이 좋으면 끝도 좋다.

좋은 고객은 3년이 지나도 가게를 바꾸지 않는다. 좋은 가게는 3년이 지나도 고객이 바뀌지 않는다

★ 중국의 속담.

대체로 여기에서의 가게란 것은 음식점을 가리키는 말인 듯하다. 가게로서 고마운 고객이란 편애해 주고 변덕스럽지 않은 손님이다. 반대로 고객의 입장에서 보면 좋은 가게란 것은 싫증이 나지 않게 하고 언제나 충분히 서비스를 해 주는 가게이다. 그리고 그같은 가게는 단골을 실속 있게 확보하고 있는 법이다.

3년이란 것은 물론 비유이지만 오랫 동안 같은 손님을 가게에 오도록 하자면 나름대로의 노력과 궁리가 필요하다. 요즘 세상처럼 값이 이내 오르고 맛도 날마다 바뀌며 점원이 늘 바뀌는 가게에서는 단골이 생기지 않는다.

겉보양을 바꾸고 손님을 끌어보자는 가게가 부쩍 많아졌다. 그렇지만 눈앞의 손님을 찾거나 돈을 잘 내는 손님에게 영합하는 것이 아니라, 모든 고객에게 있어서 필요한 가게가 되는 것이 오래오래 가게를 번영시키는 길이다.

☆ 음식의 나라라는 말을 듣는 중국의 속담이니 음식점 경영자나 종업원에게 적합한 말일 듯싶다. 그 밖에 소매점에도 해당되는 말이다. 3년은 본래 영구적이라는 의미이지만 템포가 빠른 현대에서는 3년이라도 대단하다는 기분을 가지게 된다. 고객을 만드는 마음가짐의 소중함을 일깨워 주는 말이다.

좋은 얼굴이 추천장이라면 좋은 마음은 신용장이다

★ 영국의 작가, 블버 리튼의 말이다.

흔히 미인은 득을 본다고 하는데 맞는 말이다. 미인이나 미남자에게는 초면이라도 흥미를 갖게 된다. 또 미인이나 미남자가 아니더라도 호감을 주는 사람이 있다. 그와 같은 사람의 방문을 받으면 한번 얘기를 들어보자는 마음이 생긴다.

비지니스의 세계에서 말하자면, 실적이 나쁜 영업 사원은 어딘지 맥이 풀린 얼굴을 하고 있다. 실적의 부진이 그대로 얼굴에 나타나서 자신이 없는 듯한 느낌을 준다. 고객 쪽에서는 권하는 상품도 어쩐지 조작품 같은 느낌이 들어서 사려는 마음이 생기지 않는 법이다.

그렇지만 자신이 있는 사람은 표정이 다르다. 자신이란 것은 마음의 상태로 마음을 어떻게 가지느냐에 달린 것이다. 즉 신용을 받느냐 못받느냐 하는 것은 자기의 입장에 맞는 좋은 마음을 가짐으로써 결정된다. 고객에게 있어서 이것은 절대로 좋은 이야기라고 생각되면 자신이 생겨 자연히 얼굴도 좋은 표정이 된다.

☆ 좋은 마음을 "양심(良心)"으로 보게 되면 응용 범위가 좁아진다. 대상자에 맞추어서 "좋은 마음"의 내용을 바꾸어 가도록 하는 쪽이 좋다. 접객을 직업으로 삼고 있는 비지니스맨, 점원, 직장 여성 등을 대상으로 인용할 수 있는 말이다.

주(紂)의 신하는 억만이 있어도 이것은 억만의 마음, 주(周)의 신하는 3천이 있어도 이것은 일심(一心)

★ 표제의 구절은 구양수의 『붕당론(朋黨論)』에 있지만 출전은 『서경(書經)』으로 "수(受)는 신(臣) 억만(億萬)이 있어도 이것은 억만의 마음, 우리는 신 3천이 있을 뿐이지만 이것은 일심(一心)이다."라고 적혀 있다.

그 뜻은 은나라의 주왕(紂王)에게는 매우 많은 신하가 있었지만 모두 각자 제멋대로의 생각이 있다. 이것에 비해 주(周)나라 무왕의 신하는 불과 3천명에 불과했지만 모두 한마음이 되어서 싸움에 승리할 수 있었다는 것.

임진왜란 때만 해도 왜군의 대군선을 맞아 중과 부적이었지만, 한산도에서 적선 70여척을 불질러 대첩한 이순신 장군은 주나라의 무왕에 못시않은 명시휘관이었다고 할 수 있을 것이다.

흔히 "중과 부적"이라는 말을 하는데 결코 그렇지는 않아, 고금 동서의 전사(戰史)를 펼쳐보면 적은 병사로써 대군을 이긴 예는 얼마든지 있다.

전력이란 양과 질이 상승적(相乘積)이기 때문에 양의 부족은 질에 의해 보완하면 되는 것으로 이것이 곧 소수 정예주의(精銳主義)이다. 이 군단을 종횡으로 구사하게 되면 전장에서 상당한 전과를 올릴 수 있는 것인데, 그것은 두말없이 지휘관의 통솔 수완에 달려 있다고도 할 수 있으며 그 외는 천운에 의하는 바가 크다.

☆ 사원의 마음을 긴장시키고 일치 단결을 호소하려고 할 때에 인용할 수 있는 말이다.

지구는 푸르다

★ 1961년 4월, 인류 최초의 우주 비행을 성취한 소비에트의 가가린이 말한 지구의 첫인상이다.

당시의 신문을 보면 "마젤란이 무려 3년이나 걸려서 지구를 돌았는데도, 그는 무게 4.7톤의 우주선 보스토크 1호로 불과 한 시간 반만에 한 바퀴를 돌았다."는 식으로 소개하고, 그 담화로서 "하늘은 어둡고 지구는 푸른기를 띤 것같이 보였다."는 글이 실려 있다.

지구를 인간의 눈으로 볼 수 있고 게다가 그 색깔이 상상을 초월해서 푸른기를 띠고 있었다는 것에 사람들은 충격을 받았다.

그로부터 8년 후가 되는 1969년 7월, 이번에는 미국의 아폴로 11호의 암스트롱 등 세 명의 비행사가 달에 착륙했다. 그때 달 표면에 첫발을 내린 암스트롱의 말도 인상적이었다. "한 인간에게 있어서는 작은 한 걸음이지만, 인류에게 있어서는 위대한 비약이다."

☆ 가가린의 비행에서 25년이나 지난 1986년 1월, 우리의 눈앞에서 미국의 챌린저 호가 폭발하고 7명의 승무원이 사망했다. 그래도 인류는 위험을 무릅쓰고 끊임없이 우주 개발에 도전한다.

"이 일은 하지 않으면 안 된다. 그것이 붉은지 푸른지 우리가 직접 확인해야만 하는 것이다." 하고 위험한 대사업을 착수하지 않으면 안 될 때도 있다.

"지금이 최악이다"라고 말할 수 있는 동안은 아직 진짜 최악의 상태가 아니다

★ 셰익스피어의 비극 『리어왕』의 제4막 1장에서의 그로스터 백작의 아들 에드거의 방백(傍白).

이복 동생 에드먼드의 중상에 빠져 부랑자의 차림으로 변장하고 도망친 에드거가, 마찬가지로 에드먼드의 밀고에 의해 두 눈을 도려낸 채 추방되어 죽을 것을 결심하고 황야를 헤매는 아버지 그로스터 백작과 재회한다. 자식이라는 것을 깨닫지 못하는 아버지의 비참한 모습을 보고 "하지만 내일부터는 더 심해질지도 모른다. 지금이 최악이라고 할 수는 없다, 나 자신 '지금이 최악이다' 라고 말할 수 있는 동안은." 하고 자신에게 타이른다.

최악의 상태라든지 밑바닥이라는 말을 안이하게 내뱉는 사람이 있다. 그렇지만 그렇게 말할 수 있는 것은 아직도 얼마간이라도 여력이 남아 있기 때문이다. 에드거가 말하듯이 성말로 최저나 최악일 때에는 도저히 그런 말 같은 것은 나올 수가 없는 것이다.

☆ 경영 환경의 가혹함을 자각시키는 훈시, 또는 슬럼프 해소법을 역설하는 연설 등에도 인용할 수 있을 것이다.

"지금 최악의 상태예요."라는 식으로 성적부진을 슬럼프 탓으로 돌리고 적당히 태업하는 비지니스맨을 보게 되는 적이 있다. 그렇지만 유능한 비지니스맨은 성적 부진을 슬럼프 탓으로 돌리려고 하지 않는다. 마음속으로 고민하면서도 최악이라는 식으로 말하지 않고 본래의 자기를 되찾으려고 노력한다. 그 차이가 가져다 주는 것은 크다.

지나친 무례함은 경멸을 낳게 한다

★ 친함이 지나쳐 너무 버릇이 없으면 서로 싫어하게 되는 일이 흔히 있다는 뜻의 서양 속담.

셰익스피어의 희극 『윈저의 쾌활한 아내』 중 "친해짐에 따라 업신여김을 받을 것입니다.", 또 영국의 소설가 안소니 트로랩의 『그는 자기가 옳다는 것을 알고 있었다』에서는 "아마도 내가 날마다 테니슨이 말하는 걸 들었다면, 이미 테니슨의 작품을 읽어보고 싶지 않았을 것입니다. 실제로 너무 버릇없게 되면 어처구니없어지고 마니까요."라고 인용되어 있다.

친한 사이일수록 예의가 있어야 한다는 말로써, 확실히 부부이든 친구이든 동료이든 간에 지나친 무례함은 파탄의 원인을 만들지도 모른다. 자계(自戒)해야만 한다.

별로 친하지 않을 때는 서로 긴장하고 있기 때문에 큰 잘못은 없다. 그러나 인간은 시간의 경과와 함께 긴장감이 풀어지기 마련이다. "이 정도면 될 것이다. 친하니 어떻게 이해해 주겠지." 하고 제멋대로의 해석을 무의식중에 하게 된다. 어리광이고 방심이다.

☆ 상대방이 싫어하는데도 그것을 깨닫지 못하는 사람이 있다. 그런 친구에게 넌지시 말해 주고 싶다. "고립(孤立)을 깨닫기 전에 어리광의 구조를 깨뜨리라."

상대방의 품에 흙 묻은 발로 뛰어든다고 하는 표현이 있다. 판단은 어렵지만, 개인적인 문제에 이쪽에서 참견을 하지 않는다는 기준을 만드는 것도 하나의 방법일 것이다.

지(智)는 마치 물처럼, 흐르지 않을 때는 곧 부패한다

★ 북송(北送)의 명신(名臣)으로, 진종(眞宗)에게 사사해서 이부 상서(吏部尙書)가 되고, 진주의 지사를 역임했던 장영(張詠)의 말에 "지(智)는 마치 물처럼, 흐르지 않을 때는 곧 부패한다."는 명언이 있어 주희(朱熹)가 엮은『송 명신 언행록(宋名臣言行錄)』에 수록되어 있다.

이는 물은 흐르지 않으면 부패해 버리는데, 인간의 지혜도 그것과 비슷한 것으로, 사용하지 않고 있으면 어느덧 쓸모없게 된다는 뜻이다.

하지만 이것으로는 너무 직역적(直譯的)이어서 약간 활용하기 힘들므로, 좀더 단적으로 표현한다면, 인간의 지혜라든지 지식이란 것은 세상의 움직임에 따라 물이 흐르는 것처럼 술술 막힘없이 새로와시시 않으면 시대에 뒤늦어시 쓸 수 없는 것이 되고 만디. 즉, 이것은 머릿속을 세상의 어떠한 흐름에도 즉응할 수 있도록 유연한 상태로 해 놓으라는 뜻으로, 이것이 얼마나 중요한가는 더 말할 나위 없다.

☆ 기분을·새로이 하여 일에 임하는 새해의 훈사(訓辭) 등에 안성마춤이다.

지도자에 대해서 주어지는 즉각적인 매스콤의 심판은 자주 역사라는 상급심(上級審)에서 역전된다

★ 리차드 닉슨의 『지도자란?』에 나오는 구절이다.

「워싱턴 포스트」의 워터게이트 사건 추적을 계기로 대통령직을 사임하고 또한 텔레비전의 토론에서 이미지가 나빠 케네디에게 패한 적이 있는 닉슨은 매스콤을 싫어한 모양이다. 그렇지만 결코 감정적인 것이 아니고 필사적으로 직무를 수행했던 정치가로서의 실감이 담겨진 말이다.

칠레의 아젠데, 이집트의 나셀, 중국의 모택동 등은 죽었을 당시에는 매스콤의 취급은 성자(聖者)였지만 세월이 지남에 따라 그 결점이 밝혀지게 되었다. 팔레비의 죽음도 많은 찬사와 비방 속에 휩싸였지만 나는 이제부터 진가가 인정될 것으로 생각한다——고 닉슨은 말한다.

이승만 등 한국의 정치가의 평가도 달라지고 있다. 역사의 평가 시간은 항상 길다.

☆ 지도자되는 사람은 그때 그때의 세평에 신경을 쓰게 되면 아무 일도 이루지 못한다. 또 업적도 마찬가지여서 그 진가는 먼 훗날에야 인정되는 경우가 많다. "소신껏 일하자."고 기합을 넣을 때에 인용할 수 있는 말이다.

지도하는 것은 더불어 희망을 얘기하는 일이다

★ 교육 격언의 하나로 이해하여 주기 바란다.

"지도"라고 하면 마치 지도하는 쪽의 인간은 지도를 받는 쪽의 인간보다도 지식, 기능, 경험이 다같이 뛰어나고 인격이 고결한 자로서 자기보다 못한 자를 가르치고 이끄는 것이라는 이미지가 강하다.

확실히 지도에는 그런 측면이 있으며 그렇기 때문에 지도하는 쪽의 인간은 한결같이 지도를 받는 쪽의 인간보다도 지식, 기능, 경험 다같이 풍부한 자가 맡는 경우가 많다. 그렇지만 글의 뜻대로만 해석한다면 지도할 수 있는 인간 같은 것은 세상에 한 자밤 정도도 존재하지 않고 고작 좀 나은 정도의 지도자 뿐일 것이다. 지도자에게는 "가르친다"는 것도 중요하지만 오히려 함께 꿈이나 희망을 이야기하는 것에 의해서 큰 성과를 얻을 수 있다.

예를 들어 젊은 벽지 교사가 섬 어린이들에게 꿈과 희망을 인겨주고 스포츠팀을 훈련해 소년 체전에서 우승한 예도 있다.

☆ 교육 현장이나 기업의 부하 육성을 할 입장에 있는 사람들에게 적용되는 말이다. 다만 더불어 희망을 이야기한다는 것은 지도하는 자와 지도를 받는 자 사이에 애정과 신뢰가 없으면 단지 이야기로 끝나게 되고 만다.

지불(支拂) 능력은 전적으로 기질 문제이지 수입의 문제는 아니다

★ 영국의 영문학자 로건 P. 스미스의 경구(警句).

인간 관계에 돈이 얽히게 되면 귀찮은 일이 일어나기 쉽다. 지불하라, 지불할 수 없다는 문제들이 생기기도 한다. 그렇지만 이 세상의 얽매임 속에 누구나 금전 관계와 무관할 수는 없다. 그래서 스미스는 말한다. "물건을 팔든 돈을 빌려주든 곤란한 문제에 말려들지 않으려면 제일 먼저 상대방의 인간성을 살펴 보라."

또한 지불 능력이란 것은 상대방의 수입 이전에 인간성을 문제삼아야 하는 것으로, 아무리 부자나 친한 사람이라도 방탕한 성격을 가진 자나 신의가 없는 인간에게는 절대로 금전상의 대차관계를 가질 것이 못 된다고 경고하고 있다. 생각컨대 이것은 현대의 비지니스에서의 여신(與信) 문제에도 통하는 지당한 말이라 할 수 있을 것이다.

☆ 영업 사원이나 조사 담당자에게 여신 관리에 관해 훈시할 경우에 인용할 수 있는 말이다.

개인간의 금전 대차는 물론이거니와 판매나 자재 구매에 따른 신용 공여(供與)에 있어서도 해당되는 말이다. 신입 영업사원들이 받아낼 수 없는 채권의 회수로 고생하고 있는 예를 보면, 실적의 확보를 서두른 나머지 신용 조사도 불충분한 채로 억지 판매를 하고 나중에 곤란을 당한다. 그것도 의외로 고객의 금전적인 지불 능력보다도 생활 태도나 인격면에 관한 조사에 결함이 있어서 문제가 생기는 경우가 많다.

지상에는 원래 길이 없다. 다니는 사람이 많아 지면 그것이 길로 되는 것이다

★ 근대 중국 문학의 아버지로 일컫는 노신(魯迅)의 말이다.

누군가가 먼저 걸어간 길은 편안하지만, 선구자라는 것은 직접 자신의 길을 개척해 가지 않으면 안 된다. 선구자는 항상 고독하다. 때로는 길을 잘못 들어선 것이 아닌가 하고 뒤돌아보게 될 때도 있을 것이다. 그러나 이 말 속에는 자기 뒤로 누군가가 따라와서 자기가 낸 발자취가 큰 길이 되리라는 자신감이 나타나 있다.

문화의 발전이나 발명, 발견이라는 것은 이 말처럼 항상 길 없는 길을 처음에 지나갔던 사람들의 위업에 의한 것이다. 물론 개중에는 그 뒤를 잇는 자가 없어 없어진 길도 있겠지만…….

현대 문명은 우주로 전개되려고 한다. 앞으로도 수많은 모험이나 발명, 발견을 위해 많은 선구자들이 길을 만들어가게 될 것이다. 어쩌면 그러한 모험이 아니더라도, 우리가 살아가는 매일의 생활에있어서 길도 없는 국면에 맞서서 나가지 않으면 안 되는 일도 수없이 생겨나게 될 것이다.

☆ 새로운 일을 하려고 하는 사람들에 대한 격려, 개점 축하나 개업 축하, 결혼식의 축하 등에 인용할 수 있는 말이다.

지식을 가진 자는 말을 절제한다

★ 구약 성서의 잠언 제17장 27절과 28절에 "말을 아끼는 자는 지식이 있고……, 미련한 자라도 침묵하면 지혜로 여기우고 그 입술을 닫으면 총명한 자로 여기우니라."는 구절이 있다.

"조용한 강물은 깊게 흐른다"는 유의구(類義句)도 있다. 영국의 소설가 안소니 틀로랩도 『그는 자기가 옳았다는 것을 알고 있었다』에서 "저것이 나의 소리없는 강입니다. 그녀는 참으로 깊습니다. 그리고 아주 차분하고 현명합니다."라고 인용하고 있다.

아무것도 모르는 사람일수록 말이 많은 법. 자기에게 지식이 없다는 것을 알고 있는 만큼 남에게 지지 않으려고 뻐기는 것이라면 그래도 귀염성이 있다.

지껄여대는 사람은 대개 자기의 수준을 알지 못해 실소를 사고 있는데도 깨닫지 못하는 불행한 인간이지만, 어쩌면 행복한 인간인지도 모른다.

☆ 내용이 없는 얘기를 장황하게 늘어놓는 것 만큼 지루하고 화나는 일은 없다. 예를 들어, 회의의 흥이 깨지는 것도 누군가의 공허한 말의 나열이 원인이다. 정색하고 주의를 줄 수 없는 상대방의 발언이면 더 한층 조바심이 난다.

그렇지만, 부하나 동료에게라면 말할 수 있다. 물론 능숙하게 말할 필요가 있다. "사나이는 얄팍한 지식으로 창피를 당하기보다, 남의 말에 귀를 기울이는 쪽이 볼품이 있는 거야."라고.

[비슷한 말] 지식은 힘이다.

지옥은 좋은 목적으로 포장되어 있다

★ 영국의 그리스도교 전도자인 존 웨즐리의 『일기(日記)』에 나오는 구절.

이렇게 저렇게 하자고 아무리 좋은 아이디어를 짜도 실행되지 않는다면 의미가 없다. 기회를 놓쳐 기획이 채택되지 않고 사장되면 뒤에 남는 것은 실의와 후회 뿐이다. 끝내 햇빛을 보지 못했던 뜻이 지옥에 만연해 있는 것이다.

"지옥은 좋은 의도로 포장되고, 놓치게 된 기회의 지붕이 달려 있다."(포르투갈), "지옥은 좋은 뜻과 좋은 원망(願望)으로 차 있다." (프랑스) 등의 비슷한 구절이 있다.

적어도 하겠다는 마음이 있는 자에게는 지옥을 포장할 가능성도 적지않게 따라다닌다. 비온 뒤엔 개이고 성공이 있으면 실패도 있는 법, 실패를 두려워하여 주춤거리고만 있으면 기회가 왔을 때에 결정적인 기술을 쓰지 못하게 된다.

☆ 연속적으로 좋은 아이디어를 내지는 못한다. 다만 아이디어를 낳는 노력을 게을리하면 확실히 악화(惡化)의 일로를 걷게 된다는 것. 특히 중소 기업에 대해서 말할 수 있다. 중소 기업의 사장님께 꼭 이렇게 말하고 싶다. "틀림없이 좋은 아이디어로 천국을 포장할 수 있읍니다."

자금력, 정보 수집력, 개별적인 사원의 자질로는 대기업에 맞설 수 없다. 대기업이 손을 쓰지 못하는 분야에서 머리와 몸을 마음껏 가동시켜야만 할 것이다.

지혜를 좋아하는 사람은 참으로 많은 일을 추구하는 사람이 아니면 안 된다

★ 기원전 5세기 무렵의 그리스 철학자 헤라클레이토스의 말이다. 여기서 지혜란 무엇인가? 새로운 사고 방식이나 방법을 낳게 하는 것, 즉 아이디어로 이해하면 된다. 즉 아이디어를 낳으려고 하는 사람은 일에 대하여 많은 지식을 추구하는 사람이라는 뜻이 된다.

아이디어란 것은 어느 날 갑자기 번득이는 것이 아니라 그 전제로서 실로 많은 지식이 축적되고 그러한 지식이 엮어져서 생겨난다. 말하자면 아이디어란 것은 그 사람이 축적하고 있는 지식이나 경험의 양에 비례하는 식의 형태로 생겨나고, 그에 따라 아이디어 크기도 변화하게 된다.

그리고 또한 여기서 "추구한다"는 것은, 그 사항이나 주변에 관해 "알지 않고서는 견딜 수 없는" 마음으로 이해하고 싶다. 즉 "왜일까? 정말 그럴까?" 하는 문제 의식을 가지고 사상(事象)을 바라보며 알고자 하는 정신을 말한다. 그것에서 새로운 아이디어가 생겨나기 마련인 것이다.

☆ 창조성 개발 연수 등에는 최적이지만 구애받을 필요는 없다. 상품 개발 회의, 판매 회의, TQC (종합적 품질 관리) 등에서의 훈시적 인사로 응용할 수 있는 말이다. 단, 사생활은 추구하지 않기 바란다.

직감이라고 하는 것은 사실상 논리적 추리나 경험에 의거한 인상을 말하는 것이다

★ 영국의 여류 추리 소설가 아가사 크리스티의 『ABC 살인 사건』 중에서.

아시는 바와 같이 거드름장이 명탐정 에르퀼 포와로의 대사이다. 특기인 "회색의 뇌세포"를 가동시켜서 포와로는 어려운 사건을 멋지게 해결한다. 여느 때와 마찬가지로 관계자를 모아 놓고 사건의 추리를 전개한다. 그의 말에 의하면 사소한 사항이나 하찮은 부분에도 미심쩍은 생각을 품는다. 그것은 흔히 직감이라고 하지만 사실은 경험이라든지 논리적 추리의 결과로서 가지게 되는 정신적 작용, 즉 인상이라고 할만한 것이기도 하다.

예리한 육감이나 직감 같은 것은 천성적인 것으로 생각하기 쉽지만 반드시 그렇지는 않다. 길러낼 수도 있는 것이다. 육감이나 직감은 학습이나 경험에 의해 "회색의 뇌세포"에 축적되었던 방대한 기억(정보)이 그 사람이 지닌 문제 의식에 촉발(觸發)되는 꼴로 번득이게 되는 것이다.

지식이나 경험의 뒷받침이 없는 직감은 단순한 어림짐작에 불과하다. 위대한 생화학자 파스퇴르도 말하고 있다. "직감의 번득임은 그것을 얻으려고 오랫 동안 준비와 고심을 한 사람에게만 주어진다."고.

☆ 선견성(先見性)에 대해 이야기할 때에 인용할 수 있는 말이다.

발상이란 요컨대 정보를 엮은 것이다. 평상시에 유용한 정보를 뇌세포에 축적해 놓지 않으면 예리한 육감이나 직감의 번득임, 뛰어난 발상은 있을 수 없다.

진정한 남성은 두 가지의 것을 원한다. 위험과 유희(遊戲)이다

★ 니체의 『짜라투스트라는 이렇게 말했다』에 나오는 대목이다.

이 구절 다음에는 "그래서 그는 여성을 가장 위험한 유희로서 바란다"고 이어진다.

이것은 남성의 본성을 어느 정도 포착한 말이라고 할 수 있다. 무슨 일에든지 위험을 무릅쓰고 모험심이나 도전 정신을 키울 수 없는 남자는 남자답지 못하고 성장도 하지 못한다.

한편으로 즐기려는 마음도 왕성해서 무엇이든지 놀이의 대상으로 삼아 버리는 것도 남성의 특기이다. 남성에게 있어서 요상한 독성과 악마성을 가진 것같이 보이는 여성이란 것은 도전할 가치가 있는 "위험"임과 동시에 마음을 들뜨게 하고 위로해 주는 "유희(遊戲) 상대"일 수 있는 것이다. 이리하여 많은 남성들이 위험한 함정에 빠지고, 한편으론 많은 여성들이 농락당하고 버림을 받게 된다.

☆ 일반적으로 이 구절의 적절한 인용 장면은 없지만 겉만 요란하고 내용이 없는 남자에게 열을 올리는 딸에 대한 설득 장면에 쓰일 수 있는 말이다.

짊어지는 방법 여하에 따라 무거운 짐도 가볍다

★ 필딩의 『톰 존스 이야기』의 한 구절.

"사람의 일생은 무거운 짐을 짊어지고 언덕길을 가는 것과 같다."는 말이 있듯이 확실히 인생이라는 것은 무거운 짐을 짊어지고 가는 고난의 길이라고 할 수 있다.

누구나 남의 입장에서 보면 대단한 일이 못 될지 모르나 사람에 따라서는 주택 자금이나 회사 경영의 "무거운 짐"을 짊어지고 날마다 조바심한다.

그런데 "짊어지는 방법 여하에 따라 무거운 짐도 가볍다"는 것은 사람마다의 무거운 짐도 짊어지는 기술의 측면과 마음가짐이라는 심리적 측면을 바꾸어 보면 가벼워진다는 것이리라. 등산에서 짊어지는 커다란 배낭도 그 짐의 내용을 순서 있게 정리해서 등에 착 붙게 하면 무게는 줄어든다.

그런데 배낭의 중량은 변하지 않아도 오랫 동안 짊어지고 걷게 되면 차츰 무겁게 느껴진다. 이 무게를 경감시키는 것은 정상에 선다거나 목표에 도달하는 희망이며 기쁨이다. 이것은 심리적인 것이다.

인생의 무거운 짐도 기술과 마음가짐에 따라 가벼워진다는 것을 시사하는 말이라고 할 수 있다.

☆ 일이나 생활의 중압—이라고 본인은 생각한다—에 지치고 눌리어 쓰러진 자를 격려하는 말로서 인용할 수 있을 것이다. 이런 경우 교훈조로 말하는 것은 삼가야 한다.

집안 사람에게 잘못이 있어도 그 즉시 화내지 말라

★ "집안 사람에게 잘못이 있어도 그 즉시 화내지 말라. 또한 경기(輕棄)하지도 말라. 이 일을 말하기 거북하면 다른 일을 빌려서 은근히 이것을 풍자하라. 오늘 깨닫지 못하면 내일을 기다려 다시 이것을 타이르라. 봄바람이 얼음을 녹이는 것처럼, 화기(和氣)가 얼음을 없애는 것처럼 자연스럽게 하는 것이 가정의 형범(型範)이니라."(『채근담(菜根譚)』)

집안 사람의 잘못에 대하여 심하게 야단치면 안 된다. 또 경시하고 내버려 두는 것도 좋지 않다. 그 잘못을 직접 말하기 거북하면 다른 일을 구실삼아 타이르도록 해야 한다. 지금 이해하지 못하면 다른 날 기회를 봐서 주의를 주라. 봄바람이 불어서 따뜻해지고 얼음이 녹듯이 아주 자연스럽게, 그리고 온화하게 교육하는 것이 집안 사람의 잘못에 대한 바람직한 태도이다. 노여움을 나타내지 않는 것이 훌륭한 가정이라고 할 수 있는 것이다.

☆ 누구나 경험하는 일이지만, 큰 소리로 고함치거나 가혹하리만치 심하게 야단을 치게 되면 자신에게 잘못이 있다고 인정해도 마음속으로는 반발하고 싶어지는 법이다.

야단치는 방식, 주의시키는 방식 하나로 사람의 감정이 크게 움직이고 내용이 같더라도 말씨에 따라 사람의 마음이 좌우되는 것이다. 어버이와 자식, 남편과 아내, 시어머니와 며느리 사이에 일어나는 싸움의 원인 중에는 말하는 태도에 의한 것이 차지하는 비율이 크다고 할 수 있다.

[비슷한 말] 화가 날 때에는 열을 세라. 노여움이 더 심하거든 백을 세라.(제퍼슨)

쪽에서 나온 푸른 물감이 쪽보다 푸르다

★ 유서(儒書)에 의하면 순자는 "학문은 한없이 진보하는 것이다. 예컨대 청색(靑色)은 남옥(藍玉)에서 만들어지지만 그 쪽[藍]보다도 푸르다. 학문의 길도 언젠가는 스승을 능가할 정도에까지 이르른 뛰어난 제자가 나타나게 되는 법이다."라고 말했다 한다.

그래서 스승보다도 나은 제자를 가리켜 "출람(出藍)의 명예"라고 부른 것인데, 우리 나라에서는 오히려 어버이보다도 훌륭한 자식을 가리켜서 쓰이는 것이 습관이 되어 있는 듯하다.

순자는 본명이 순황(荀況)으로 그의 저서를 순자(荀子)로 불렀던 것인데, 이것이 어느덧 그 자신을 가리키게 되었다. 맹자가 인간의 성선설을 주장한 데 대해 순자는 "성악설(性惡說)"을 제창하고 외적인 법 규제, 즉 예(禮)에 의해 인간을 정도로 오르게 해야 한다고 주장하고 이른바 "법가 사상(法家思想)"을 주창했다. 그 문하에서는 한비(韓比)나 이사(李斯) 등이 나와서 크게 이름을 떨쳤는데, 그들은 필경 "출람의 명예"의 시초라고 할 수 있지 않을까?

☆ 결혼식이나, 사법(司法) 또는 의사 등의 난관을 통과한 축사에 부모의 친구나 그 상급자가 응용할 수 있다.

"전도는 더욱 양양하게 열리고 아마도 장차는 아버님을 능가하는 대성을 이룰 것이 의심할 바 없으며, 이것이야말로 바로 출람의 명예라고 할 수 있을 것입니다." 하고 해설을 곁들이도록 한다. 부모가 기뻐할 것은 틀림없다.

다만 당사자의 친구 등 연소자가 사용해서는 안 된다. 그의 아버지에 대해 예의가 아니기 때문이다.

착상이란 사람이 부지런히 일을 하고 있을 때에 한해서 나타난다

★ 막스 웨버의 『직업으로서의 학문』에 나오는 한 구절.

사람이 열심히 그 문제의 해결에 애쓰면 그 해결의 힌트라는 것은 의외로 갑자기 상대적으로 찾아오게 된다는 뜻이다. 여기서 애쓴다는 것은 "연구한다", "생각한다"는 뜻으로, 공연히 걱정만 하고 두려워하기만 하는 것이 아니라 자기 쪽에서 적극적으로 작용해 간다는 뜻이다.

이러한 현상은 뉴튼이 사과가 나무에서 떨어지는 것을 보고 만유 인력의 법칙을 발견했다는 예를 꺼낼 것도 없이, 창조성 개발의 세계에서는 흔히 쓰이는 말이다.

문제 해결에의 끊임없는 집념, 호기심, 그것이 새로운 지식을 추구하게 하고 책을 펼치게 하고 남의 애기에 귀를 기울이게 하는 한편, 얼핏 보기에는 아무런 관계도 없는 기록이나 화제나 현상의 관찰로부터 그 문제점의 가장 큰 해결의 힌트를 불러일으키게 되는 것이다. 우리가 날마다 사과나무를 쳐다본다고 해도 만유 인력의 법칙 같은 것을 깨닫지 못하는 것은 처음부터 문제 의식이 없었기 때문이다.

☆ 개발 기술자 뿐만 아니라 무엇인가 사업을 계획하고 있는 사원에 대한 훈시에도 좋고, 신입 사원 연수 때에 한마디 해 두는 것도 좋다. 그 전에 자신에 대한 반성이 필요하지만…….

천리의 행정(行程)도 발밑에서 시작된다

★ 『노자(老子)』는 상하 두 편으로 되어 있으며, 상편을 도경, 하편을 덕경이라 하여 일명 도덕경(道德經)이라고도 하는데, 허무 자연을 숭상하는 그 사상은 도교의 근원이 되어서 유교 사상과 더불어 중국의 사상계(思想界)를 이루어 왔다.

이 말은 64장에 있으며 "합포(合抱)의 나무도 호말(毫末)에서 생기고, 구층(九層)의 누각도 누토(累土)에서 생겼으며, 천리의 행정(行程)도 족하(足下)에서 시작된다."고 적혀 있다.

그 뜻은 아름드리 큰 나무도 털끝만한 맹아(萌芽)에서 차츰 성장한 것이고, 9층이나 되는 누각도 한 삽의 흙을 쌓아 올려서 세워졌으며, 천리의 길도 일보를 내딛는 데서부터 시작하는 것이다라는 뜻.

흔히 "로마는 하루 아침에 이루어지지 않았다."고 하듯이, 무슨 일이든 간에 그것이 성취되자면 어떤 과정이 필요한 것으로, 그 한 과정 과정을 정확히 행하고 소중히 하지 않으면 안 된다.

그리고 일에 대처하는 경우에 특히 중요한 것은 그 발단이니, 천리를 가는 경우엔 먼저 첫걸음을 헛딛지 않도록 착실하게 내딛는 일이다.

☆ 인생도 이와 같다. 고비마다의 제1보를 순조롭게 내딛게 되면 그 뒤의 행로는 천리가 되든 만리가 되든 훌륭히 답파할 수 있을 것이다.

신입 사원을 맞이한 자리에서의 훈사에 적당하며 견실하게 날마다의 근무를 마치도록 강조하면 된다.

천시(天時)는 지리(地利)보다 못하고 지리는 인화(人和)보다 못하다

★ "싸움에 임해서 성을 공략할 때, 대군을 가지고서도 쉽지 않은 난공불락(難攻不落)의 성이 있는데 그 이유는 무엇인가?" 하고 맹자는 사색하고 분석해 보았다. 그리고서 "공략하는 방위(方位), 시기 등은 하늘이 주는 것이다. 그렇지만 공략하는 성이 요해 견고(要害堅固)한 입지에 있을 경우 하늘이 주는 방위나 시기는 입지 조건에는 이기지 못한다. 또한 그 같은 자연의 조건도 백성의 단결, 즉 인화(人和)에는 미치지 못하는 것이다."라는 것을 알게 되고 "인화야말로 모든 것을 이기는 조건"이라고 역설했다고 한다.

덕이 깊은 군주 밑에는 많은 사람들이 몰려와서 그 군주에게 복종하며 보좌를 하고 화합을 이루어 인심(人心)의 고리가 넓혀지며 더욱더 단결은 공고해지는 것이지만, 군주가 덕이 없으면 사람들은 떠나가고 언젠가는 가까운 사람들에게까지 버림을 받아 가련한 말로를 걷게 될 것이라고 『공손축편(公孫丑篇)』에서는 훈계하고 있다.

☆ 부하를 거느린 사람에 대한 훈시에 응용할 수 있는 말이다. 또는 임원 등의 상급자의 인사말로서 "화합을 중시하여 무너뜨리는 일이 없도록 이 가르침을 도표로서 자계(自戒)하고자 합니다. 부디 협력을 부탁합니다." 하고 화합을 강조해도 된다.

천장(千丈)의 둑은 누의(螻蟻)의 구멍으로써 무너질 수 있다

★ 『한비자(韓非子)』에 "천장(千丈)의 둑은 한낱 누의로써 무너지고, 백척(百尺)의 실(室)은 돌극(突隙)의 연기로써 태운다"고 적혀 있는데, 천장이나 되는 훌륭한 둑도 개미나 땅강아지 같은 작은 벌레의 구멍이 원인이 되어 무너지고, 백척이나 되는 위용을 자랑하는 집이라도 부뚜막의 작은 빈틈에서 나는 불길이 원인이 되어 잿더미로 변할 수가 있는 뜻이다.

『노자(老子)』에도 "천하의 어려운 일들은 반드시 쉬운 데서 생기고, 천하의 큰일은 반드시 자잘그레한 데서 만들어진다."고 했는데, 이것 역시 같은 뜻을 말한 것으로 큰 문제는 모두 작은 방심에서 생긴다는 것을 가르치고 있다.

야구에서 쉽게 투 아웃(two out)을 잡은 뒤 부주의로 포볼(four ball)을 주거나 혹은 경솔한 경기를 해서 주사를 한 사람 낸 데서 비롯해 뜻하지 않은 대량 득점을 주게 되고 결국 게임에 실패하는 적이 자주 있다.

그렇지만 이것이 야구 경기이기 때문에 경기에 지는 것만으로 그칠 수 있지만, 그렇지 않고 이것이 잠수함의 경우라면 단 한 가지의 사소한 실수가 치명적으로 비참한 결과를 초래할지도 모른다.

☆ 화재 예방에 관한 훈시에는 더할 나위 없이 적당한 말이 될 것이다.

천천히 서두르라

★ 당황하지 않고 가면 끝내는 일찍 목적지에 당도하게 되고 일도 완성할 수 있다는 서양의 속담.

로마의 초대 황제 아우구스투스의 인생훈(人生訓)에도 있다고 한다. 또 이탈리아의 속담에도 "천천히 가는 자는 틀림없이 간다. 틀림없이 가는 자는 멀리 간다."는 동의어가 있다.

입사한 지 얼마 안 되는 샐러리맨은 표면의 겉치레에만 신경을 쓰고 정신 단련이 덜 되었거나, 두각을 나타내려고 급급하거나 역경을 견디는 늠름함을 잃기가 쉽다. 신입 사원의 훈사에 "자벌레"를 예로 들면서 「천천히 서두르라」는 구절을 넣어보면 어떨까…….

☆ 자벌레의 걸음을 보면서, 결코 민첩한 것은 아니지만 항상 전후 어느 쪽의 발을 고정시키고 있는 것, 또 전진하기 위해 움츠리는 식의 모습에서 사원의 성장도 이래야 한다는 생각이 들었다. 자벌레는 먼저 자기 발판을 고정시킨다. 이것은 업무 지식이라는 기초를 가지라는 것이다. 능력 이상의 것을 하려고 무리를 하면 오래 계속될 수 없다.

두 번째에는 움츠리는 것을 알고 있다. 그렇지만 후퇴는 않는다. 인간은 항상 순풍과 함께 운항하는 것이 아니라 실패나 좌절도 있다. 그렇기 때문에 역경 가운데서도 다음을 위해 충분한 힘의 축적을 할 수 있는 능력을 가지고 있느냐가 문제이다.

그리고 마지막에 가서 능력을 발휘한다. 때가 와서 충분한 힘의 축적과 면밀한 계획이 서면 결단과 행동이 있을 뿐이다. 자벌레는 볼품은 없지만 움츠리면서도 착실히 전진해 간다.

청시(靑柿)가 숙시(熟柿)를 애도한다

★ 인간 세상은 덧없는 것으로서, 오늘은 남의 일이라도 내일은 나의 일이 될지도 모른다. 인생에서 내일의 일 같은 것은 신이 아닌 바에야 알 턱이 없다.

같은 나무에 달려 있는 감의 열매라도 먼저 익어서 떨어지는 것이 있는데, 현재 익지 않은 열매라도 조만간 익어서 먼저 떨어진 것의 뒤를 쫓지 않으면 안 되는 운명에 있다.

먼저 떨어진 숙시를, 가지에 남아 있는 청시가 "내일은 나의 일이기는 하지만 참으로 가엾구나."라는 식으로 남의 불행을 자신의 신세에 비겨 말하는 조의(弔意)이다. 출전은 『정훈염내초(庭訓染句草)』

☆ 숙시를 애도하는 것이니 선배나 상급자의 고별식에 응용할 수 있는 말이다.

"여기에 ○○○사장과 영 헤어지게 된다는 것은 참으로 애통하기 그지없지만 내일은 내가 그렇다고 할까요. 마치 청시가 숙시를 애도하는 것과 같지만, 명복을 빌며 삼가 애도의 뜻을 표합니다."는 식의 요령이면 될 것이다.

현역을 은퇴하거나 정년 퇴직을 하는 사람에 대한 인사에도 적용되겠지만, 그럴 경우는 "애도한다"는 말 대신 "배웅한다"고 표현하는 것이 적당하다. 다만 연령차가 많은 젊은이가 사용해서는 안 된다.

초대면이란 마치 처음으로 감을 먹었을 경우와 흡사하다 — 첫 인상이 나쁘면 더는 만나려고 하지 않는다

★ E. G. 레터맨의 『일류 세일즈맨이 되는 법』에 나오는 한 구절. 처음 먹어 본 감이 맛있으면 다시 먹어보고 싶은 생각이 들지만 맛이 없으면 두번 다시 먹지 않는다. 예정한 손님과의 초대면은 이것과 같다고 할 수 있다. 구체적으로, 비지니스맨으로서 적합한 몸차림, 정중한 인사(지나치게 공손한 것은 안 된다. 자존심을 가진 적당한 정중함을 가질 것) 등이 있는데 이 매너를 세일즈맨의 등급을 나타내는 표시라고 한다. 능숙한 세일즈맨은 첫 30초 사이에 상대방에게 좋은 인상을 주는 궁리를 한다는 것이다.

☆ 미국의 제일일 뿐만 아니라 세계에서도 제일이라고 손꼽히는 세일즈맨의 말인만큼 아주 실감 나는 말이다. 초대면 때에 상대방이 자기에 대해 좋은 인상을 가지지 않으면, 상대는 집에 있으면서 없는 체하거나 무엇인가 구실을 내세워 두번 다시 만나주지 않는다. 초대면은 최고급의 소프트웨어이다. "좋아한다"와 "싫어한다"는 것은 비즈니스의 세계에서도 천지차가 있다.

남과의 대화는 목숨을 건 승부와 같다는 말이 있는데 그것은 검도의 호흡과 일맥 상통되는 점이 있다. 섭외 업무에 종사하는 모든 사람에 대한 훈시에 활용하고 싶은 말이다.

최상의 행복은, 1년의 끝에 가서 연초의 자기보다 좋아졌다고 느끼는 일이다

★ 대작『전쟁과 평화』,『안나 카레니나』로 유명한 러시아의 문호 톨스토이의『독서의 고리』의 한 구절.

동서 고금의 많은 철인, 사상가, 작가가 "행복이란?", 또 "최상의 행복이란 무엇인가?"에 관해 사색을 해서 갖가지의 잠언(箴言)을 남기고 있다. 그러한 것에 공통된 것은 요컨대 "충실감(充實感)"이다. 이는 애정, 노동, 건강 등 모든 것에 있어서 적용된다고 할 수 있다. 톨스토이는 '1년마다 자기가 조금이라도 향상하는 것'으로 충실된 마음을 가지는 것이 최상의 행복이라고 말했다.

그렇지만 세월은 화살과 같아서 1년도 눈깜짝할 사이에 지나고 만다. 큰 이상을 세워보아도 시간의 흐름은 빠른 것이다. 꿈 같은 이상을 그리기보다도, 1년의 하루 하루를 소중히 하고 착실히 향상에의 길을 길어가야 한다.

하여튼 무슨 일이든 간에 자기의 향상은 미래에의 기대를 갖게 한다. 그리고 기대는 내일의 행동력에의 큰 에너지원이 되는 것이다.

☆ 연말의 종무식의 훈시 등에 인용할 수 있다.

해마다 있는 일이지만, 종무일을 맞으면 1년이 지나는 게 빠른 것에 놀라게 된다. 연초에 결의한 소감, 맹세가 제대로 달성되었으면, 그 1년은 얼마나 충실했던 것인가.

해마다 연말에는 자기가 노력한 결실을 확인하고 충실감을 맛보며, 협력해 준 주위 사람들에 대한 감사를 잊지 않고 최상의 행복을 음미해 보면 어떨까 한다.

충언은 귀에 거슬린다

★ 어떤 시대에나 잔소리나 충고 같은 것은 듣게 되는 사람의 입장에서는 거북스러운 법이다. 이 말이 나온 사기(史記)의 시대에도 그랬던 모양이다. 충언(忠言)이란 충고의 옛스런 표현으로 현대에서는 별로 쓰이지 않으나 이해하지 못할 정도는 아니다.

윗 글의 뜻은 충언은 곧이곧대로 진실을 말하게 되는 것이라 귀에 거슬리고 좀처럼 받아들이지 않는 법이라는 것. 그렇지만 이 말의 이면에는 귀에 거슬리면 거슬릴수록 진실이 있고 들어 줄 가치가 있다고 하는 의미도 담겨져 있다.

연설에서 인용할 경우에는 그 이면의 뜻을 끄집어내지 않으면 그 말의 진의가 전해지지 않을 우려가 있으니 주의해야 한다.

옛부터 가치 있는 인간이란 진실을 말하는 사람이라는 뜻으로 전해진다. 아첨이나 오직 "예"라는 대답 뿐인 부하에게 둘러싸여 있는 사람은 장래를 보지 못하고 길을 그르치게 된다. 충언을 서슴지 않고 말해 주는 한 사람은 예스맨(Yes man) 백 명에 필적할 것이다.

☆ 사람을 부리는 경영자나 관리직 직원에게 적합한 연설에 쓰이는 말이다. 혹은 친구를 택할 경우나 결혼 상대를 택할 경우의 주의로서도 쓰인다. 귀에 거슬리는 말을 해 주는 인물이야말로 소중하다고 결론을 끝맺는다.

【비슷한 말】좋은 약은 입에 쓰다.

친구가 주는 상처는 도움이 된다

★ 여러분을 사랑하는 사람이 여러분에게 주는 상처는 여러분에게 도움이 되는 상처라는 뜻이다. "친구의 엄책은 충성에서 말미암은 것이나 원수의 입맞춤은 거짓에서 난 것이니라." (『구약 성서』 잠언 제27장 6절)

사람은 모두 자신과 가치관을 가지고 살고 있으며, 신념을 가지고 남과 다른 방향을 걷는 사람도 있다. 과거에 좋은 성적을 올렸던 사람이면 한술 더 떠서 거리낌없이 자신이 하는 일에 참견말라고 말할지도 모를 일이다.

어떤 선전 제작부원이 한 말이 있다——"솜씨 있는 베테랑 영업 사원을 기획 회의에 참가시키면 불친절한 독선적인 카탈로그가 만들어진다. 즉, 이렇게 된다. '상품은 내 솜씨로 팔아왔다. 카탈로그 같은 건 사진과 타이틀만 있으면 된다……'"

남이 하는 말을 경청하는 번에도 용기가 필요하다. 자기의 결짐을 인정하는 결과가 될지도 모르고 경우에 따라서는 열심히 쌓아올렸던 자기의 가치관을 부정하지 않으면 안 될지도 모르기 때문이다.

☆ 완고한 친구를 보고 이렇게 말해 보면 어떨까 —— "네가 어찌 되든 아무래도 좋다면 누구도 충고 같은 건 하지 않는다. 귀는 따갑지만 결코 불쾌해할 정도는 아니다. 약간의 용기만 있으면 그만큼 인간의 폭이 넓어진다."

친구가 필요없을 만큼 완벽한 사람은 없다

★ 프랑스의 속담.

거의 같은 뜻의 것으로 "우정은 돈으로 사지 못한다."는 말도 있다.

친구, 또는 우정이란 것은 돈으로 좌우될 수 있는 물건이 아니며, 아무리 돈을 쌓더라도 얻지 못하는 보물이다. 윗글은 아무리 모든 것을 갖춘 사람일지라도 친구가 없이 태연할 수 있는 사람은 없다는 뜻이다. 청춘 시절의 젊은이에게 선사하는 말로서 옛날부터 쓰이고 있지만, 현대에서는 조금 더 다른 시점에서 보는 것도 흥미가 있다.

고령화(高齡化) 사회가 진행되고 있다. 고령자가 불안을 가지는 것은, 병과 반려자가 먼저 죽은 뒤에 혼자 살게 되는 공허함이다. 병이라면 돈으로 의료비를 충당할 수 있지만, 문제는 혼자 살게 되는 정신적인 공허이다. 돈을 저축해서 완전 간호를 받는 양로 병원에 입원해도 이 공허함에서는 벗어나지 못한다.

바꾸어 말하면, 노후에 있어서도 무엇이든지 터놓을 수 있는 친구가 있으면, 어느 정도 정신적인 안정을 얻을 수 있고 병도 잘 걸리지 않는다는 것이다. 이것은 이미 많은 고령자들이 기회 있을 때마다 말하고 있는 바이다.

적어도 고령자에게만은 친구나 우정이라는 건 소중한 것이 아닐까? 그것이야말로 삶을 지탱해 주는 받침대이므로.

☆ 물론 단도직입적으로 우정의 소중함을 젊은이 대상으로 호소할 수도 있지만, 노인 상대의 스피치와 앞으로 노경(老境)에 접어드는 사람을 상대로 새로운 시점에서 접근함으로써 생동감 있는 말로 쓰일 수 있다.

칭찬하면 잘못이고 비난하면 더욱 나쁘다. 그대가 그 일을 이해하고 있지 않을 때에는

★『레오나르도 다빈치의 수기(手記)』중에서.

남의 행위를 평가하지 않으면 안 될 입장을 경험한 사람이라면 누구든지 '칭찬하는 것도 잘못이고 그렇다고 해서 비난하는 것은 더욱 나쁘다'는 심리 상태에 빠진 경우가 많을 것이다. 자기 자신의 평가 기준으로는 부하의 행위를 칭찬할 정도는 아니다라고 내심으로는 평정하고 있어도, 그대로 비평하게 되면 상대방이 비난을 당했다고 기분을 해치는 것은 아닐까 하는 생각에서 저도 모르게 잘못이다라고 생각해도 칭찬하는 쪽을 택하고 마는 적이 있다.

상대방이 자기가 한 행위의 의미를 이해하고 있지 않을 때, 칭찬하느냐 꾸짖느냐 하는 것은 정말로 어려운 일이다.

남의 행위를 평가할 때는 "특별히 좋지도 않고 나쁘지도 않다, 그저 그렇다."는 식으로 해서는 안 된다. 그러한 무난한 평가를 내리는 평정자(評定者)는 그 자체로 무능하다는 평가를 받아도 마땅하다.

☆ 관리자 연수와 관리자에 대한 훈시에 응용할 수 있는 말이다. 부하에 대한 평정은 용기과 신념을 가지고 실시하지 않으면 안 되지만, 무엇보다도 부하에게는 자기가 한 행위의 의미를 직무상의 입장이나 역할에 대응시키고 잘 이해시키는 일이 중요하다고 할 수 있다.

키가 작으면 창을 쥐게 하고 키가 크면 활을 들게 한다

★『오자(吳者)』에 나오는 한 구절.

전국 시대에 활약한 오기(吳起)의 사상을 정리한 것이라고 하며 오늘날에는『손자(孫子)』와 더불어 존중되고 있는 병법서이다.

이 말의 원문은 실제는 좀 달라 "단자(短者)는 모극(矛戟)을 쥐고 장자(長者)는 궁노(弓弩)를 들며……"라고 적혀 있는데, 이렇게 되면 좀 인용하기 힘들기 때문에 알기 쉽게 고친 것이다.

그 뜻은, 병사의 재질에 따라 각각 적합한 임무를 맡기도록 하는 게 좋다는 것이며, 이 문장은 "강자(強者)는 정기(旌旗)를 들고 용자(勇者)는 금고(金鼓)를 들며 약자(弱者)는 시역(廝役)을 맡고 지자(智者)는 모주(謀主)가 된다."고 이어진다.

이것을 한마디로 말하면 적재 적소라는 것인데, 이렇게 함으로써 평범한 사람들의 집단이라도 때로는 비범한 힘을 발휘할 수 있는 것이니, 개개의 자질을 잘 확인하고 사용하는 것이 중요하다.

운동 선수의 경우에 농구를 했던 선수가 권투에서 자기의 자질을 발견하고 올림픽에서 금메달을 따는 성공을 거두는 선수가 있는가 하면, 반면에 대학에 합격하기만 하면 된다는 생각에서 적성에 맞지도 않는 과를 선택하고 진학하는 학생이 있어 한심한 생각이 들기도 한다.

☆ 간부 사원에게는 때때로 이런 얘기를 들려 주어 부하의 자질을 잘 확인하고 살리도록 지도해야 한다.

태초에 말씀이 계시니라. 말씀은 곧 하나님이시니라

★ "만물은 그(말씀)로 말미암아 지은 바 되었으니 지은 것이 하나도 그가 없이는 된 것이 없느니라. 그 안에 생명이 있었으니 이 생명은 사람들의 빛이라."고 이어지는 신약 성서의 요한복음 제1장 첫 구절의 가르침이다.

쉽게는 해설하기 어려운 깊이가 있는 말이지만 굳이 요약한다면 "문명, 문화도 말[言]에 의해 조성되어 왔다. 삼라 만상을 알 수 있어 그것을 전할 수 있는 것도 말에 의해서이니 그것은 어둠(무지)을 비추는 빛이며 사람들 사이를 오가며 살아 있다. 따라서 말은 신인 것이다."라는 것이 대의(大意).

예의(禮儀)의 사상은 사람을 공경하는 데서부터 비롯되었고, 사람을 공경하는 표현 방법은 말과 태도에 의할 수밖에 없다.

지금은 예의도, 경어의 사용법이나 경어 자체의 그림자도 엷어지고, 우리 말이 아닌 외래어가 판을 치는 세상이라고 개탄하는 사람들이 적지 않다.

☆ 판매 서비스, 전화의 응대 등 말씨의 이념교육에 응용하고 "예를 다해 손님을 소중하게 여기고 있음을 알리는 방법은 말과 태도이며, 그것이 나쁘면 다른 모든 서비스도 빛을 잃게 된다. 그런 의미에서 좋은 말과 태도는 서비스의 기본이 되는 것이다." 라고 보강해서 훈시 하게 되면 효과도, 평가도 높아지게 될 것이다.

토론하는 것만이라면 사람은 많이 있다. 실행이 문제가 되면 아무도 남아 있지 않게 된다

★ 라 퐁테느의 『우화(寓話)』에 나오는 말이다.

퐁테느의 시대(1621~1695년)나 현재나 논의라는 것의 본질은 변하지 않고 있는 것 같다. 아시는 바와 같이 "쥐가 고양이 목에 방울을 다는 회의"의 이야기는 바로 이런 전형이기도 하다.

인간은 토론을 좋아해 토론에서는 멋진 아이디어를 제시하지만, 막상 누가 고양이 목에 방울을 다느냐가 되면 아무도 남아 있지 않게 된다. 요컨대 아무도 할 수 없는 일의 결과를 내기 위한 회의를 장황하게 하고 있지 않느냐는 것이다.

회의라는 것은 본래 해결해야 할 당면한 과제를 현실적으로, 즉 실상에 맞는 방법으로 해결하는 방법과 계획을 토의하는 것이어야 한다. "회의를 해서 토론하고, 토론해서 결의하고, 결의해서 실행하지 못한다"는 것 같은 회의는 시간의 낭비이지만, 많은 기업이나 조직에서 이와 유사한 회의가 벌어지고 있는 것은 아닌지?

☆ 어떤 회의에서도 적용될 수 있는 말이며, 뭔가를 토의해서 실행해야 할 의안(議案)을 상정하는 회의 전의 인사말로도 인용할 수 있다. 또 조사 등의 기획팀의 발회식에서 실행할 수 있는 계획의 제출을 요구하며 한마디의 인사말로서 인용할 수 있다.

하기야 토론도 제대로 하지 않고 실행만 하려고 드는 것도 딱한 일이기는 하지만…….

통계는 비키니 스타일의 수영복 같은 것이다

★ 제2차 세계 대전중, 수상이 되어 탁월한 지도력으로 영국을 승리로 이끌었고, 문인으로서도 탁월한 재능을 발휘해서『제2차 세계 대전 회고록』으로 노벨 문학상을 수상한 윈스턴 처칠의 말이다.

그는 표제의 구절에 이어서 이렇게 말하고 있다. "드러낸 것 같이 보이지만 중요한 곳은 숨기고 있다."고. 한 나라의 권위 있는 지도자가 이런 표현을 쓰게 되면 빈축을 살 우려도 있으니, 과연 유머를 이해하는 나라의 지도자가 아니고서는 하지 못할 소탈한 비유적 발언이다.

그는 이런 말을 하고 싶었던 것이다. 공표된 통계 데이터의 숫자를 무조건 믿어서는 안 된다. 숨김없이 사실대로 공개된 것같이 보이지만, 사실은 알려져서는 곤란한 숫자나 극비 정보 같은 것은 빈틈없이 교묘하게 가공해서 숨기고 있는 것이라고.

☆ 조사지(調査者)에게 신용 조사의 수칙을 훈시하는 장면 등에서 인용할 수 있는 말이다.

흔히 통계가 말하는 거짓말에 속지 말라고 한다. 신용 조사를 하는 상대 기업의 재무 상황을 보는 경우, 절대로 공표된 대차 대조표의 숫자만을 그대로 받아들이고 판단해서는 안 된다. "나는 숫자보다도 그 숫자를 작성한 사람을 보기로 하고 있다."는 말을 한 경영자도 있었다. 처칠의 말과 함께 조사자가 유의해 듣지 않으면 안 되는 말이다.

판매는 거절당했을 때부터 시작된다

★ 판매나 영업 관계자라면 모르는 사람이 없을 만큼 유명한 미국의 세일즈맨, 레터 맨의 말이다.

상품을 팔려고 갔을 때 기다렸다는 듯이 얼른 사 주는 사람은 거의 없다. 상대는 누구나 거절하기 마련인 것으로 거절하지 않는다면 세일즈맨은 필요 없으며, 바로 그 거절을 예스로 바꾸는 것이 세일즈맨이 할 일이다라는 뜻.

단순 명쾌하게 세일즈맨이나 판매원이 해야 할 일의 본질을 찌른 말로서, 미국은 말할 것 없고 우리 나라의 판매 관계자 사이에서도 옛날부터 널리 쓰이고 있다.

판매 관계 이외에서는 어떨까? 우리는 "자기를 알린다"는 것으로 사회에 참가하고 있다. 예를 들면, 부부는 서로 상대에게 자기를 인정시키기 위해 자기를 알리려고 하며, 자식은 용돈을 타려고 착하다는 것을 알리려고 한다. 국회 의원은 선거민에게 이름을 알리려고 필사…… 라는 식으로.

그런 것은 모두 "거절당했을 때"부터 진짜 판매(알리는) 작전이 시작되는 것이다.

☆ 판매 관계자라면 직접적으로 인용할 수 있는 말이다. 다른 대상이라도, ○○는 거절당했을 때부터 시작된다는 식으로 무엇에든 쓰일 수 있다. 예를 들어 젊은 사람에게 적합한 말로 하자면 "구혼은 거절당했을 때부터 시작된다."는 식이다.

다만 말이 선행하고 무모하게 도전하지 않도록 조심한다. 노(NO)를 예스(Yes)로 바꾸자면 나름대로의 창의와 긍지가 필요한 것이다.

페어 플레이는 보석과 같다

★ 영국의 속담.

영국인은 스포츠를 좋아한다. 젊어서부터 스포츠를 통해 페어 플레이 정신을 기른다. 특히 귀족 계급의 자제에게 있어서 스포츠는 장차 사회의 지도자가 되기 위한 필수 과목으로 이것에 의해 공명정대한 마음과 체력을 터득하게 된다.

골프 인구가 늘고 있다. "골프는 자기 신고(自己申告)의 경기"라고 한다. 심판원이 없으니 자신이 그 역할을 맡게 되는 셈인데, 어떤 인격자나 사회적 지위가 있는 사람이라도 "한 번도 점수를 속인 적이 없거나 혹은 속이려는 유혹에 사로잡힌 적이 없다."고 단언할 수 있는 사람은 없을 줄 안다.

대개는 나중에 부끄럽게 느끼지만 전혀 부끄럽게 여기지 않는 사람도 있다. 같은 짓을 되풀이하는 동안에 이런 사람은 틀림없이 경원되거나 따돌림을 당한다.

일에 있어서도 마찬가지이다. 실수는 실수로서 인정한다, 임시 변통을 하지 않는다는 이러한 태도 쪽이 결국은 오래 지속된다는 것을 많은 사례가 가르치고 있다.

☆ 젊은 사원에게는 꼭 가르쳐 주고 싶은 속담이다. "자책심에 사로잡히기보다는 정정당당하게 털어버리는 쪽이 건강을 위해 좋다."고 말해 주어야 한다.

젊어서의 실패는 귀중한 경험이고, 알기 쉬운 결점 쪽이 고치기도 쉬운 법이다.

폭풍우 때에 이루어진 서약은 폭풍우가 멎으면 잊혀진다

★ 영국의 속담.

병이 나으면 의사를 잊기도 하고 무더웠던 날이 지나면 응달을 잊는다. 또 목구멍만 지나가면 뜨거움을 잊는다고 한다. "지나간 위험에 잊혀진 신(神)"이라는 표현도 있다.

젊었을 때의 일은 생각하기도 싫다는 사람이 있는가 하면 고통을 발판삼아 향상해 가는 사람도 있다. 고통의 내용 정도에 따라서도 다르고 고통을 느끼는 방식도 십인 십색이다.

입은 은혜를 곧 잊어버리는 사람과 감사한 마음을 줄곧 가지는 사람, 혹은 밑바닥 생활 시절의 진지함을 잊는 사람과 그것을 신조로 삼고 있는 사람——이것은 선악의 문제가 아니다. 삶의 방식의 문제이고 어떻게 받아들이느냐의 문제이다.

이런 얘기가 있다. M 씨라는 사람이 친구 S 씨의 원조로 사업을 순조롭게 신장시키고 있었다. 제 3 자인 N 씨가 S 씨에게 "어째서 그렇게도 M 씨를 돕느냐?"고 물었더니 이런 대답을 했다. "불우한 시절에 변함없이 도와준 것은 M 씨뿐이었죠." 짧은 그 한 마디 속에서 감사해 하는 그의 마음을 느낄 수가 있다.

☆ 특정한 사람이 아니라 누구에게든지 해당되는 속담이다. M 씨와 S 씨의 에피소드를 단지 정서적이거나 의뢰, 인정따위로 보느냐, 인간으로서의 긍지로 보느냐를 따질 것 없이 아마도 모든 사람이 S 씨를 훌륭하다고 말할 것이다. 중요한 것은 할 수 있느냐, 할 수 없느냐 하는 것이다.

필요한 것 앞에 법률은 없다

★ 필요한 것에 쪼들리면 법률 같은 것에 신경을 쓰고 있을 수 없다는 뜻이다. 제1차 세계대전 초기에 독일이 벨기에의 중립을 침범했을 때, 그것을 정당화하려고 한 것이 다음과 같은 연설이다.

"우리는 필요한 상태에 있다. 필요한 것 앞에는 법률이 있을 수 없다. 우리 군은 룩셈부르크를 점령하고 아마도 이미 지금쯤은 벨기에 영내로 침입했을 것이다……" 당시의 수상인 베트만 올베크의 말이다.

윗글의 출전(出典)은 분명치 않으나, 그리스의 시인인 시모니데스의 『신들조차도 필요한 것과는 싸우지 않는다』가 아닐까 하는 추측을 하고 있다.

법률 위반은 옳지 않다. 당연한 말이다. 따라서 법률 위반을 권하는 것은 아니지만 규칙이나 원칙을 구실삼아 일을 거부하는 인간은 어느 세계에서나 볼 수 있다. 과장이 되는 게 싫어서 사표를 냈다든지, 취미가 첫째이고 일은 그 다음이라고 말하는 요즘의 샐러리맨상이 한쪽에 도사리고 있다.

원칙의 일면만을 보고 "위반입니다", 시험해 보지도 않고 "무리입니다", 생각해 보지도 않고 "방법이 없읍니다"는 말을 듣는다면 감칠맛이 없다.

☆ 할 수 있느냐 없느냐의 판단도 중요하지만, 어떻게 하면 할 수 있느냐 하는 쪽이 특히 영업부문에 있어서는 중요한 주제이다. 의욕을 상실한 영업 사원에게 일의 요령을 가르치는 영업 부장이나 영업 과장 제씨에게는 꼭 알아두기를 바라는 속담이다.

【비슷한 말】 어둠 속에서도 뚫어지게 바라보고 기다리면 이윽고 사물이 보이게 된다

하루로 헤아려서 모자라고, 1년으로 헤아려서 나머지 있다

★ 『장자(莊子)』에서의 한 구절.

" 일계(日計) 부족하고, 세계(歲計) 나머지 있다"고도 읽는다. 하루 하루의 계산으로 보면 고생한 것 만큼 이익이 없는 것처럼 생각되나, 1년간 통산해 보면 수지가 서로 보상되어서 이익이 된다는 뜻이다.

명확한 형태로 자기의 이상, 과제, 혹은 장기 목표 같은 것을 가지고 매일 매일 착실하게 노력을 거듭하게 되면, 그때 그때의 조건에 따라서 이른바 손해를 보기도 하고 이율이 낮을 적도 있겠지만, 그러나 최종적으로는 반드시 보답을 받게 되는 법이다.

반대로 그때 그때의 손해와 이득을 생각하고 행동하게 된다면, 삶의 방식에 일관성이 없어질 것이며 또 큰일을 하지 못한다. 눈앞의 일에 구애받지 않는 일관성을 띤 지속력에서 큰 성과가 생기는 것이다.

중요한 것은 먼저 이상이나 과제 혹은 목표이다. 다음이 매일의 꾸준한 노력이다. 전자는 말할 것도 없지만 특히 중요한 것은 후자이다. 인생은 하루 하루의 적산(積算)이다. 그런 의미에서 하루가 기본이 되고 하루 하루를 소중하게 살아가는 일이 중요하다. 다만 장기적인 성과를 믿고 하루의 결과나 결론을 걱정하지 않는다. 거기에서 인간으로서의 유연성이나 여유 같은 폭이 느껴지는 것이다.

☆ 성과는 조급해 하지 말고 긴 안목으로 본다. 그렇지만 노력은 하루가 기본. 하루의 시작인 조례에서 인용할 수 있는 말이다.

학문이 있는 우자(愚者)는 무지한 인간보다도 더한층 어리석다

★ 17세기 프랑스의 위대한 희극 작가 몰리엘 작(作)『여학자(女學者)』제4막 3장에서.

피상적인 지식을 함부로 가득 채웠을 뿐인 사이비 학자 트리소턴에게 여주인공 앙리엣의 연인 크리탄돌이 야유하는 대사이다.

지식을 가지는 것은 매우 중요하다. 하지만 그냥 무엇이든지 알고 있으면 되는 것은 아니다. 옳은 지식을 습득하고 그것을 자기 것으로 소화해서, 일을 위해서나 사회를 위해 유효하게 활용하지 못한다면 단순한 박식에 불과한 것이다.

몰리엘과 같은 프랑스의 모럴리스트, 라 로스코프도 "재주 있는 우자(愚者) 만큼 처치 곤란한 바보는 없다"고, 자기가 영리하고 학식이 있다고 망상하는 자의 어리석음을 비웃고 있다.

☆ 베테랑 사원의 책임과 역할에 관해 자각을 촉구하는 훈시 등에서 인용할 수 있을 것이다.

직장에서는 때때로 베테랑이라는 말을 듣는 중견 사원이 믿을 수 없는 초보적인 실수를 범할 적이 있다. 그것은 자기의 업무 지식에 대한 과신이나 마음이 해이해진 것이 원인일 경우가 많다.

같은 실수를 범해도 신입 사원과 베테랑 사원에게는 그 책임이나 어리석음의 정도가 전혀 다른 것이다. 지식이나 경험을 쌓은 사원의 실수는 업무 지식이나 경험이 얕은 신입 사원의 실수보다도 더한층 어리석게 받아들여지는 법이다.

한꺼번에 그만두려고 하기 때문에 안 된다. 나는 한 가지씩 그만두겠다

★ 이제까지 습관이었던 것을 그만둔다는 것은 보통 결심으로는 되지 않는다. 그나마 술이나 담배 같은 것은 단호한 결심이 없이는 실행이 불가능하다.

재즈계에 군림하는 새미 데이비스 주니어는 우리 나라에도 적지 않은 팬이 있어 잘 알려져 있지만, 뭐니뭐니해도 위스키 잔을 한 손에 들고 등장하는 그 인상이 강렬하다. 실제로 그는 연주하면서도 위스키의 잔을 놓지 않았다고 한다.

그토록 술을 좋아했지만 수년 전에 몸이 좋지 않아 그 이후 술을 끊었다. 자신의 트레이드마크를 떼어버리는 것과 같았으므로 굉장한 결심이 필요했을 것이다. 그리고 그 다음에는 담배도 끊었다고 한다. 그때의 말이 이것이다.

한꺼번에 모든 습관을 바꿀 수는 없다. 한 가지씩만 실행하는 쪽이 지름길이다.

똑같은 가수로서 폭음 폭식을 일삼다가 끝내 죽고 만 엘비스 프레슬리의 경우와 비교해 보면 새미 데이비스의 건실한 생활 태도가 돋보일 것이다.

☆ 이 말로 금주를 즉각 동의시킨다는 것은 어렵지만, 젊은이에게 향한 금연 권고나 건강 관리를 위한 소재로서 인용할 수 있을 것이다.

한 번으로 성공하지 못하면 다시 한번 시도한다

★ 미국의 경영 학자인 비터 드러커의 말이다.

『논어』에도 "군자의 과오는 일월식(日月食)같다."고 하여 군자에게도 실패가 없지 않다는 것을 인정하고 있다.

☆ 새 기술이나 새 상품의 개발, 경영의 합리화 등의 전환을 할 경우에 실패는 필수적인 것이라고도 하는데 이것을 두려워하다가는 성공을 기할 수가 없다.

결심한 것을 단행하기 전에 이러한 점을 잘 일러주어 착수케 하고, 만약에 일이 여의치 않았을 때에는 즉각 그 원인을 해명(解明)시키고 다시 실행하도록 명해야 한다.

이런 때 부하의 과실을 방치하거나 지나치게 책임을 추궁하지 않도록 조심하여야 한다.

행복을 얻는 유일한 방법은, 행복을 인생의 목적으로 삼지 않고 행복 이외의 무엇인가를 목적으로 삼는 것이다

★ J.S. 밀의 말이다.

행복이란 무엇인가를 분명히 정의하기는 힘들다. 다만 분명히 말할 수 있는 것은, 자기가 전력을 다해서 무엇인가를 하고 그것을 뒤돌아보며 만족할 수 있으면 그것으로 행복하다고 말할 수 있다는 것이다. 그런 의미에서 행복이란 추구하는 것이 아니라 어떤 일을 성취했을 때 결과적으로 느끼는 마음의 상태를 말하는지도 모른다.

그러나 자기의 행복을 무조건적으로 원한다는 것은, 너무나도 결론을 조급하게 원하는 것이 되어 이기적 행동으로 치닫거나 혹은 눈앞의 작은 이해에 구애받게 되기도 해서, 주위와의 사이에 틈이 생기고 비뚤어진 모양이 되어 버려 도리어 행복은 멀어질지도 모른다.

J.S. 밀은 또, 욕망을 충족시키려고 하는 것보다도 오히려 욕망을 제한하는 것에 의해 행복을 배워 왔다고도 말하고 있다.

☆ 결혼식에서 젊은 커플에게 주는 말로서 적당할 것이다. 행복이란 무엇인가, 어떻게 하면 행복해질 수 있는가 하는 것을 생각할 것이 아니라, 세상을 위해, 인류를 위해, 그리고 가족을 위해 할 수 있는 일을 사명감을 가지고 해 주기 바란다. 그것에서 비로소 행복이라는 것을 실감하게 될 것이다 —— 라고 덧붙이고 싶다.

행실은 반드시 올바르게 가지고 요행을 바라는 일이 없도록 하라

★ 청나라의 심덕잠(沈德潛)에 의해 엮어진 『고시원(古詩源)』은 황제로부터 수나라에 이르는 각 시대의 고시 3백 수를 채록(採錄)한 것으로, 이 고시들 속에는 도처에 인생의 지침이 되는 명언이 산재해 있다.

"행실은 반드시 올바르게 가지고 요행을 바라는 일이 없도록 하라."는 한마디는 그런 명언들 중에서도 특히 뛰어나다고 할 수 있는 것이며 누구라도 마음속에 잘 새겨 두기를 바라지만, 이 세상에는 요행을 품는 사람이 너무나도 많다.

그 뜻은 무슨 일에서든 꼭 정도를 걷고 절대로 우연한 성공을 기대해서는 안 된다는 것인데, 실제로 이 한 마디를 준수하게 된다면 일의 성패는 접어두고서라도 후회하는 일은 없을 것이다.

임진 왜란 때 모함을 받아 억울한 죄인이 되기까지 하고서도 나라를 위한 충정을 못이겨 백의 종군한 이순신 장군이나, 승리란 이기려고 하는 노력의 축적이다라고 하며 묵묵히 자기 길에 정진한 사람들의 애기는 바로 "행실은 반드시 올바르게 가지고 요행을 바라는 일이 없도록 하자."는 말에 해당된다고 할 수 있을 것이다.

☆ 입사식(入社式)에 적절한 말이다. 말하는 방법 여하에 따라서는 큰 감명을 주게 될 것이다.

행운에 의해 성공하고 당장 뒷받침을 하지 않는 사람은 머지않아 망한다

★ 르네상스 기의 이탈리아에서 이채를 떨친 니콜로 마키아벨리의 저서는, 로마 법황청으로부터 금서(禁書) 처분을 당하고 불에 태워버리라고 명했을 정도로 악덕(惡德)의 서(書)라는 말을 들었고 그것에서 "마키아벨리즘" 같은 말이 생겨나기도 했다.

"행운에 의해 성공하고 당장 뒷받침을 하지 않는 사람은 머지않아 망한다."는 말은 마키아벨리가 남긴 수많은 명언 중의 하나로서 이러한 실례는 지나간 역사 속에서도, 요즘의 세상에도 많이 있다.

야구에서 9회 말의 역전 홈런 한 방으로 승리를 하기는 했어도 그때에 극단으로 약해진 것이 투수력이라고 한다면, 다음 시리즈에 승리하기 위해서는 투수력을 보강해야 하는데도 그런 뒷받침 준비를 않는다면 다음에는 우승을 기약하기 힘들다.

☆ 끊임없이 계속되는 냉혹한 비지니스 전쟁에 이겨내기 위해서는 방자함과 방심은 금물이다.

향상(向上)의 일로(一路)는 천성(千聖)도 전하지 않는다

★ 이 어구는 『벽암록(碧巖錄)』과 『경덕전등록(景德傳燈錄)』 등에 기재되어 있으며, 중국 당나라 때의 선승인 반산보적(盤山寶積)의 말이라고 한다.

"향상(向上)의 일로(一路)는 천성(千聖)도 전하지 않는다. 학자는 형체를 잡으려 애써도 원숭이가 그림자를 잡으려는 것과 같다."고 쓰고 있는데, 이는 깨달음을 지향하는 일편 단심의 길이라는 것은 이 세상의 누구에게도 말로 표현할 수 없는 것인데도 세상 사람들은 마치 알고 있는 것처럼 이것저것 말하고 있는데, 그것은 나뭇가지에 매달린 원숭이가 냇물의 수면에 비친 달빛을 잡으려고 하는 것과 같은 어리석은 짓이라는 뜻이다.

이것은 즉, 인생이란 것은 각 개인에 따라 각각 모두 다른 것이니 사람마다 남이 하는 말에 너무 기대지 말고 제 자신이 확고한 목표를 정하고 나름대로 그것을 향해 걸어가도록 하는 것이 좋다는 가르침이리라.

☆ 요즘의 세상은 독자성이 아주 희박해진 탓인지 대다수의 사람이 일부 매스콤에 휘둘리는 적이 많다. 이러한 일은 비지니스의 세계에서도 마찬가지로, 잘 살펴보면 물거품 같은 한때의 붐에 편승해서 한 밑천 잡으려고 꾀하는 소인 상법(素人商法), 장마다 망둥이 날뛴다고밖에 생각되지 않는 조잡한 상품의 산더미 등 끝이 없다.

기술의 혁신, 상품의 개발, 시장의 개척에 있어서는 독자성을 발휘하도록 지시해야만 한다.

헨리 키신저를 퍼스트 네임으로 부를 수 있는 기자도, 워터게이트 사건의 보도에서만은 무용 지물이었다

★ 미국의 닉슨 대통령을 끝내 사직으로까지 몰고간 워터게이트 사건은 워싱턴 포스트 지의 1년 가까이에 걸친 집요한 조사 보도 때문이었다.

1973년 봄이 되어 대통령 측근이 잇따라 사임할 무렵까지 매스콤의 태반은 침묵했으며 워싱턴 포스트 지의 고독한 캠페인이 계속되었다. 그나마 그 주역은 백악관에 출입하는 정치부 기자가 아니라 백악관과 전혀 관계가 없는 사회부의 사건 기자 같은 사람들이었다.

결국 그 전말이 『대통령의 음모』라는 책으로 나와 평판이 되었는데, 그 책에서 소개되고 있는 벤자민 브래드리 편집 주간의 말이 이것이다.

☆ 전문으로 담당하고 있는 사람들은 대개의 일에 놀라지 않아 저도 모르게 중요한 일을 놓치고 마는 적이 있다. 조직 내의 실수나 사업의 실패를 체크할 때에도 전혀 관련 없는 사람에게 담당시키면 오히려 효과를 나타내는 적이 적지 않다. 전문가들은 실수를 한 사람들과 같은 발상을 거듭하는 데다 저도 모르게 동정해 버리고 말기 때문이다.

현명한 사람은 적에게서 많은 것을 배운다

★ 정치나 문화, 시사 문제를 희화화(戲畫化)해서 취급하고 매서운 풍자를 행한 고대 그리스의 최고 희극 시인, 아리스토파네스 작(作)『새』에서의 한 대목

새의 임금이 말하기를 "그렇지만 말이다, '현명한 사람은 적에게서 많은 것을 배운다'고 하지 않는가. 원려(遠慮)는 만사(萬事)를 다한다더군. 이것을 가르쳐 주는 것은 우리편 쪽에서가 아니라 적이지. 적이 즉각 깨닫게 해 준다."고 하며 심모 원려(深謀遠慮), 즉 장기적인 대책이 있어야만 모든 일은 제대로 이루어지며, 그 모책을 짜내는 지혜를 현자는 자기편보다도 적의 동태를 잘 관찰해서 얻는다고 한다.

고대 중국의 병법서『손자(孫子)』도 적을 알고 자기를 알면 백전(百戰)도 위태롭지 않다고 가르치고 있다. 비지니스에서도 전략 책정에 있어서는 적, 즉 경쟁 상대의 기업을 정보원으로 하여금 철저한 정보 수집과 분석을 하게 하고, 그것을 기초로 정세를 정확히 판단해서 자사(自社)의 계획에 끌어들인다. 그것이 성공에의 길로 이어지는 것이다.

☆ 비지니스맨에게 정보 수집의 중요성을 역설할 때 등에도 인용할 수 있는 말이다. 비지니스맨은 판매하는 것에는 열심이지만 정보 수집에까지 눈이 미치지 못하는 경우가 많다.

거래선의 점두(店頭)나 고객과의 대화, 이러한 것은 모두 상품 개발이나 판매 전략 등의 입안에 도움이 되는 귀중한 정보원인 것이다. 경쟁 회사의 정보를 보다 빠르게, 보다 많이 수집해서 유효하게 자사의 기업 전략에 활용하는 기업이 시장을 제압하게 되는 것은 두 말할 필요도 없다.

현실을 그대로 받아들이라. 설령 그것이 불행한 사태일지라도……

★ 기본적 경험론의 입장에서 실용주의(實用主義; 프래그머티즘)를 제창한 미국의 심리학자이자 철학자인 윌리암 제임즈의 말.

프래그머티즘이란 사물의 본질이나 의미는 행동의 결과에 의해 평가해야 한다는 입장을 기본으로 삼는, 이른바 미국의 국민 철학이라고 말할 수 있다. 이것은 불효 불굴의 개척이나 실험, 그리고 새로운 생활 체험에의 도전 같은 미국의 독특한 개척 정신의 밑바탕을 이루는 철학 사상이기도 하다.

그는 위의 말에 이어서 "현실 그대로를 받아들이는 것이 불행을 극복하는 제1보가 되는 것이기 때문에……"라고 말한다. 즉 사물은 경험하고서야 비로소 그 진실성을 확인할 수 있는 것이다. 설령 그것이 실태(失態)나 불행한 사건이라고 해도 순순히 받아들이고 다음 재기 때의 용수철로 삼는 마음가짐을 가지라는 뜻이다.

☆ 냉엄한 경영 환경에 대응해서 사원의 분기를 촉구하는 훈시 등에 인용할 수 있다.

급격한 원화 절상의 진행으로 곤경을 면치 못하게 된 기업도 적지 않다. 경제의 동향은 한 기업의 힘으로는 막지 못한다. 괴로와도 이것을 받아들여 극복해 나가지 않으면 기업의 장래는 없다. 그러므로 회사가 단결해서 더한층의 합리화나 새 시장 개척 등에 맞붙음으로써 다음 비약의 계기로 삼아가지 않으면 안 되는 것이다.

【비슷한 말】 마이너스를 플러스로 바꿀 수 있는 것은 인간만이 지니고 있는 능력이다.

현(賢)을 보면 똑같기를 생각하고 불현(不賢)을 보면 몰래 자기를 반성한다

★ 『논어』는 명언의 보고(寶庫)라고도 할 수 있는데, "현(賢)을 보면 같음을 생각하고, 불현(不賢)을 보면 몰래 자기를 반성한다."고 한 한마디는 과연 공자로구나 하고 감탄하지 않을 수 없다.

그 뜻은, 자기보다 뛰어난 사람을 보았을 때에는 부러워하거나 시샘하는 일 없이 자기도 언젠가는 그 사람처럼 되려고 유념하며, 그 반대의 사람을 보았을 때에는 자기에게도 그와 같은 어리석음이 있지 않을까 하고 반성해 보는 것이 좋다는 뜻으로서, 공자라는 인물의 위대함을 이 한마디에서 능히 느낄 수 있다.

공자는 그 술이편(術而篇)에서 "세 사람이 동행하면 반드시 본받을 만한 사람이 있다. 그 착한 사람을 택해서 따르고 착하지 않은 사람으로 하여금 자기를 바로잡게 한다."고도 말하고 있는데, 이것 역시 표현의 차이가 있을 뿐 표제의 말과 같은 뜻이다.

또 『시경(詩經)』의 수아편에 "다른 산에서 난 나쁜 돌도 자기의 구슬을 가는 데에 소용이 된다"는 말이 있는데, 이것은 남의 그릇된 언행도 자기의 수양을 하는 데 도움이 된다는 뜻으로, 약간 어감에 차이가 있을 뿐이다.

☆ 향상심과 반성하는 마음은 다같이 소중하니 사원의 좌우명으로 전하고 싶은 한마디이다.

홈인하려면 1루, 2루, 3루의 베이스를 차례로 밟아가지 않으면 안 된다

★ 미국의 야구사(野球史)에 이름을 남긴 유명한 홈런왕, 베이브 루스의 말이다.

설령 홈런을 쳤더라도 그것만으로는 점수가 되지 않는다. 1루에서 2루, 3루의 베이스를 차례로 밟고, 마지막에 홈 베이스까지 돌아와야 비로소 1점이 되는 것이다. 그것이 규칙이고, 설령 홈런이라고 해도 무조건 득점할 수는 없다. 그러고 보니, 홈런을 날리고서도 베이스 밟기를 잊어 아웃이 된 프로야구 선수가 있었다. 또 골프의 스코어를 틀리고 실격이 된 프로 골퍼도 있었다.

말은 단순하지만, 일의 순서나 규칙이라는 것을 명쾌하게 가리켜, 누구든지 이해할 수 있는 말이 되어 있다. 스포츠의 세계 뿐만 아니라 일상 생활에서도 이것은 중요하다. 특히 한국 사람은 "이심전심(以心傳心)"을 소중히 여겨 규칙이라고 하면 거북스럽다고 경시하는 경향이 있는데, 이것은 매우 위험한 일이다. 마지막에 가서 자신의 실수로 백지화되지 않도록 사회적인 룰(rule)에는 충분히 조심해야 한다.

☆ 단순히 룰의 중요성을 말하고 있으므로 누구라도 이해할 수가 있다. 또 베이브 루스라는 인물도 이야깃거리로 삼으면 흥미로울 것이다.

【비슷한 말】 천리 길도 한 걸음부터.

홍수에 먹을 물이 없다

★ 옛 속담으로서, 재해 때의 주의로서 옛날부터 구전되어 오는 말.

우리 나라는 태풍 때면 반드시 어딘가에서 홍수가 나고 재해가 일어난다. 그와 같은 때, 눈앞에 물은 있지만 그 물은 더러워서 마실 수 없다. 따라서 청결한 물을 평상시에 준비해서 홍수에 대비해 놓지 않으면 안 된다는 것을 가르친 말이다.

게다가 이 말 속에는 물을 준비하지 않아 도리없이 그만 눈앞의 더러운 물을 마시고 설사나 복통을 일으켜 많은 사람이 죽었다는 사실이 숨겨져 있다. 사실 우리 나라에서는 별로 그런 일이 없지만, 후진국에서의 재해 때는 재해 자체보다도 그 후의 전염병에 의한 사망이 많은 법이다.

말로서는 단순하다. 그렇지만 재해 때의 마음가짐으로서 합당한 말이며 현대에서도 충분히 통용될 것이다. 여러 가지의 도구에 에워싸여 있는 지금은 전기나 가스가 중단되는 것만으로도 중대한 장해가 된다. 그러므로 재해 때 겪는 생활의 곤란은 옛날보다도 현격하게 더 심하다.

☆ 말은 단순 명쾌하므로 해설할 필요조차 없고, 눈앞의 물을 마시지 못한다고 하는 상황을 상상하며 평상시에 재해 때의 준비가 중요하다는 것을 강조하면 될 것이다.

또한 전기나 가스가 중단되면 음식조차 만들지 못하는, 문명의 이기에 의지하고 있는 생활에 경구(警句)가 될 수 있는 말이다.

효과적인 계획이란 불완전한 계획이다

★ D. 유잉이 지은 『계획의 인간적 측면』에서의 한 구절.

언뜻 보기에 역설적인 말이지만, 이것은 계획의 전문가가 과학적, 합리적으로 계획의 세부에 이르기까지 작성하게 되면, 그 계획의 실행을 맡는 주위 사람들은 계획의 수행에 강한 사명감을 가지고 행동하지 않게 되는 것을 훈계한 것이다.

또 온갖 사태의 변화를 예측한 계획은 "미래를 계획할 수 있다"는 오류를 범하고 있으며, 또 라인 부문이 자발적으로 변화에 대응하는 곳의 "창조를 위한 긴장"의 효과를 과소 평가하는 것이라고 할 수 있다.

인간의 의지나 의욕은 계획에 의해 기술적으로 조절할 수 있는 것은 아니다. 계획을 세움에 있어서는 실행 부문의 충분한 참가를 요구할 필요가 있으며, "완성된 계획을 파는 것"은 삼가지 않으면 안 된다. 계획의 과학, 계획의 기술의 필요성은 인식하면서도, 한편 계획 달성의 참가 욕구, 실행 부문의 창의(創意)의 존중을 중시하고 "계획의 인간적 측면"에 충분한 배려를 하고서야 비로소 계획은 효과적인 것이 되는 것이다.

☆ 현재의 환경 속에서 만약 확실한 것이 하나만 있다면 그것은 불확실성(不確實性)이다. 불확실성의 시대에서는 라인 부문에 의한 변화에의 대응이 불가결하다. 기획, 계획 스태프 부문에 대한 훈시 및 신규 기획의 출발에 임해서의 훈시로서 인용할 수 있다.

흡사 구름을 떠난 달처럼 세상을 밝히라

★ 『법구경(法句經)』의 한 구절.

전에는 게을렀던 게으름뱅이라도 이제부터 정진하면 그 사람은 흡사 구름을 떠난 달처럼 이 세상을 밝힐 수 있다는 뜻이다.

불교에서 말하는 정진(精進)이란 노력이라는 뜻이다. 인간 생활의 전체를 좌우하는 것은 운명이라는 운명론, 이것은 인도에도 옛날부터 있었던 사상인데, 이것에 비해 불교의 입장은 노력주의이다. 물론 자기의 물욕을 충족시키기 위한 노력은 아니다. 인간의 고뇌를 없애기 위한 노력이고, 자기의 욕망을 어떻게 조절해서 없애는가의 노력이 정진이다.

무슨 일이든지 자기의 뜻대로만 된다면 누구나 본능이나 아욕(我欲)을 억제하지 못하고 본의 아니게 나태해지고 만다. 그러나 정진하면 마치 구름사이로 나온 달처럼 전보다도 더 밝게 빛나서 세상을 밝힐 수 있게 될 것이다.

☆ 매일 아침마다 지각하는 회사원이 있다. 이 사람은 만부득이한 일만 없으면 퇴직 때까지 이 버릇을 고치지 못할지도 모른다. 그런데 결코 이 사람은 시간을 잘 지키지 않는 것이 아니고, 다른 회합 같은 약속은 엄격히 시간을 지키고 있다. 그런데 아침 출근만은 그렇지 못한 것이다.

간단한 것 같지만 이 습관을 고치는 것은 쉬운 일이 아니다. 마찬가지로 본의 아닌 "게으름"을 시정하는 정진은 힘든 것이다. 그렇지만 그러한 정진 속에서만이 그는 '세상을 밝힐' 수가 있을 것이다.

웃음과 기지

유머는 인간이 갖추고 있는 힘 가운데 가장 위대한 것 중의 하나이다. 웃음은 백 약 가운데 으뜸가는 약이라고도 말한다. 괴로울 때는 마음을 달래준다. 싱싱한 웃음은 즐겁다. 그렇지만 웃음이 간직하고 있는 힘은 이런 것 뿐만이 아니다. 알맞게 사용만 하면 인간이 태어났을 때부터 갖추고 있는 강력한 무기가 될 것이다.

유머가 왜 우스운가 하면 규격에서 벗어났기 때문이다. 그렇지만 유머에는 그 이상의 힘이 있다. 규격에서 벗어난다는 것은 그만큼 여유가 있다는 것을 나타낸다. 여유가 있기 때문에 유머라는 놀이를 할 수 있는 것이다. 처칠은 유머에 넘쳐 있었다. 그 때문에 위기를 극복한 위대한 재상으로서 영국을 승리로 이끌 수 있었다. 유머는 그 자리를 명랑하게 해준다. 어쩌면 블랙 유머라면 그 자리를 우울하게 할는지도 모른다. 그러나 그것은 그것으로도 좋은 것이다. 우습기 때문에 사람의 마음을 풀어준다.

현명한 사람은 어떠한 상황에 놓여 있더라도 여유를 가질 수 있다. 게다가 수준높은 유머는 지성에서 나온다. 정말로 세련된 유머, 때와 장소에 맞는 유머는 지적으로 세련된 사람만이 능히 할 수 있다. 그리고 받아들이는 사람도 지성이 갖추어져 있지 않으면 안 된다.

또한 유머는 극히 독창적이다. 똑같은 것을 두 번 되풀이해서 말한다고 하면 그것은 이미 호소력이 없다. 듣는 사람을 기습하는 듯한 신선한 것이 필요하다.

제 2 장

동서 고금의 명연설 모음

유정한 사회를 건설하자

도산 **안창호**

여러분!

무정한 조선의 사회를 유정하게 만들어 거꾸러진 조선을 유정으로 다시 일으킵시다. 이것은 조선민족의 사활에 관계되는 문제로서 쉬운 듯하면서 어려운, 관계가 없을 듯하면서 깊은 문제입니다. 정의는 친애와 동정의 결합입니다. 친애라 함은 어머니가 아들을 보고 귀여워해서 사랑하는 것입니다. 동정이라 함은 어머니가 아들이 당하는 괴로움과 즐거움을 자기 스스로 당하는 것입니다. 그리고 돈수라고 하는 것은 정의를 더 커지게 더 많아지게 더 두터워지게 한다는 말입니다. 다시 말하면 친애하고 동정하는 것을 공부하고 연습하여 이것이 잘 되어지도록 노력하자는 의미입니다.

인류 가운데 불행하고 불쌍한 사람 중에 가장 불행하고 불쌍한 이는 무정한 사회에 사는 사람일 것입니다. 다행하고 복 있는 이는 유정한 사회에 사는 사람입니다. 사회에 정의가 있으면 화기가 있고 화기가 있으면 흥미가 있고 흥미가 있으면 활동과 용기가 있읍니다. 유정한 사회는 태양과 우로를 받는 것과 같고 화원에 있는 것과 같아서, 거기에는 고통이 있는 반면에 만사가 진흥합니다.

흥미가 있으므로 용기가 나고 발전이 있으면 안락의 재료가 일어납니다. 이에 반하여 무정한 사회는 큰 가시밭과 같아서 사방에 괴로움뿐이므로 사람은 사회를 미워하는 것입니다. 비유하여 말씀드리면 음랭한 바람과 같아서 공포와 우울만 있고 흥미가 없으며 그러한 결과로 수축될 뿐입니다. 염세와 무용과 무활발이 있을 뿐이며 사회는 사람의 원수가 되니 이는 사람에게 직접 고통을 줄 뿐 아니라 모든 일이 어려워집니다.

우리 조선 사회는 무정한 사회입니다. 다른 나라 사회에도 무정한 사회가 있겠지만 우리 사회는 가장 불쌍한 사회입니다. 그리하여 그 사회의 무정이 나라를 망하게 하였읍니다. 수백 년 동안을 조선 사회에 사는 사람은 죽지 못하여 살아왔읍니다. 우리는 유정한 사회의 맛을 모르고 살아왔으므로 무정함을 견디는 힘이 있지만 사회에 들어오면 그는 죽고 말리라고 생각합니다. 민족의 사활 문제를 앞에 두고도 냉정한 우리 민족입니다. 우리가 하는 운동에도 동지 사이에 정의가 있었던들 효력이 더욱 많았을 것입니다. 정의가 있어야 단결도 되고 민족도 흥하는 법입니다. 정의는 본래 날 때부터 타고난 것이건만 공자교를 숭상하는 데서 우리 민족이 남을 공경할 줄은 알았으나 남을 사랑하는 것은 잊어버렸읍니다. 또 혼사, 상사, 제사도 허례에 기울어지고 진정으로 하는 일이 별로 없을 것입니다.

여러분! 여러분은 어려울 때의 일을 돌이켜 생각하여 보십시오. 사람과 사람 사이에 서로 사랑하는 정이 생기는 것은 당연한 일이거늘 우리 사회에서는 부모와 자녀, 형과 아우 사이에 아무 정의가 없읍니다. 어른들이 어린이를 대할 때는 한 개의 노리개로 여깁니다. 그리하여 그 울고 웃는 꼴을 보기 위하여 울려도 보고 웃겨도 봅니다. 그뿐이겠읍니까? 호랑이가 온다, 귀신이 온다하여 아이들을 놀라게 합니다. 또 집안에 계신 조부모나 부모는 호령과 매 때리기만 일삼으므로 아이들은 잠시도 마음을 펴지 못합니다. 아이들은 조부모나 부친 앞에서는 매맞을 생각에 떨고만 있읍니다. 나는 어렸을 때 산에 가서 놀기를 좋아하였는데 온종일 놀다가 돌아올 때에는 매맞을 생각에 떨면서 돌아왔읍니다. 또 걸핏하면 내쫓습니다. 지아비의 집에서 쫓겨나 울면서 빙빙 돌아다니는 모습은 참으로 기가 막혀 볼 수 없읍니다.

이와 같이 하여 갓나서부터 공포심만 가득한 생활을 하던 아기가 가정의 틀을 벗어나면 학교 훈장이란 이가 또한 호랑이 노릇을 합니다. 아이는 학교에 가고 싶어서 가는 것이 아니요 부모가 가라니까 마지 못해서 학교에 가는 것입니다. 또 시부모와 며느리, 형과 아우, 모든 식구가 서로 원수입니다. 관민간에도 그러합니다. 동리나 면이나 군이나 도에 가 보십시오. 어디서든지 찬바람이 안 부는 데가 없읍니다. 그보다 더 기막힌 것은 남녀간에 무정한 것입니다. 남녀 사이엔 정의가 끊어져서 서로 볼 수 없읍니다. 따라서 만일 남녀가 사귀는 날이면 필경에는 범죄 사실이 생깁니다. 이것은 남녀간에 오고 가는 정당한 교제의 길을 막는 까닭입니다.

여러분! 이제 우리는 한번 눈을 돌려 다정한 남의 사회를 봅시다. 그들의 가정에서는 부모가 결코 욕하지 않습니다. 장난감으로 인형을 주어 사랑케 하고 잘 때는 안고 키스하며 재웁니다. 식탁에서도 아이들은 특별히 대우합니다. 우리 가정에서처럼 역정을 써서 먹으라고 호령하지 않습니다. 이리하여 어렸을 때부터 공포심이 조금도 없이 화기애애한 가운데서 자라는 것입니다. 서양 아이들은 참으로 꽃보다 더 귀합니다. 정이 가득한 가정에서 자라난 까닭입니다. 소학교에 가면 교사는 다 여자입니다. 이것은 남자보다 여자에게 정이 더 많기 때문이며 선생이 학생을 친절히 대하므로 학생들은 선생을 매우 따르고 학교에 가고 싶어합니다.

그러므로 서양 소학생들은 결코 우리 나라 아이들처럼 학교에 가기 싫다고 억지 쓰는 것을 보지 못하였읍니다. 학교 뿐만 아니라 기선이나 기차 속에서도, 집회 속에서도 화기가 있읍니다. 근심이 있는 이는 결코 남 앞에 나서지 않습니다. 예배당에는 음악대와 성악대가 있고 또 교우들이 때때로 모여 웃고 먹고 하면서 정의를 돈독하게 합니다. 우리 나라 예배당에는 공포가 가득합니다. 우리 나라 교인들의 사랑은 진정으로 나오는 정이 아니고 그렇지 않으면 죄가 된다는 공포 관념에서 나오는 사랑입니다. 그네들은 정의를 옷과 밥 이상으로 여깁니다. 상인이나 학생, 심지어 신문 파는 아이들까지도 구락부를 안 가진 자가 없읍니다. 그들은 정의 없이는 살 수 없다는 주지에서 이렇게 합니다.

미국 같은 나라에서 제일 부러운 것은 그 직업의 상하 귀천을 물론하고 다 즐거워하는 현상입니다. 서양사람은 손님이 오면 딸이나 누이로 하여금 웃고 접대케 합니다. 부부될 남녀는 약혼 시대부터 서로 정열적인 사랑을 속삭이며 사귑니다. 다른 나라 사람들이 이것을 책하지 않는 고로 그들에게는 아무런 공포도 없고 다만 두터운 정뿐입니다. 남녀의 화합이 사회의 정의 기초이건만 우리 사회에서는 남녀를 꼭 갈라놓으므로 차디찬 세상을 이루고 맙니다. 서양사람들은 정의에서 자라고 정의에서 살다가 정의에서 죽습니다. 그들에게는 정의가 많으므로 사회가 있고 따라서 흥미가 있어 무슨 일이든지 잘 됩니다.

우리는 이 정의 돈수 문제를 결코 심상히 볼 것이 아닙니다. 우리가 우리 사회를 개조하자면 먼저 다정한 사회를 만들어야 하겠읍니다. 우리는 조상적부터 무정한 피를 받았기 때문인지 아무래도 더운 정이 없읍니다. 그러므로 정의를 기르는 공부를 하여야 되겠읍니다. 그러한 뒤에야 참다운 삶의 맛을 알게 될 것입니다. 일언일동에 우리 사이의 정의를 손상하는 자는 우리의 원수입니다. 과거나 현재에 우리 동포는 어디 모인다 하면 으례히 싸우는 것으로 압니다. 남의 결점을 지적하더라도 결코 듣기 싫은 말은 사랑으로써 할 것입니다. 이제 정의를 기르는 데 주의할 몇 가지를 말씀드리겠읍니다.

첫째, 우리는 남의 일에 개의하지 맙시다. 우리는 걸핏하면 남의 일에 간섭하기를 좋아합니다. 남의 허물이 있으면 이것을 공박하기를 좋아합니다. 이제 우리는 각각 남의 일만 살피고 자기의 허물만 스스로 고칠 뿐이지 결코 남의 일이나 허물에 개의치 말 것입니다.

둘째, 우리는 개성을 존중합시다. 모진 돌이나 둥근 돌이나 다 쓰이는 곳이 있는 법이니 다른 사람의 성격이 나의 성격과 같지 않다 하여 나무랄 것이 아닙니다. 각각 남의 개성을 존중하여 자기의 성격대로 가지는 것을 시인하여야 합니다.

셋째, 우리는 자유를 침범하지 맙시다. 아무리 같은 동지라도 각 개인의 자유가 있는 것인데 이제 남을 내마음대로 이용하려다가 듣지 않는다고 동지가 아니라 함은 참으로 어리석은 일입니다. 서양 사람은 비록 자기의 자녀에 대하여서라도 무엇을 물을 때 'Will you'하고 '하겠느냐'고 물어보는 의미로 말하여 그의 자유를 소중히 여깁니다.

네째, 우리는 물질적 의뢰를 하지 맙시다. 우리 친구들 중에는 돈 같은 것을 달라고 하여 주지 않으면 그만 등을 돌리는 이가 있읍니다. 그러므로 우리는 친구에게 물질적 의뢰를 하지 않는 것이 마땅하며, 설혹 의뢰하였다가도 자기의 요구대로 되지 않는다고 정의를 단념하는 것은 옳지 못합니다.

다섯째, 우리는 정의를 혼동하여서는 안 됩니다. 부모, 부부, 동지의 정의가 각각 다른 것입니다. 그러니 누구를 더 사랑한다고 나무라지 말 것입니다. 부모간의 정의와 친구간의 정의가 같겠읍니까? 또 같은 동지끼리라도 더 친한 친분이 있을 것입니다. 그러니 더 사랑한다고 나무라지 말 것입니다.

여섯째, 우리는 신의를 지킵시다. 서로 약속한 것을 꼭꼭 지켜야 정의가 무너지지 않습니다. 만일 한다고 한 것을 바로 행하지 않으면 꺼리는 마음이 생깁니다. 그러므로 신의는 꼭 지키는 것이 정의를 기르는 데 한 가지 조건이 됩니다.

일곱째, 우리는 예절을 존중합시다. 우리 나라 사람들은 좀 친하여지면 예절이 문란하여집니다. 그래서 친구간에 무례하게 왕래하는 것이 서로 친애하는 표가 되는 줄 압니다. 그러나 무례한 것으로는 친구에게 호감을 못 주고 드디어 염증이 생기게 됩니다.

그 나라의 애국자를 대우하게 되는 것도 무정한 사회와 유정한 사회와 다릅니다. 우리 무정한 사회서는 애국자의 결점만 집어내다가 위난에 빠질 때에는 구원하지 않습니다. 그러나 유정한 사회에서는 그렇게 안 합니다. 또 어떤 이가 공공사업에 돈을 내다가도 다시 더 안 내면 그전에 낸 것을 고맙게 생각하지 않고 도리어 욕합니다. 또 후배들이 어느 선배를 숭배하여 그를 따르면 사회가 욕합니다. 이런 무정한 사회가 어디 있읍니까?

　유정한 국민은 아무리 점잖은 신사나 부부일지라도 노상에서 환난을 만난 사람을 보면 그 체면과 시간을 돌아보지 않고 신속히 구원하여 줍니다. 여기에는 귀천의 구별도 없습니다. 자기의 좋은 옷을 찢어서라도 상한 사람의 상처를 닦아서 싸매 주고 간호하여 줍니다. 정의가 없는 우리 민족의 고통은 참으로 지옥 이상입니다. 한민족의 사회는 마치 가시바다와 같습니다. 아무 쾌락도 없습니다. 우리 다같이 정의를 길러서 화기 가운데 살아 봅시다. 다시 되풀이하여 강조하건대 정의가 있어야 화기가 있고, 화기가 있어야 흥미가 있고, 흥미가 있어야 성공이 있습니다. 그리하여야 무슨 사업이든지 무슨 의무든지 다하고 싶어서 하게 됩니다.

　여러분! 우리는 어디를 가든지 정의 돈수 이 네 글자에 의지하여 살아 나갑시다.

밀조부인(密詔浧認)은 일본 주구들의 협잡이다

헤이그 밀사 **이준**

이조 말엽에 일본의 침략이 날로 노골화함에 이르러 고종황제는 이준 선생을 만국 헤이그 평화회의에 밀사로 파견하였다. 그러나 악독한 일본대표 가등고명(加藤高明)은 대한제국 대표의 퇴장을 요구하였다. 이에 분격한 이준선생은 일본 대표를 반박하고 다음과 같은 연설을 하고 그 자리에서 할복하여 붉은 피를 만국 전당에 뿌렸다. 여기 수록된 것은 피의 기록이다.

지금 일본 전권 가등고명(全權加藤高明)의 진술은 무례무도(無禮無道)하기 짝이 없는 것이다. 우리는 당당한 한국의 전권대표로서 이 평화회의에 참석할 권리가 있다. 일본 정권이 말하는 1905년에 체결된 을사조약은 휴지(休紙)와 동양(同樣)인 것이다. 그것은 우리 국민이 전부 반대하며 피로써 항의하는 것이요, 우리 황제의 의사에 없는, 억지로 만들어진 조약이다. 그 증거로는 우리 나라 국서에는 황제폐하의 순어새(循御璽)가 찍히는 법인데 그 조약에는 우리 황제의 어압(御押)이 없는 것을 보아도 잘 알 수 있다. 무엇으로써 한나라의 외교권을 양도받았다고 하는가. 이것이야말로 적반하장이라 하겠다.

일본의 무례, 무법, 무의, 무도한 행동은 열국이 소소짓고 있는 것으로 이런 짓을 귀정(歸正)짓지 못하면 만국평화회의는 빈 껍데기인 한 유희에 지나지 못할 것을 경고하여 마지 않는 바이다. 머지 아니한 장래에 일본은 세계 평화를 교란시켜 열국으로 하여금 고통받게 할 것이다.

다시 말하면 일본이 한국에 대한 그러한 무법 무도를 이용한다면 그 다음에는 그 나쁜 행동이 자라서 청국을, 인도를, 그리하여 동양 평화를 파괴하는 날, 세계평화는 교란을 면치 못할 것이다.

이러한 말은 본 대표의 말을 빌리지 않아도 여러 대표들이 더 잘 알 줄 안다. 이 평화 회의에서 비도의와 부정의를 토정한다고 할 것 같으면 일본정권의 그 무례한 실례의 발언은 취소 있기를 본 대표는 바라는 바이다.

註 이상 발언에 대하여 영국대표는 일본대표를 지지하는 발언을 하였다. 이에 대하여 이준 선생은 또다시 다음과 같이 반박하였다.

나는 지금 영국 정권의 폭언을 시정하려 한다. 영국은 신사의 나라로 나는 알고 믿고 있다. 영국은 과거 병술년에 우리 나라의 거문도를 불법으로 점령한 일이 있다. 그러나 그때 우리 나라에서 그 불법을 말한즉 그들은 곧 철거해 갔다. 그래서 우리 조약에서는 오늘날까지 영국을 신사국이라 일컬어 오는 바이다.

그런데 오늘 영국대표의 말은 한·영 조약을 헌신짝같이 버리고 약소국가를 박해하는 말이라 아니할 수 없다. 영국의 신사도는 그렇게도 강약을 따라 변하는 도(道)인가?

영국 정권은 동양사에 어두운 것 같다. 오늘 당신네 나라의 동맹국인 일본의 역사는 2천 여 년 밖에 안 되나 우리 나라는 4천 여 년의 역사를 가진 나라이다. 일본에게 무엇이 배울 것이 있어 외교권을 이양할 것인가? 일본이 강제적으로 우리 나라를 침범하는 것을 영국 정권은 알아야 한다. 영국 정권은 신사도를 지켜 자중하기를 바라는 바이다.

註 친임장을 일본 대표가 위조라고 하자 또 반박하였다.

여러분! 각 대표 앞에 사태가 이렇게까지 된 것은 참으로 부끄러운 일이라 아니할 수 없다. 이 세계 문화와 역사를 같이한 나라로서 그러한 말은 차마 할 수 없으리라고 생각한다. 일본은 거짓을 좋아하는 나라여서 그렇게까지 몰염치하게 말하는지 모르나 우리 한국은 남을 속이지는 못하는 나라이다. 우리 황제의 친서의 친임장(親任狀)을 위조한 친임장이라 폭언함은 너무나 외교인의 체면을 모독함에 심한 발언이라 하겠다. 일본 정권의 근신(謹愼)을 요청하는 바이다. 여기에 우리 황제의 어보(御寶)가 찍힌 당당한 친임장이 있다. 아이 같은 수작은 말라.

註 을사조약(乙巳條約)에 관하여

을사조약을 강제로 체결한 것은 그때 신문을 보면 알 것이다. 우리 서울을 철통같이 일본 헌병과 일본 군대가 에워쌌고 더욱 심한 행동은 황제 앞에 칼을 차고 들어가서 강요하였으나, 그 조약을 각 대신밖에 찍지 않았고 우리 황제께서 그 조약에 어새(御璽)를 찍었는지 아니 찍었는지 그것조차 일본 대표는 모르는 모양이니 귀국하면 그것을 보는 것이 어떤가.

註 친임장의 진위(眞僞)를 조해하자고 일본대표가 말하자 또 다음과 같이 반박한다.

그러면 전보로 조회하여 보아도 좋다. 그러나 오늘 우리 나라의 현상은 저 일본의 압박과 간섭이 심하여 어떠한 답전(答電)이 올는지 모르겠다는 부끄러운 말을 아니할 수 없다. 그러나 그것이 사실인 것을 어찌하랴? 우리 황제의 자유까지 저 일본 관헌들이 속박을 하고 있는 현상이다. 그러므로 우리가 밀조를 봉대하고 오게 된 것이다. 이 점만을 특히 각국 대표들에게 말해두지 않을 수 없는 우리들 일행의 고충을 알아주기 바란다.

註 최후 퇴장할 때 연설

　여러분 ! 지금 나는 우리 황제의 회전을 부인한다. 천지 신명께
맹세하거니와 우리가 밀조를 봉대하였음은 조금도 변함이 없다.
　이 답전은 창피한 말이나 우리 나라에 있는 일본의 그 주구(走狗)
들이 협잡하여 꾸민 것이 아니면 이등박문(伊藤博文)이 황상(皇上)
을 위협하여 만들어진 것일 것이다.
　본 대표는 일신을 희생하여서라도 우리 한국 동포들이 모두 저 왜
정의 무의 무도에 항쟁하여 최후의 일인까지 생명을 나라에 바치려
는 결심이 있음을 세계 만국에 대하여 실제로 보이려 한다.

잠을 깨고 힘차게 삶을 외치자

함석헌

평북 용암 출생의 문필가·종교인으로, 토쿄 고등 사범 졸업 후, 오산 고보·중앙 신학교에서 교편을 잡았다. 무교회주의 종교인으로서 부조리한 사회·사상을 신랄히 비판. 1970년 8월부터 잡지 '씨알의 소리'를 주재하고 있음.

이름 없이 일하고 있고, 생각하고 나타나고 있는 인문의 무리들, 우리는 나라의 밑터요 문화의 지붕이며, 역사의 줄거리요 삶의 씨알입니다. 우리 밖에 정치가 또 따로 있는 것이 아니며, 우리 밖에 지식인이 또 따로 있는 것이 아니요, 이 우리를 내놓고 군인이니 학생이니 하는 것이 따로 있는 것 아닙니다. 그것은 우리의 뼈대며 신경이요, 잎사귀며 꽃입니다. 우리가 전체요, 전부입니다.

자연이 있다 해도 우리와 상관 없는 자연은 없으나 다름없고, 하느님이 계시다면 우리를 통해 우리로 계시지, 그 밖의 하느님은 알 길이 없읍니다.

민중들, 인간들, 자기를 가지는 씨알들, 이제 우리는 힘차게 외칩시다. 우리는 전체다! 우리는 살았다. 우리는 우리다.

오랫 동안을 우리는 잠을 잤읍니다. 꿈을 꾸었읍니다. 어떤 놈이 우리를 깔고 앉는 것 같고, 목을 조르는 것 같았읍니다. 무엇이 귀에 대고 속삭이는 것 같았고, 삼킬듯이 으르렁대는 것 같았읍니다. 그래 몸부림을 치고, 뒹굴고, 고래고래 소리를 지르고, 통곡도 하고, 이젠 죽었다 낙심하기도 했나 봅니다. 깨고 보니 그랬던가 봅니다. 이젠 깼읍니다. 그래요, 깨어나기 시작했읍니다. 우리는 사람입니다.

이 나라의 동포들!

큰일났읍니다. 이 삶에 경련이 일어납니다. 물러가도 도깨비가 다시 돌아서 우리 목을 조릅니다. 아니오, 일없읍니다. 절대로 이 나라는 망하지 않습니다. 망할 리가 없읍니다. 망할 수가 없읍니다. 이젠 망했다 하는 그 생각이 망한 것입니다. 그것이 도깨비입니다.

깹시다. 살을 꼬집고, 혀를 깨물어서라도 깹시다. 깨야 합니다. 동포들! 참 마음으로 뉘우칩시다. 우리가 잘못했었읍니다.

우리 역사의 모든 불행한 일, 모든 잘못한 죄인들, 백성을 억누른 놈들, 당파 싸움을 한 놈들, 나라를 팔아먹은 놈들, 그것은 우리 살림의 거품이요 땝니다. 늙은 갈보 얼굴의 모든 주름살이 제 잘못의 기록이듯이, 우리 역사의 모든 비참, 우리 문화의 모든 더러움은 다 우리 잘못의 자취입니다.

누구를 나무랄 것 없읍니다. 우리가 누구를 죄인이라 한대도, 그만이 미워서 하는 말은 아닙니다. 몇 사람을 책임을 지우고 죽여서 될 일이 아니라, 우리 전체가 책임을 져야 합니다.

웁시다. 5천 년 역사의 더러운 때가 다 녹아 저절로 떨어지도록 어울려 웁시다. 우리 핏속에, 우리 뼛속에, 우리 뇌세포 틈틈이, 우리 생식 세포의 유전 인자 속에 죄가 흐르고 있읍니다. 그것이 빠지기 전에 힘이 날 수 없읍니다.

그러나 겨레들, 우리는 희망을 가집시다. 우리는 살았읍니다. 살 것입니다. 우리는 불사신입니다. 칼로도 찍을 수 없고, 불로도 태울 수 없고, 물로도 빠뜨릴 수 없는 것이 우리입니다. 믿으십시오. 스스로를 믿으십시오! 민중들, 우리는 풀무입니다. 모든 지나간 역사의 녹슨 쇠가 거기 들어가면 녹습니다.

그것은 깨끗이 하는 곳이요, 갈라내는 곳입니다. 모든 오려는 역사의 바탕이 되는 쇳물은 거기서 나옵니다. 그것은 지워내는 곳이요, 새로 하는 곳입니다. 그것은 우리의 자신입니다. 우리의 가슴입니다. 삼키시오, 사양말고 삼키시오. 씨족 시대·봉건 시대·군국

주의·제국주의·자본주의·공산주의, 두려워할 것 없이 그 속에다 집어 넣으시오. 열을 올리시오. 지성의 불을 붙이시오. 독재자·반역자까지도 죽일 생각을 하기보다는 녹여버릴 생각을 하십시오. 그렇지 않고는 참 혁명은 아니 됩니다.

씨알들! 우리는 역사의 나중이요, 시작입니다.

자람과 새로 남의 원리가 우리 속에 있습니다.

5천 년 역사는 우리의 우리 속에 들어 있습니다.

이것이 또 미래 영원한 역사의 태반입니다.

우리는 알차게 영글어야 합니다. 우리는 지켜야 합니다.

그러나, 우리는 반드시 애정이 되어야 합니다.

홑알은 새끼를 까지 못합니다. 진리로 수정되지 못한 민족, 그것은 홑알로 낳았다 죽은 외짝 봉황입니다. 불사의 진리를 가져야 불사조입니다.

여러분!

무조건 뭉쳐라, 복종해라 하는 독재자의 말에 속지 마십시오. 우리는 개성을 가져야 합니다. 우리는 하나가 돼야 하지만, 그 하나는 분통에 들어가서 눌려서 꼭 같은 국수발로 나오는 밀가루 반죽 같은 하나는 아닙니다.

3천만에서 2천 9백 9십 9만 9천 9백 9십 9가 죽는 일이 있어도, 남은 한 알 속에서 다시 전체를 찾고 살려낼 수 있는, 하나 속에 전체가 있고 전체 속에 하나가 있는 그런 개성적인 하나입니다. 문제는 여러 가지여도 우리가 하는 일의 뜻은 하나로, 성격 건설에 있음을 알아야 합니다.

우리는 틀이 잡히지 않은 민족입니다. 거기 우리 과제가 있습니다. 정책보다도, 국민적 성격을 세우는 데 일이 있는 것을 알아야 합니다. 국민적 성격이 서려면, 우리 하나 하나가 개성을 가지고 그것을 발휘해야 합니다. 그것이 민주주의입니다.

3천만 민중 여러분!

우리는 아직 완전한 자유를 얻기에는 멀었습니다. 그러나 걱정할 것은 없읍니다. 분명히 기억하십시오. 우리는 결코 외롭지 않습니다. 온 세계의 깬 민중은 우리를 주목해 보고 있습니다.

우리가 참되게 용감하게 싸우는 것만 보면, 우리가 설혹 한때 어떤 불행에 빠지는 일이 있다 하더라도, 그들은 결코 과거의 국가주의 시대의 나라들처럼 보고만 있진 않을 것입니다. 반드시 우리와 같이 싸워 줄 것입니다.

마지막으로 하나 더.

우리는 잘 하기만 하면 크게 유망합니다. 이날껏 졌던 역사적 빚을 단번에 벗을 수 있읍니다. 세계는 자유·공산 두 진영으로 갈라져 싸우고 있읍니다. 역사는 그 어느 편에도 승리의 깃발을 주지 않을 것입니다. 반드시 두 사상을 뛰어 넘는 보다 높은 제3의 사상이 나와서, 그들을 다 건짐으로써 역사는 새 단계에 오를 것입니다.

나는 잘 하기만 하면, 우리가 그것을 할 수 있다는 것입니다. 38선의 비극·모순은 그것으로만 해결될 것입니다. 그렇다면, 한 번 크게 맘을 먹고 옛것을 시원히 버리고, 새 시대의 길잡이로 나설 만하지 않습니까?

말은 거칠고 순서 없는 말이나, 조그마하나마 정성에서 하는 말입니다. 말을 다하지 못하여도, 알아 주시는 깊은 마음이 여러분 속에가 있는 줄 믿고 그치겠읍니다.

아아!

그럼 생각합시다!

그런 꿈을 기립시다!

그럼 겁을 내지 말고, 속에 있는 대로 외칩시다.

자, 이젠 일어섭시다! 일어섭시다!

시저보다 로마를 더 사랑하기에

마커스 부르터스

고대 로마의 영웅 '시저'는 페르샤를 정복하여 그리스의 원수를 갚게 되자 명성이 높아감을 기회로 로마 왕위에 오를 야심을 품고 있었고, '부르터스'는 시저를 죽이는 것이 공화정치 건설자인 자기의 의무라고 믿고 마침내 시저를 자살(刺殺)하였다. 그리고 로마 시민들을 모아놓고 자기가 시저를 죽이게 된 동기를 다음과 같이 웅변으로 설명하였다.

나의 사랑하는 로마 시민 여러분!

잠시동안 조용히 나의 말을 들어 주시기 바랍니다. 나의 인격을 믿고 나의 명예를 생각하여 이 부르터스의 말을 의심치 마십시오. 여러분은 잘 분별하는 마음으로 냉정하게 내 말의 옳고 그름을 판단하여 주시기 바랍니다. 만약 여러분 가운데 시저를 사랑하는 분이 계시다면 나는 그에게 이 부르터스의 시저에 대한 사랑이 결코 여러분에게 뒤지지 않는다는 사실을 말씀드리려 합니다. 이렇게 말씀드리면 여러분은, 그렇다면 무슨 까닭으로 시저를 죽였느냐고 나무랄 것입니다. 시저를 사랑하는 마음이 모자라서가 아니라 로마를 사랑하는 마음이 더욱 컸기 때문입니다. 이것이 나의 대답입니다.

여러분은 시저가 살아 있으므로 해서 로마 사람들이 노예가 되는 것을 원하십니까, 시저가 죽으므로써 로마 사람들이 자유의 인민이 되는 것을 원하십니까? 나는 시저가 나를 사랑하는 까닭에 그를 위하여 눈물을 흘리는 것입니다. 그가 용감하였던 까닭에 나는 존경합니다. 그러나 그가 옳지 못한 야심을 품고 있었기 때문에 눈물을 흘리며 그를 죽였읍니다. 야심에 대해서는 죽음이 있을 따름입니다.

여러분 가운데는 좋아서 노예가 된 사람이 있읍니까? 로마 사람이 아니기를 원하는 사람이 있읍니까? 나라를 사랑하지 않는 사람이 어디 있읍니까? 만약 있으면 있다고 말씀하십시오. 나는 여러분의 대답을 기다리겠읍니다.

한 사람도 없읍니다. 그렇다면 여러분은 내가 한 일을 책망하시지 않는다는 것을 알겠읍니다. 내가 시저에게 한 일은 여러분이 이 부르터스에 대하여 하셔야 할 일이 아니겠읍니까? 시저의 죽음 경위는 '캐피탈' 전당기록(殿堂記錄)에 남겨져 그의 영광이 손상됨이 없이, 그의 죄과(罪科)도 더이상 지워지는 일 없이 전해질 것입니다.

오! 시저의 시체 옆을 마크 안토니오가 울며 올라옵니다. 안토니오는 시저를 죽이는 일에 가담하지 않았읍니다마는, 여러분과 함께 시저의 몰락으로 복리를 받은 공화국의 일원이 될 것입니다. 이 부르터스는 나라를 위해서 눈물을 머금고 가장 사랑하는 친구를 죽였읍니다.

만약 로마가 부르터스의 죽음을 원하는 때엔 부르터스는 언제든지 시저를 죽인 것과 똑같은 칼을 이 몸에 받기를 사양하지 않을 것입니다.

로마의 시저는 가다

마크 안토니오

나의 사랑하는 로마 시민 여러분!

나는 지금 여러분에게 일장의 변변치 못한 연설을 하려고 합니다. 잠시 동안만 조용히 들어 주시기 바랍니다. 물론 나는 여기에서 시저의 위대한 공훈을 이러니저러니 말하여 감히 그를 두둔할 생각은 없읍니다. 단지 그의 죽은 시체를 장사지내고자 하는 바입니다. 옛말에 좋은 일은 문밖으로 나가지 않으나 나쁜 일은 천 리를 달린다는 말과 같이, 나쁜 일은 죽은 뒤에도 길이 세상에 남는 것이지만 착한 일은 종종 지하삼척의 백골과 같이 매장되고 또 알려지지 않는 수가 많습니다. 저 시저에 대해서도 또한 그렇게 말씀드린다고 해서 어긋나는 말이라고는 할 수 없을 것입니다.

성실하고 현명한 부르터스는 "시저는 악한 마음을 품고 있는 사람이다."라고 말하였읍니다. 그와 동시에 그 과오가 있기 때문에 상상할 수도 없는 최후를 마친 시저의 죽음도 또한 참으로 통탄스럽고 비참하지 않습니까? 부르터스를 비롯해서 이번 이 의거에 가담하신 여러분은 누구나 부모지정으로 나라를 염려하시는 정의의 기사들입니다. 그러므로 나에게 맥이 끊어진 시저의 업적을 애도하고 아울러 나의 흉금을 털어놓을 기회를 허락하신 것입니다.

여러분! 줄리어스 시저는 나의 친구입니다. 그는 다른 사람들에게는 몰라도 나에게 대해서는 무슨 일이고 신용을 어긴 일이 없었고 또 의리를 잊은 일도 없읍니다. 어이 알았으리오! 마커스 부르터스의 말에 의하면 "그는 악심을 품고 있는 인물이다."는 것입니다.

여러분도 아시다시피 부르터스는 현명한 사람입니다. 그리고 시저는 어떠하였읍니까? 사방에서 야만인들을 토벌할 때마다 포로로 잡은 노예들을 막대한 상금과 바꾸어 한 푼도 사사에 쓰지 않고 그 전부를 국고에 바쳤읍니다. 이것이 과연 나쁜 마음이겠읍니까? 부당한 일이겠읍니까? 식량이 없어 빈 뒤주 바닥을 두드리며 배고파 우는 가난한 사람의 소리를 들으며 시저는 함께 울었읍니다. 이것이 과연 나쁜 마음이겠읍니까? 부당한 말입니다. 그가 그 성품에 조금이라도 인색하고 잔인하여지지 않는다면 결코 나쁜 마음을 품을 수는 없을 것입니다.

여러분! 여러분도 친히 보셨을 줄로 생각합니다. 며칠 전에 바이칼의 제삿날이었읍니다. 내가 세 번씩이나 로마제국의 왕관을 시저에게 바쳤으나 그는 세 번 다 이를 거절하지 않았읍니까? 단연코 사퇴하지 않았읍니까? 여러분! 이래도 시저에게 나쁜 마음이 있다고 말씀하시겠읍니까?

그러나 말씀하신 부르터스는 의심할 여지도 없이 여러분이 벌써부터 아시는 바와 같이 현명하신 분입니다. 다만 나는 내가 보고 들은 바에 따라서 충심으로 우러나오는 소리를 여러분에게 권할 뿐입니다. 여러분은 일찌기 시저를 경애하신 분들이 아니십니까? 만약 존경하고 사랑하였다면 반드시 거기에는 경애한 까닭이 있었을 것입니다. 일찌기 까닭이 있어서 경애한 이상, 그가 단말마에 목숨을 끊기었는데도 한 방울의 눈물도 없음은 도대체 무슨 까닭입니까? 나는 참으로 괴상스럽다고 부르짖고 싶습니다. 자식을 잃으면 어버이가 이를 슬퍼하고 어버이를 잃으면 자식은 슬픔에 잠길 것입니다. 이것이 인간의 지극한 정성입니다.

아! 창창한 맑은 물은 벌써 흐려졌는가? 모든 조리는 그림자를 감추고 도의는 흔적도 없어졌단 말입니까? 위훈이 빛나며 어제까지도 도도하던 시저의 시체에 대해서 지금은 저 거지들까지도 경의를 표하지 않으니, 손바닥을 내놓으면 비가 되고 손을 뒤집어 손등을 내놓으면 구름이 되는 세상입니다. 그 어찌 괴상스럽다 하지 않겠읍니까? 그것은 너무도 심한 뒤바뀜이 아니고 무엇이겠읍니까?

그렇다고 어찌할 수는 없는 일입니다. 여러분! 만약 안토니오가 만강의 의분을 털어놓음으로 말미암아 여러분의 마음을 자극한다면 그것은 곧 부르터스를 무고하는 것이 됩니다. 곧 캐시어스를 비방 하는 것이 됩니다. 여러분도 아시다시피 이분들은 모두 정직하고 정당한 지사들이고 어진 사람들임에 틀림없읍니다. 이러한 지사 현인을 무고하거나 비방하는 짓은 나의 바라는 바가 아닙니다. 이러한 지사 현인들을 비방함보다 오히려 참고 죽은 분을 욕하고 또 자기 자신의 명예를 훼손하는 편이 나을 것입니다. 시비가 분명치 못하고 어찌할 수 없는 허망한 자라고 후세 사람들에게 욕먹을 것을 알면서도 모르는 체하고 가만히 있는 편이 낫읍니다.

그러나 여러분! 여기에 시저가 손수 쓴, 로마 시민들에게 드리는 유서가 있읍니다. 나는 이것을 그가 언제나 가지고 다니는 손가방 속에서 발견하였읍니다만…… 나는 결코 이 유서를 읽지 않겠읍니다. 만약 이 유서를 여러분이 들으신다면 여러분들은 반드시 슬픔과 기쁨에 갈피를 잡지 못한 채 시저의 시체를 껴안고 칼맞은 상처에 입을 맞출 것입니다. 신성한 선혈을 손수건에 묻혀서 자자손손에게 전하여 그 홍은의 기념물로 삼을 것입니다. 머리카락 한오라기라도 싸서 손에 들고 제각기 기쁨의 눈물을 흘릴 것입니다.

오! 여러분! 정숙히…… 잠시 정숙해 주십시오. 내가 이 유서를 읽는 상대는 다른 분이 아닙니다. 다정스럽고 친절한 여러분들입니다. 시저 공이 성심성의껏 피로써 쓰신 이 유서의 한 마디, 한 귀절을 들으신다면 반드시 감격한 나머지 열광하실 것임에 틀림이 없읍니다. 자기 자신을 잃어버리고 예측할 수 없는 큰일을 일으키고야 말 것입니다. 이런 점으로 보아서도 시저가 얼마나 여러분을 사랑하고 있었던가 하는 그 깊은 이유를 모르시는 것이 여러분을 위해서도 다행한 일이겠읍니다. 내가 이 유서에 관하여 입밖에 낸 것이 나의 잘못입니다. 그러나 이제 새삼스럽게 뉘우쳐도 할 수 없읍니다. 다만 이로 말미암아 시저에게 소위 천주를 내린 기사 현인들을 훼손하는 것 같은 일이 일어나지 않을까 하고 충심으로 걱정하는 바입니다. 공의 유서를 여러분에게 읽어드리겠읍니다. 여러분! 바라건대 시저의 유해를 둘러싸고 둥글게 서 주십시오. 그 유해를 보여드린 다음에 유서를 크게 읽어드리겠읍니다.

여러분! 눈물 있는 여러분은 모름지기 누선을 열어 먼저 울 준비를 하십시오. 여러분은 이 시저 공의 웃저고리를 아실 것입니다. 그가 처음으로 이 옷을 입은 것은 바로 네루시족을 추격하던 진중 어느 무더운 여름밤이었읍니다. 그날 싸움에 이겨 마침내 강적을 정복하였읍니다. 그 기념이라고도 할 이 웃저고리를…… 여러분! 보십시오…… 무참하게도…… 자! 이 상처는 캐시어스의 단도 흔적이고 캐시어스의 질투의 칼이 닿은 흔적입니다. 그리그 이 상처는 시저가 자기 자식과도 같이 사랑한 저 부르터스가 불안스러운 칼로 이렇게 마구 찌른 것입니다. 부르터스의 불안한 단도는 바로 들어가서 단도를 빼자마자 시저 공의 친총우국하는 생각으로 가득찬 온몸의 피는 줄줄 흘러 나왔던 것입니다.

아! 이 핏자국! 나의 기억으로는 공은 부르터스를 둘도 없는 인물로 생각하고 항상 끊임없는 총애를 베풀었건만 어제의 동무는 오늘의 적이니 이 부르터스의 불신한 짓에 분명코 인간 세상을 저주하셨을 것입니다. 그리하여 반석같은 큰뜻도 밑으로부터 허물어지고 죽음을 각오하신 것입니다. "천만 사람이 있을지라도 나는 나아가겠다"고 한 옛말과 같이 강직하고 용감한 시저도 자기 자식과 같은 부르터스의 불의 불인한 칼에 대항할 만한 용기는 없었던 것입니다. 사실 시저는 기르는 개에게 물린 셈입니다. 나는 믿습니다. 이렇게 수없이 많은 상처 가운데서 이것이 어느 것보다 더 중한 치명상이라는 것을. 그리하여 날랜 영웅은 저고리로 얼굴을 덮은 채 피벼락을 맞은 픈페의 상 아래서 허무한 최후를 마친 것입니다. 여러분! 이것은 과연 그 무슨 징조입니까? 공의 한 개인의 불행만이 아닙니다. 한번 쓰러짐에 이렇게 말하는 나는 물론이요 여러분 전체의 불행입니다. 공의 최후는 따져볼 나위도 없이 로마 시민의 최후입니다.

　여러분! 태양은 떨어져 로마는 암흑세계로 되었읍니다. 불의 불법한 역도는 도처에서 횡행 활보하고 있지 않습니까? 오! 여러분! 우십시오! 우십시오! 목놓아 우십시오! 이야말로 사내다운 눈물입니다.

　여러분이시여! 나의 사랑하는 여러분! 여러분은 경솔한 행동을 삼가지 않으면 안 됩니다. 도대체 이 참사를 일으킨 그들 모두 존경할 만한 지사들입니다. 그 사이에 어떠한 정신이 잠겨 있는지는 내가 알 바가 아닙니다만, 여러분에게 대해서는 그들은 어떻든 명백히 고백하겠지요.

　나는 결코 여러분의 마음을 움직이려고 한 것은 아닙니다. 나는 원래 부르터스와 같은 웅변가는 아닙니다. 여러분이 아시다시피 우위에 사로잡히기 쉬운 소박한 성품입니다. 이 점을 잘 아시는 만큼 부르터스 편 사람들은 이 단상에 올라오는 것을 나에게 허락한 것입니다. 나는 재주도 없고 지혜도 없고 또 말주변도 없읍니다. 그러나 나는 단지 사실을 사실대로 말씀드리는 것뿐입니다. 만약 부르터스와 같은 말주변이 있다면 가슴속 깊이 파고 들어가서 흥분된 피를 끓게 하고 무심한 조각지라도 분개케 할 것입니다. 아니 분개시키지 않고는 견디지 못할 것입니다.

　여러분! 여러분은 너무 열광한 나머지 잊어버리고 있읍니다. 자필로 쓴 유서라는 것은 이것입니다. "모든 로마 시민들에게 한 사람 앞에 일금 75드람마스를 드린다. 그리고 내 소유인 타이파 강가에 있는 모든 장원, 별저, 기타 신설한 정원을 모두 제군들에게 양도하여 자자손손이 유람 오락하는 장소로 삼게 하라."고 씌어 있읍니다.

　아! 일대의 영웅은 이제 가고 없읍니다. 로마여! 그대는 또 어느 때에 이르러 이러한 영웅을 다시 맞이할 수 있을 것인가!

미란으로! 미란으로!

나폴레옹

코르시카 섬에서 출생, 1802년 황제가 되었다. 대외 정복 전쟁을 일으켜 유럽의 대부분을 제압하였으나, 러시아 원정의 실패 등으로 엘바 섬에 유형되었다. 다음 해 탈출하여 다시 정권을 잡았으나, 워털루 싸움에서 패배하여 센트 헬레나 섬으로 귀양갔다가 사망.

다음 웅변은 1976년 미란으로 진격 개시 직전, 진두에서 병사들을 격려하고 위로한 명웅변이다.

병사들이여!

우리는 아페난 산마루에서 바람같이 몰아쳐 내려와, 우리의 길을 막는 자들을 넘어뜨렸다. 이제 오스트리아의 학정으로부터 벗어난 피에르몽 지방엔 평화의 밝은 빛이 깃들고, 그곳 주민들은 프랑스 국민들에게 감사하고 있다. 이제 미란은 우리의 것이다.

보라! 저 롬바르디 들에서 바람에 펄펄 휘날리고 있는 청·백·홍의 깃발을! 마르마 공이나, 모래나, 공주의 그 정치적 운명도 우리 손아귀에 들어 있다. 한때 우리를 위협하던 적병도 벌써 우리 발밑에 굴복하였다. 포 강이여! 처시이와 강이여! 한때는 이탈리아의 견고한 요새라던 것들이 이제는 우리의 진격 앞에 헛된 하나의 돌무더기가 되고 말았다.

병사들이여! 우리의 고국을 생각해 보라! 우리의 승리의 소식이 전해지면, 동포들은 미칠 듯이 기쁨과 공포에 싸일 것이 아니겠는가? 부모, 처자 들은 또 얼마나 우리의 행운을 기뻐할 것인가! 얼마나 사랑스런 마음으로 우리를 아들이라, 남편이라, 아버지라 부를 것인가. 또 얼마나 큰 영광에 싸여 있을 것인가. 진실로 우리는 위대한 일을 하였다. 그러나 아직도 우리가 할 일은 태산 같다. 프랑스 사람들은 싸움에 이길 줄은 알아도, 그 승리를 이용할 줄 모른다는 소리를 듣고 싶지는 않다.

이제 제군은 다시 무기를 잡아야 할 것이다. 다시 무기를 잡고 전진하자. 그리하여 적군을 무찌르고 새로운 월계관을 얻어야 한다. 우리 나라에서 내란을 조종한 자가 누구냐? 우리 함선에 불을 질렀던 자가 누구냐? 그 자를 전율시키기 위하여 우리는 가자. 때는 왔다, 복수의 채찍을 들 때는 드디어 왔다.

그러나 어진 백성들에게는 공포심을 일으켜서는 안 된다. 우리는 어디서나 인민의 친구가 아니겠는가. 쥬피터의 신전을 새로이 이룩하여, 그 신전을 꾸민 영웅의 모습을 세우고, 오랫 동안 노예의 쇠사슬에 매여 있는 로마 사람들을 일으켜 깨우쳐 줌은 진실로 우리 승리의 열매인 것이다. 이로써 우리는 새 기원을 이룩하는 것이며, 세계의 가장 아름다운 세대를 차지한 제군의 영광은 길이 빛나는 생명 안에 살 것이다.

자유로운 프랑스 사람들은 이로써 온 세계의 존경을 받으며 영화로운 평화를 유럽에 주어, 지난 6년 동안 유럽이 바친 희생에 보답할 것이다.

이제야말로 제군은 조국으로 돌아가면 그대들을 "저 사람은 이탈리아 전쟁에 참전하였던 군인이다."라고 모두들 높여 줄 것이다.

우리에게 자유를 달라, 그렇지 않으면 죽음을 !

패트릭 헨리

패트릭 헨리는 미국 버지니아주 국회의원이다. 영본국이 식민지 의회의 승낙없이 불법적 과세로써 무단히 압박을 가했기 때문에 드디어 식민지는 독립을 선언하고 1775년 영본국과 전쟁을 했는데, 헨리는 사건의 폭발 일 개월 전, 즉 1775년 3월 20일 리치몬드 시에서 개최된 주총회에서 웅변을 토하였는 바, 이 글은 미국 독립운동의 도화선이 된 당시의 명웅변이다.

여러분! 여러분들의 애국의 심정과 백성을 구제코자 하는 재력(才力)을 믿는 점에 있어서 나는 누구에게도 지지 않습니다. 그러나 사람의 얼굴이 다 다른 것과 같이 사람의 의견도 각각 다릅니다. 내가 지금 발언하고자 하는 것도 여러분들의 의견과 전연 상반될지 모르겠으니 그 점을 널리 양해하시고 들어 주시기 바랍니다.

나는 내가 생각하는 점을 숨기지 않고 솔직하게 말하고자 합니다. 오늘은 구구한 의례(儀禮)에 사로잡힐 때가 아니라 우리 조국의 부침(浮沈)에 관계되는 중대사이므로 간혹 언사가 조잡한 점이 있더라도 용서하여 주시길 바랍니다.

우리들이 지금 토의하고 있는 문제는 자유를 얻느냐 노예가 되느냐, 두 가지 중에 하나입니다. 이와 같이 중대한 문제이기 때문에 토론 또한 자유라고 생각합니다. 우리들은 언론의 자유를 통해서만 비로소 권리에 도달할 수 있는 것입니다. 조국에 대하여 우리들의 사명을 다할 수 있는 것입니다. 만약 이렇게 위급한 때에 공연히 타인의 반대가 있다고 해서 침묵을 지킨다면 우리들은 민족에 대하여 반역자가 되고 국가에 대해서 불충이 될 것입니다.

여러분! 우리들은 자칫하면 행복의 환상에 사로잡히기 쉽습니다. 이 약점은 자기를 위해서 악전고투하고 있는 선각자(先覺者)요 우리 선배들에게 미안한 일입니다. 이러한 대사를 보고 눈이 있으되 보지 않고 귀가 있으나 듣지 않은 채 국난을 주재하지 않고 방관하여야만 되겠읍니까? 다른 사람들은 모르겠으나 나만은 어떠한 고초를 맛보더라도 진실의 전부를 알고자 원하는 바입니다. 가령 진실이 미운 일일지라도 그 극점까지 알고 이에 대비코자 하는 바입니다.

여러분! 나는 나의 발밑을 비추어 주는 단 한 개의 '램프'를 가지고 있읍니다. 그 램프라는 것은 무엇이겠읍니까? 소위 경험의 램프입니다. 나는 장래를 판단하는 데 단 한 가지의 방법을 가지고 있읍니다. 그것은 무엇이겠읍니까? 말하자면 과거에 비추어 판단하는 것입니다. 그러므로 이 방법에 의하여 지나간 십 년 동안 영본국 정보의 시정을 생각하면 우리들은 온통 함정에 빠지고 있읍니다. 조용히 가슴에 손을 얹고 생각해 봅시다. 영본국은 우리들의 간청을 쾌히 용납하면서도 무엇 때문에 저렇게 전투준비를 하는지, 참으로 모순된 일이 아닐까요. 저 군함은, 저 군대는, 대포나 칼이 사랑의 사업, 동정의 사업에 필요하단 말입니까? 그렇게 어리석은 이야기는 없을 것입니다. 온 국민의 사랑을 얻기 위하여 저렇게 군함이 필요할 만큼 우리들이 그와 같이 강경히 반대하였을까요? 아니 그러한 일은 결코 없었을 것입니다.

여러분! 이것은 확실히 영본국의 개전(開戰)준비입니다. 우리들을 정복할 준비인 것입니다. 이것이 영본국이 우리에게 대하는 최후의 수단이 아니고 그 무엇이겠읍니까?

여러분! 영본국은 확실히 우리를 정복하려고 합니다. 그렇지 않다면 이 군비는 무엇을 의미하는 것입니까? 이렇게 떠들며 군함과 대군을 보내는 적이 또 어디에 있겠읍니까? 나는 단호히 절규합니다. "영본국은 확실히 우리 미국을 적으로 하고 있읍니다. 저 군함과 군대는 영본국 정부가 오랜 세월을 두고 단련한 쇠사슬을 가지고 우리들을 묶은 뒤에 움직이지 못하게 하기 위해서 파견되는 것입니다."

그러면 여러분! 우리들은 무엇을 가지고 그들에게 대항하면 좋겠습니까? 미지근한 판단일까요? 우리들은 과거 수십 년 동안 영본국과 단판에 단판을 거듭하여 왔으므로 이제 새삼스러이 단판할 아무것도 가지고 있지 않습니다. 할 수 있는 수단은 다 하였습니다. 할 수 있는 방법은 다 강구하였습니다. 그렇다면 애원을 할까요? 여러 가지 언사를 다 써가며 애원도 하였습니다.

여러분! 이날 이때를 당한 우리들은 갈팡질팡하는 것은 그만둡시다. 우리들은 지금까지 머리 위에 덮힌 태풍을 걷기 위하여 전력을 다 바쳐왔읍니다. 청원도 하였읍니다. 논쟁도 하였읍니다. 애원도 하였읍니다. 영본국 황제의 옥좌(玉座) 앞에 굴복도 하였읍니다. 그리고 정부와 의회의 중재자(仲裁者)가 되어 우리들 식민지 국민에 대한 학정을 고치도록 간청도 하여 보았읍니다.

아아! 그러나 우리들의 애원은 여지없이 멸시받았읍니다. 그 때문에 압제는 더한층 심해지고 박해는 증대하여 발길로 옥좌 앞에서 걷어채이고 떨어졌읍니다. 이렇게 되고서는 따뜻한 평화에 대한 꿈을 가져봄도 허사입니다.

여러분! 희망의 등불은 완전히 꺼졌읍니다. 만약 우리들이 자유를 얻고자 원한다면, 오랫 동안 싸워서 자유의 더러워짐을 막고자 원한다면, 이 귀중한 다툼의 광휘(光輝) 있는 목적을 다하고자 원한다면 우리들은 드디어 이렇게 절규하지 않을 수 없읍니다. "싸움", 또다시 외칩니다. "싸움 이외는 없읍니다." 무력으로 정의의 신에게 호소하는 이것이 우리들에게 남은 수단의 전부입니다.

여러분! 이렇게 말하면 어떤 사람은 "우리 나라는 약하다. 저 무서운 강적과 싸워서 이기기는 어렵다."라고 말할 것입니다. 그러나 여러분! 그러면 어느 때 어느 시기에 우리들은 강대하게 됩니까? 내주? 내월? 내년? 십 년 후? 백 년 후? 우유부단(優柔不斷)! 무위무능(無爲無能)! 이러고서야 어디 우리들이 힘을 한 곳에 집중시킬 수 있읍니까? 만약 정의의 힘이 우리들의 한 손에 힘을 주시는 수단을 적절하게 사용한다면 우리 미국은 결코 약하다고 말할 수 없읍니다. 삼백만의 동포가 자유를 위하여 손에 손에 무기를 들고 무장하고 궐기한다면 저 구름과 같이 밀려드는 적의 대군도 그 무엇이 무서우랴! 두상삼척(頭上三尺) 우리들의 운명을 맡은 신도 이 싸움터에 출전하는 많은 전우들을 분기시켜 주심을 의심치 않습니다.

여러분! 싸움의 승패에 있어서는 반드시 강자만이 강한 것이 아니요, 인내에 활동과 용기를 가진 자의 머리 위에 승리의 월계관이 빛날 것입니다.

여러분! 지금 이마당에서 편안히 논쟁할 때는 못 됩니다. 우리들은 좋든 나쁘든 간에 싸우지 않으면 안 됩니다. 싸움을 피하고자 해도 피하기에는 이미 시기를 놓쳤읍니다.

자, 갑시다! 싸움터로 싸움터로 용감히 나갑시다. 여러분은 첫째도 평화, 둘째도 평화! 평화라고 말하나 우리들이 갈망하는 평화는 어디에도 없읍니다. 전쟁은 이미 벌어졌읍니다. 북방에서 불어오는 바람은 쟁쟁하게 울리는 총검소리를 우리들의 뒤에서 전하고 있지 않습니까? 우리 동포는 이미 전선에 나가 있읍니다. 여러분들은 왜 우물쭈물 하고 계십니까? 무엇을 구하고자 하는 것입니까? 그리고 그 결과는 무엇을 구할 것입니까? 사람의 생명이란 노예의 창피를 받더라도 이것을 싫어하지 않을 만큼 그렇게도 귀중한 것일까요? 평화란 쇠사슬에 묶이움도 싫어하지 않을 만큼 유쾌한 것일까요? 아아! 나는 절규합니다. 우리들에게 자유를 달라, 그렇지 않으면 죽음을.

Give me liberty or give me death.

힘을 합쳐서 전진하자

윈스턴 처칠

'윈스턴 처칠' 전 영국 수상은 독일에 대하여 타협적 유화정책이 실패하자 계관(桂冠)한 쳄바렌 내작의 뒤를 이어 1940년 5월 10일 전시내각을 조직하였다. 처칠 경은 그달 13일 영국 하원에서 이번 제2차 대전에 승리하지 않으면 대영제국은 파멸한다고 선언하고 그의 결의를 다음과 같이 간명하게 표명한 것으로 매우 유명하다.

나는 지난 10일 밤에 조지 6세로부터 신내각 조직의 대명(大命)을 받았읍니다. 그리하여 나는 이 신내각을 광범한 기초 위에 두고 모든 정당을 포함시키는 것은 의회와 국민의 일치된 의사라고 생각하였읍니다. 나는 이 내각조직의 가장 중요한 부분을 마치고 각각 반대당의 대표 5명으로 거국일치의 전시내각을 조직했읍니다. 각외각료(閣外閣僚)의 중요한 포스트는 어제 그 전형을 마쳤었으므로 오늘밤 안이라도 또 약간의 각료 명부를 황제폐하께 봉정(奉呈)할 예정이며 14일 안으로는 그 중요한 각료 임명을 완료할 생각입니다. 그러나 전 각료가 결정되기까지는 조각임무를 완전히 마치고 각반(各班)의 행정 부분의 정비를 끝낼 자신이 있읍니다.

내가 오늘 의회소집을 의장에게 요청한 것은 그렇게 하는 것이 국가사회의 이익이 된다고 생각한 결과에서 나온 것으로써, 오늘의 회의가 산회(散會)함에 당하여 21일까지 휴회 동의를 제출하는 것이 필요한 경우에는 언제든지 개회한다는 특례를 만들 작정입니다.

나는 여기에 있어서 이러한 이례적(異例的)인 조각경과에 관해서의 회의승인을 구하고 나아가서는 신내각에 대한 신임을 표명하는 결의를 요구하는 바입니다. 그리하여 이 결의안은 본원(本院)이 대독 전쟁(對獨戰爭)을 승리로써 끝마치게 하기 위하여 단호한 결의를 더욱 굳게 해서 전 국민의 총의를 대표하는 내각의 성립을 환영하는 것을 의미하는 것입니다.

우리는 현재 역사 있는 이래 최대전쟁의 전초전(前哨戰)을 하고 있는데 불과합니다만 전선(戰線)은 벌써 각 방면으로 확대되어 지중해에도 전시 준비를 정비하지 않으면 안 되며, 또 공중전이 더욱더 활발해지고 있음에 따라 총후시설(銃後施設)의 정비를 급속히 하지 않으면 안 되게 되었읍니다. 나는 신내각에 입각(入閣)한 여러 각료들에게 피와 노동과 눈물과 땀 이외에는 제공할 것이 아무것도 없다고 말했읍니다만, 의회에 대해서도 이 말 그대로 한마디 말씀드려 두고 싶습니다.

우리들의 앞에는 가장 고통을 가져오는 임무가 가로놓여 있읍니다. 우리들 앞에는 장기에 걸친 인내와 투쟁이 기다리고 있읍니다. 여러분, 그러면 그대의 이에 대한 정책은 어떠한 것인가 하고 질문하겠지만 나는 이에 대해서 다만 '전쟁수행(戰爭遂行)'이라는 한 마디로 대답할 것입니다. 우리들 임무는 육·해·공 입체전쟁(立體戰爭)에 대하여 하느님이 우리에게 주신 최대의 힘으로써 싸우는 데 있읍니다. 여러분은 우리들의 전쟁 목적은 어떠한 것이냐고 물으실는지도 모르겠읍니다. 나는 이에 대해서도 오직 한 마디 "승리입니다."라는 말 이외에는 아무것도 말씀드릴 수 없읍니다.

우리는 여하한 대상(代償)을 지불하더라도, 여하한 폭력에 대해서라도 이기지 않으면 영제국의 생존은 있을 수 없을 것입니다. 나는 이러한 무거운 책임을 유쾌하게 또 희망을 가지고 맡은 것입니다.

나는 우리의 목적이 반드시 달성될 것을 굳게 믿는 까닭에 "힘을 합쳐서 전진합시다."라고 한마디 최후로 말씀드리고 이 연설을 마치겠읍니다.

대 일본 선전포고 요청서

프랭클린 D. 루즈벨트

어제, 1941년 12월 7일 —장차 이날은 치욕의 날로 기억될 것인 바 — 미합중국은 일본제국의 해공군에 의한 기습적이고 계획적인 공격을 받았읍니다.

미국은 일본과 평화관계를 유지해 왔고, 또한 일본의 요청으로 태평양지역의 평화유지를 위한 기대하에 지금까지 일본 정부 및 천황과 교섭중이었읍니다. 실제로 일본 공군전투부대가 오하후 섬을 폭격하기 시작한 한 시간 후에, 합중국 주재 일본대사 및 그의 동료가 미국무장관에게 최근 미국이 보낸 공한에 대한 공식회답을 수교했읍니다. 이 회답에는 현재 양국이 벌이고 있는 외교교섭이 무용한 것으로 보인다는 언급이 있기는 하지만, 전쟁 혹은 무력공격을 하겠다는 위협이나 암시는 전혀 없었읍니다.

일본과 하와이가 멀리 떨어져 있다는 사실은 그 공격이 평화유지에 대한 희망을 거짓 표명해서 합중국을 기만하도록 계획적으로 감행되었다는 것을 자명케 한다고 역사에 기록될 것입니다.

어제 하와이군도에 가해진 공격은 미해군 및 육군에 막대한 피해를 입혔고 다수의 미국인의 생명을 희생시켰으며, 또한 미국의 선박들이 샌프란시스코와 호놀룰루 사이의 공해상에서 어뢰공격을 받았다고 보도되었읍니다.

어제 일본정부는 말라야에도 공격을 개시했으며, 어젯밤에는 일본군이 구암, 필리핀 군도 및 웨이크도를 공격했읍니다. 오늘 아침에는 일본군이 미드웨이 섬을 공격했읍니다.

따라서 일본은 태평양전역에 걸쳐 기습공격을 감행한 셈입니다. 어제 발생한 사실들은 저절로 드러날 것입니다. 합중국 국민은 이미 그들의 의견을 모았으며, 우리 나라의 생존과 안전이 뜻하는 의미를 잘 이해하고 있읍니다.

저는 육해군의 총사령관으로서 모든 국방대책을 강구하도록 명령을 내렸읍니다. 우리는 우리에게 가해진 공격이 어떤 성격의 것인지를 결코 잊지 않을 것입니다. 이 계획된 공격을 극복하는 데 아무리 오랜 시간이 걸린다 해도, 정의의 힘을 믿는 미국민은 싸워서 절대적인 승리를 거둘 것입니다.

저는 우리가 최대의 노력을 기울여 우리 자신을 방어할 뿐 아니라, 두번 다시 이같은 종류의 불신행위가 우리를 위태롭게 하지 못하도록 할 것을 확실히 밝힘에 있어 의회와 국민의 의사를 대변한다고 확신합니다.

미국과 일본은 교전상태에 있읍니다. 우리의 국민과 영토와 권익이 중대한 위기에 처해 있다는 사실을 간과한다는 것은 있을 수 없는 일입니다.

우리의 군대를 신뢰하고, 우리 국민의 굽힐 줄 모르는 결단력으로 우리가 필연적인 승리를 거두려 하오니 신이여, 도우소서.

저는 12월 7일 일요일, 일본의 까닭없는 비열한 공격이 가해진 시간으로부터 미합중국과 일본제국간에 전쟁상태가 존재하게 되었음을 의회가 선포해 주실 것을 요청하는 바입니다.

인류의 자유를 위하여

케네디

미국 매사추세츠 브루클린 출생. 하바드·노틀담 대학교를 졸업하고, 법학박사 학위를 받았다. 1960년 제35대 대통령에 당선, 1963년 흉탄에 암살당하였다. 다음은 1961년 1월 20일 대통령 취임 연설이다.

국민 여러분!

오늘 우리는 정당의 승리를 축하하는 것이 아니라, 시작이면서 결말을 상징하며 번영과 쇄신을 의미하는 자유를 축하하려는 것입니다.

왜냐하면, 저는 여러분과 전지 전능하신 하느님 앞에서 우리의 조상들이 거의 180년 전에 정한 바와 똑같은 엄숙한 선서를 맹세하였기 때문입니다.

오늘날 세계는 많이 달라졌읍니다. 그렇게 볼 수 있는 것이, 인간은 온갖 빈곤을 극복할 수도 있고 동시에 인간의 생명을 완전히 없애버릴 수도 있는 힘을 가지게 되었기 때문입니다.

이러한 사실에도 불구하고, 우리들의 조상이 투쟁 목표로 삼았던 혁명적인 소신(所信), 즉 인간의 권리가 국가의 관용에 기인하는 것이 아니라 신으로부터 받은 것이라고 믿음은, 오늘날 세계 도처에서 아직도 문제로 되고 있읍니다. 우리는 오늘날 우리가 그와 같은 첫 혁명의 후예라는 것을 잊어서는 안 됩니다.

이와 같은 혁명의 횃불이 새로운 세대의 미국인, 즉 이 세기 중에 태어난 전쟁의 단련과 더불어, 차디 차고 쓰디 쓴 평화의 시련을 받앉고, 조상 전체의 유업을 자랑으로 삼는 새 세대, 그리고 미국이 언제나 표방하여 왔으며 또한 오늘날에도 표방하고 있는 인권이 서서히 파멸되는 꼴을 목도하거나 용서하지 않으려는 새로운 세대의 손에 넘어왔다는 것을 이 시간, 이 자리에서 우리의 친구와 적에게 선언하려는 것입니다.

미국에 우호적이든 또는 적대적이든 간에, 모든 국가들로 하여금 미국이 자유의 보존과 성공을 보장하기 위하여 어떤 댓가라도 지불할 것이며, 어떠한 부담도 질 것이며, 어떠한 난관에도 직면할 것이며, 어떤 친구라도 지원할 것이며, 또한 어떤 적과도 대결할 것이라는 점을 알도록 하여 주어야 합니다.

우리는 이것을 서약합니다.

그리고 우리와 문화적·정신적 조상을 같이 하는 오랜 맹방(盟邦)들에게 신뢰하는 친구로서의 의리를 다할 것을 약속합니다. 우리가 서로 단결하면, 협조로 이루어져야 할 많은 모험적 과업에 당면하여 불가능한 일이 거의 없을 것입니다.

그러나 분열한다면 적의 막강한 도전에 감히 대항하지 못하여 산산이 분산될 것이기 때문에, 우리가 성취할 수 있는 일은 얼마 없을 것입니다. 또한 자유 세계의 대열에 끼도록 우리의 환영을 받고 있는 신생 독립 국가에 대하여, 한 가지 형태의 식민 통치가 보다 심한 철권의 전제로 대치되는 것을 결코 간과하지 않을 것을 우리는 언약합니다.

물론 그 국가들이 항상 우리의 모든 이념을 지지하리라고는 믿을 수 없으나, 그들 자신이 스스로 자기들의 자유를 굳게 수호하며, 또한 과거에 보인 바와 같이 승호(蠅虎) 득세하려는 자들이 결국은 호구의 밥이 되었다는 점을 기억해 주기를 항상 바라는 바입니다.

그리고 지구의 반을 차지하는 지역에서 집단적인 빈곤의 굴레를 벗어나려고 싸우는 빈민과 촌민들에 대하여, 필요되는 시일의 장단을 불문코, 그들의 자조를 돕기 위하여 우리의 최선을 다할 것을 약속합니다.

이것은 공산주의자들이 그들을 원조하고 있기 때문이 아니며, 또 피원조민들의 지지를 얻으려고 하기 때문도 아닙니다. 다만, 그렇게 하는 것이 정당한 때문입니다.

만약에 자유 사회가 빈곤한 사회를 돕지 못한다면, 그것은 결코 부유한 소수를 구할 수가 없습니다. 우리의 경계선 남방의 자매 공화국에 대하여, 우리는 약속을 우리의 행동으로 옮김으로써, 발전을 위한 새로운 제휴 밑에 빈곤이 쇠사슬을 떨쳐 버릴 수 있도록, 자유민과 자유 정부들을 원조할 것을 특히 공약하는 바입니다.

그러나 희망에 찬 이 평화적 혁명은 적성 국가들의 희생물이 될 수는 없습니다. 우리는 우리의 모든 인방(隣邦)에게 우리가 미주(美洲) 내의 어디를 막론하고, 침략과 정복에 대항하기 위하여 그들과 합세할 것임을 인식시켜야 합니다. 그리고 세계 만방에게 이 서반구가 미주인의 서반구로 남아 있게 될 것임을 인식시켜야 합니다.

전쟁 도구의 발달이 평화 도구의 발달보다 그 속도가 빠른 현시대에서, 우리의 최종적이며 최선의 희망인 주권 국가의 세계적 집합체 유엔에 대하여 우리는 우리의 지지를 새로이 하고, 그것이 단순한 독설장으로 화하는 것을 방지하며, 신생 국가와 약소 국가의 방패로서의 그의 힘을 강화하고, 또한 그의 법적 영향력이 미치는 지역을 확대할 것을 서약합니다.

끝으로, 우리에게 대적하는 국가들에게 우리는 서약이 아니라, 다음과 같은 요구를 합니다.

즉, 쌍방을 파괴의 마력이 과학에 의하여 풀려나와 계획적이든 우발적이든 전세계를 병탄(倂呑)하여 자멸시키기 전에, 평화 탐색의 노력을 새로이 시작해야 한다는 것입니다.

우리는 약점을 보임으로써 그들을 유혹해서는 안 됩니다. 우리의 준비가 의심할 여지가 없을 만큼 충분해져야만 그들이 결코 도전해 오지 않을 것이라고 우리는 확신할 수 있습니다.

그러나 거대하고 강력한 두 국가군은 모두 그들이 취하고 있는 현 노선에 안심하지 못하고 있습니다. 즉, 두 진영은 현대 무기의 비용으로 과중한 부담을 짊어지고 있으며, 두 진영은 가공할 원자력의 계속적인 확대를 올바르게 염려하고 있으면서도, 인류의 마지막 전쟁을 억누르고 있는, 우열이 확실치 않은 공포의 균형을 자기 쪽에 유리하게 하려고 경쟁하고 있읍니다.

그러나 우리들은 정중한 것이 약한 증거가 아니며, 진지성은 언제나 증명되어야 한다는 것을 서로 명심하면서, 새 출발을 합시다. 우리는 공포 때문에 협상하지 말 것이며, 그러나 협상하는 것을 두려워하지 맙시다.

양진영으로 하여금 우리들을 분열시키는 문제에 치중하는 대신, 우리를 결속시키는 문제를 연구하게 합시다.

양진영으로 하여금 무기의 통제와 감시에 관한 세밀한 제언을 하게 함으로써, 다른 나라를 파괴하려는 전체 권력국가를 모든 국가의 완전한 감시하에 두게 합시다.

양진영으로 하여금 공포 대신에 과학의 신비를 탐색하는 데 합심하도록 합시다.

우리는 함께 우주를 탐색하고, 황무지를 정복하고, 질병을 구축하는 한편, 해저를 탐색하며 예술과 통상을 장려합시다.

양진영은 결속하여 세계 도처에서, "무거운 짐에서 벗어나고……피압박민을 자유롭게 하라."는 아시아의 계명에 모두 귀를 기울이도록 합시다.

의심의 밀림 속에 협조의 교두보가 만들어진다면, 쌍방은 다음 과제에 착수해야 합니다.

그 과제란 새로운 세력 균형이 아니라, 강자는 의롭고 약자는 안전하며, 평화가 영원히 보장된 새로운 법의 세계를 창조하는 것입니다.

이 모든 과업은 앞으로 백 날 동안에 성취될 것이 아니면, 천 날이라도 안 되고 현행 정부의 임기 말에도 안 될뿐 아니라, 우리가 이 땅에 살고 있는 동안에도 실현되지 않을지 모릅니다. 그래도, 우리는 시작해 봅시다.

국민 여러분!

우리의 코스의 최종적인 성패는 본인보다도 여러분의 손에 의하여 더욱 크게 좌우될 것입니다. 우리 나라가 창건된 이래로 각 세대는 그때마다 국가에 대한 충성의 증거를 보이도록 요청되어 있읍니다. 이 호소에 응한 젊은 미국인의 무덤은 세계 도처에서 볼 수 있읍니다.

지금 나팔 소리는 또다시 우리를 부르고 있읍니다. 이것은 비록 우리가 무기를 필요로 하되 무기를 들고 일어서라는 부름이 아니며, 우리가 투쟁을 하고 있지만 전투를 하라는 것도 아닙니다.

다만, 인류의 공통된 적인 폭정·빈곤·질병, 그리고 전쟁을 없애기 위해 '희망에 넘치고, 가난을 참으면서' 여러 해 동안의 지구전을 감당해 달라는 부름입니다.

우리들은 모든 인류에게 보다 보람 있는 삶을 보장하도록 동서남북을 통해 전세계적인 일대 동맹을 결속하고, 상기한 적에 대항하여 서서히 전진할 수 있을 것입니까? 그리고, 여러분들은 이 역사적 과업에 참여하지 않겠읍니까?

장구한 세계사에서 불과 몇 세대만이 최대 위험의 시기를 당하여, 자신들의 자유를 수호할 수 있는 구실을 가질 수 있었읍니다. 본인은 이 책임에서 물러서지 않으며, 오히려 이를 기꺼이 받아들입니다.

어느 누구도 다른 사람, 혹은 다른 세대와 이 자리를 바꾸려 하지 않을 것으로 믿습니다. 우리가 이 과업에 기울이고 있는 정력과 신념이, 그리고 공헌이 우리 나라와 이에 봉사하는 모든 사람의 전도를 밝혀 줄 것이며, 이 불길의 광명은 정녕 전세계를 비춰줄 수 있읍니다.

국민 여러분!

그렇기 때문에, 나라가 여러분에게 무엇을 줄 것인가를 묻지 말고, 여러분이 나라를 위하여 무슨 일을 할 수 있는가를 물어 주십시오.

전세계 인류 여러분!

미국이 여러분에게 무엇을 베풀 것인가를 묻지 말고, 우리가 합심하여 인류의 자유를 위하여 무슨 일을 할 수 있을 것인가를 물어 주십시오.

끝으로, 여러분이 미국 국민이든 또는 세계의 일원이든, 여러분은 우리가 여러분에게 요구하는 것과 똑같은 높은 수준의 힘과 희생을 우리들에게 요구하십시오.

우리들의 유일하고도 확실한 보수인 양식과 우리 행동의 최후의 심판자인 역사와 더불어, 우리들의 신의 축복과 가호가 있기를 바라며, 지구상에서는 신의 섭리는 진실로 우리들 인간 자신의 노력으로 이루어짐을 자인하고, 우리가 사랑하는 이 땅을 이끌고 앞으로 전진합시다.

자유의 전사여 ! 영광 있으라

아브라함 링컨

미국 남북 전쟁 때 '게티즈버그' 전투에서 전몰한 장병 위령제를 맞아 1863년 11월 7일 당시의 북군 통솔자요 대통령인 링컨은 일장의 연설을 하였는데, 내용이 간결하지만 의미심장하다 하여 오늘날 크게 칭송받고 있다.

87년 전에 우리들의 선조들은 이 대륙에 새세대를 이룩하기 위해 왔읍니다. 청백한 신념과 숭고한 노력이 자유의 국토를 건설하였읍니다. 만인은 평등이라는 인도사상(人道思想)으로써 건국의 대본(大本)을 삼았읍니다. 그리하여 오늘날의 대 전란은 이 정의와 공도를 내용으로 하는 자유국가가 압제와 전제정치를 타도하고 이를 영원히 지속할 수 있느냐 없느냐에 대해서 처참한 철화의 시련을 받고 있읍니다.

우리 나라는 이 시련을 위하여 이미 막대한 인명과 국비를 소비하여 참으로 비싼 희생을 지불하였읍니다. 게티즈버그의 싸움은 영광스러운 자유정치가 쓰러지느냐 혹은 포악한 압제정치가 이기느냐 하는 국가운명을 결정하는 격전이었읍니다. 게티즈버그의 참담한 전쟁에서 이 시련을 받고 그 거룩한 생명을 바친 우리의 충용(忠勇)한 동포를 위해서 우리들은 이 땅을 깨끗이 하여 그들 용사의 묘지를 모셨읍니다.

그러나 우리들의 추도식이 영지를 신성하게 만들고 숭엄하게 하는 것은 아닙니다. 즉 이 땅을 숭고하게 하고 신성하게 하는 것은 나라의 운명을 두 어깨에 짊어지고 자유를 위해서 인도를 위해서 또 인류의 최고 이상을 위해서 이 땅에서 분전하다가 쓰러진 우리 충용한 그들 장병 자신인 것입니다.

세계의 인민들은 우리들이 여기에서 말하고 있는 것을 그리 주목하지 않습니다. 또 영원히 기억에 남겨 두려고도 하지 않습니다. 그러나 이 땅에서 분전하고 자유를 위하여 인류의 이상을 위하여 쓰러진 우리 용감한 장병의 장렬한 행위는 영원히 세계 인류가 기억할 것입니다. 그러므로 우리들 생존해 있는 사람들의 숭고한 의무는 그들이 자유와 평등 정신을 위해서 쓰러진 대 사업을 완성하여 그들의 영혼을 영원히 편안하게 하는 일입니다.

이번 전란의 수난자는 가장 영광스럽게 빛나는 자유 민주주의의 창조적 지도자가 될 것입니다. 그리하여 대전에서 순사한 제군의 죽음은 결코 헛되지 않을 것입니다. 영광스러운 민주적 운명은 제군의 두 어깨에 번쩍일 것입니다. 황폐하고 처참한 전장에 서 있는 십자가로부터 세계의 자유와 인류의 기쁨이 생길 것입니다. 위기에 빠진 자유 정치, 인민의 정치는 그들의 숭고한 순국에 의하여 이루어질 것입니다.

시간은 금전보다 더 귀중하다

카네기

스코틀랜드 출생의 미국 대실업가로 '강철왕'으로 불리운다. 그는 수억 달러 재산을 모았으나, 생전에 모두 공공 사업에 희사하였으며, 1891년 뉴욕에 세계적 대음악당인 카네기 홀을 지었다.

인생은 시간의 계속입니다. 시간은 영원 무궁하고, 천지와 같이 무한한 것입니다. 따라서 우리들의 일생은 다만 한 순간을 잠깐 점령하고 있음에 불과합니다. 그렇기에 시간보다 귀중한 것은 없으며, 우리들은 만사를 속히 하지 않으면 안 됩니다.

우리들이 참으로 완전하고 원만한 생활을 영위하려면, 적어도 백 년의 세월이 필요할 것입니다. 그러나 사실 우리들의 생명은 아무리 장수한다 하더라도 80~90세의 연령을 가짐에 틀림이 없읍니다. 소위, 인생은 50년이라는 시일에 그침이 대부분입니다. 우리는 단시일 동안에 과연 얼마만한 일을 할 수 있겠읍니까? 시간은 사실 금전보다 더 귀중하고 무한한 가치를 가지고 있읍니다. 다시 말하면, 시간은 금전 이상이고 힘 이상입니다.

어느 누구를 막론하고 한 푼도 지불치 않고 자유롭게 시간을 소유할 수 있고 활용할 수도 있읍니다. 이처럼 우리들의 대부분은 이 귀중한 시간을 낭비하고 있읍니다. 시간에 대해서 생각지도 않고, 다만 차츰 늙어 죽음을 앞에 두고, 과거를 돌아보며 후회하는 것이 보통입니다. "아! 시간은 흘러갔다. 나는 참 어리석은 자였구나!" 하며 탄식하지 않는 사람이 얼마나 되겠읍니까? 우리들의 생활에 있어, 단 하루라도 낭비해서 무관한 날이란 없을 것입니다. 한 순간이라도 귀중히 여기고 이용하고자 노력합시다.

우애에 힘 쓰고 생활을 즐기며 면학에 힘씁시다. 가정을 안락하게 합시다. 그리하여 우리들 생활을 뜻 깊게 지냅시다. 이것이야말로 생존 경쟁에 있어 승리의 월계관을 차지하는 천하의 진리입니다. 그리고 조그마한 시간이라도 잘 활용하는 곳에 능률 증진의 원칙이 있읍니다.

우리들이 하루 24시간 동안, 쓸모 있게 이용하는 시간은 과연 몇 시간이나 됩니까? 그렇다고 해서 개미처럼 분주하게 지내며, 무모한 계획을 세우라는 것은 아닙니다. "일하라, 삶을 영위하고 있는 현재에서 일하라."는 것이 가장 시간을 아낄 줄 아는 오직 한 가지 길인 것입니다. 후회하지 않고, 무서워하지 않고, 피곤을 느끼지 말아야 할 것입니다. 그리고, 내일을 꿈꾸지 않는 것이 또한 의의있는 생활을 할 수 있는 유일한 길이올시다.

모든 종교는 미래를 위해서 현재를 희생시키는 것을 가르쳐 주었지만, 이는 너무도 요원하기 이를 데 없읍니다. 인생은 짧읍니다. 그렇기에 모든 일을 다음으로 미루어서는 안 되겠읍니다.

미래를 기다려서는 안 됩니다. 우리들은 삶을 계속하는 동안에, 최선을 다하여 일해야만 되겠읍니다.

우리들의 첫째 요결(要訣)은 될 수 있는 대로 훌륭한 가정을 갖고, 그 속에 생활의 전부를 넣어야 합니다. 우리들은 흔히 내일 내일 하고들 있읍니다만, 이 내일이란 영원한 일로 되어, 아무것도 못하게 되는 것입니다.

그러나, 너무 적은 희망을 가져서는 안 됩니다. 한 톤의 희망에서는 겨우 한 근의 행복을 얻음이 상례입니다. 우리들은 매일 매일 식사하듯이, 매일 매일 정신상으로나 물질적으로 플러스되어야만 하겠읍니다. 그것이 곧 시간을 존중하고 현재에 사는 길입니다.

독일 민족과 현존권

아돌프 히틀러

1936년 '단치히' 문제로 발단한 독일과 폴란드간의 항쟁은 중일전쟁에 뒤이어 제2차 세계대전으로 확대되었다. 당시 영, 불, 독을 싸고 도는 유럽전쟁에 있어서 무력전과 함께 경제전, 선전전 등 입체 전쟁이 눈부시게 전개되었는데 이 연설은 1937년 10월 6일 히틀러가 독일 국회에서 전쟁발단을 변명한 것이다. 동년 10월 10일의 '다라디에' 불란서 수상, 10월 21일의 영국 수상 '쳄바렌'의 연설과 함께 제2차 대전의 진상을 아는 데 좋은 사료(史料)가 될 것이다.

나는 현하국가 다난한 이때에 여러분을 국민의 대표로써 소집하였읍니다. 나는 여러분에게 대해서 또 보고하지 않으면 안 되게 되었읍니다. 즉 3천 6백만을 가진 폴란드는 벌써 존재해 있지 않습니다. 개전한 이래 8일만에 이미 승패는 결정되어 14일만에 독일 육군은 폴란드를 점령하였읍니다. 독일군 통수부는 일찌기 제1차 대전에서 경험한 것보다 훨씬 인도적인 전투를 한 것입니다. 바르샤바를 요새화했다는 것은 무책임하기 짝이 없는 미친 짓이었읍니다. 나는 최소한도로 동시에 비전투원들을 피난시키려 꾀하였읍니다. 그러나 그것을 거절당하고 말았읍니다. 다음 나는 재류외국인을 구조하려 했으나 이도 전후 순간에 가서 성공했던 것입니다. 폴란드 수비사령관은 우리들의 항복제안(降伏提案)에 아무런 회답도 하지 않았던 것입니다. 그러나 그 후 폴란드의 태도는 갑자기 변했읍니다. 즉 9월 14일에 이르러서 드디어 바르샤바는 항복하였읍니다. 이 대성공은 무릇 독일군이 저격병, 척탄병(擲彈兵), 그리고 보병을 원조한 포병대와

전차대 및 비행기에 힘입은 것입니다.

9월 30일 발표에 의하면 독일군의 손실은 전사자 10,573명, 행방불명자 3,404명, 전상자 30,322명이었읍니다. 바르샤바 요새의 함락과 해라반도 요새의 항복으로 폴란드에의 출사(出師)는 끝났읍니다. 그 결과는 이러합니다.

전 폴란드 육군을 섬멸하고 폴란드 국가를 부수었읍니다. 총수 6십 9만 4천 명에 달하는 포로는 현재 베를린으로 향해 소위 진군하기 시작하였읍니다. 군자재를 노획(鹵獲)한 것은 수없이 많습니다.

이 역사상 처음되는 국가붕괴(國家崩壞)에 비추어 이와 같은 경과가 여하한 경험에 기한 것인가 하는 문제가 제기됩니다. 원래 폴란드는 베르사이유의 요람(搖籃) 속에서 탄생하였읍니다. 폴란드 자체는 독일과 러시아로부터 탈취한 지역으로써 성립되었던 것입니다. 이 새 국가는 오늘에 이르기까지 사실상 생활능력을 가지고 있지 않았읍니다. 구 러시아, 독일, 오스트리아의 희생으로 폴란드 이외의 제 민족은 이 새 국가 아래에서 비인도적 대우를 받아가며 압박을 받아왔읍니다. 그리하여 귀족과 재벌로 형성된 근소(僅少)한 도당들이 대중을 지배하고 있었던 것입니다. 이 정권을 지원한 자는 실로 전 인구의 15%도 되지 않았읍니다. 이 나라를 처음 보는 사람은 우리의 소위 "폴란드식 무질서하기 짝없는 경제"라는 말의 참뜻을 이해할 수 있을 것입니다.

나는 항상 폴란드와 독일간의 친선관계를 성립시키려고 노력하였읍니다. 즉 1933년과 34년에의 독일의 권익과 폴란드 측의 기도(企圖)는 모두 폴란드의 위정자로부터 항상 독일 측의 약점이라고만 해석되었다는 사실입니다. 폴란드 통치자가 단치히를 압복(壓伏)시키려 기도하기에 이르렀을 때 나는 적당한 제안으로 독일 입장에서 용납될 수 있는 정도로 이 문제를 해결하려고 기도하였읍니다. 이 제안이 과대한 요구였다고는 어느 누구도 주장할 수 없을 것입니다. 문제해결의 제안은 우리들이 이미 벡크 외상과 회담한 이외의 아무것도 아니었읍니다. 폴란드는 이 제안까지도 거절하였읍니다. 이것은 다음과 같은 두 가지 원인에 기인한 것입니다.

첫째로 폴란드 정부의 배후에 잠재하고 있는 선동분자는 문제를 해결하려 하지 않고 단치히의 독일 귀속을 허용하지 않았읍니다. 뿐만 아니라 동 프러시아 지방과 단치히는 폴란드에 병합(併合)되지 않으면 안 된다는 것입니다. 또 시레지아도 요구하였읍니다. 폴란드는 점점 커져서 엘베강을 독일과 폴란드의 자연경계로 인정해야 된다고 주장하였읍니다.

나는 교섭하고자 폴란드 외상을 초청하였으나 거절당했읍니다. 또 폴란드는 독일 육군을 가치없는 것이고 비겁하다고 말하는 동시에 폴란드군은 물론 독일군에 비해서 우세하기 때문에 독일군을 섬멸하기는 용이한 것같이 말하였읍니다. 독일 육군을 베를린 근방에서 섬멸하려고 희망한 자는 폴란드의 문맹자가 아니고 현재 루마니아에 체재중인 폴란드 원수 리즈슈미링 그 사람입니다. 이 군사적 문외한이야말로 우리들의 군대를 모욕한 것입니다.

둘째 이유는 타국이 폴란드에게 부여한 보장 약속입니다. 폴란드인은 우리가 무슨 일을 당하든지 꼼짝 못하리라고 믿었기 때문에 우리는 공격하지 않으면 안 되었읍니다. 그 외에 취할 태도와 방법은 없었던 것입니다. 소련과의 이해공유(利害共有)는 같은 성질이라는 것 뿐만 아니라 양국에서 형성된 인식이 똑같은 데 기초를 두는 바입니다. 나는 단치히에서 한 연설 중에서 소련은 국가 사회주의가 독일과 다르다는 것을 이미 말씀드렸읍니다. 스탈린씨가 수련의 주의는 다른 이데올로기를 가진 국가와 합동하는 데 아무런 장해도 되지 않는다는 것을 인정하였을 때, 독일도 또한 소련과 협동해서 안 될 아무런 이유도 인정하지 않았던 것입니다.

과거에 있어서 이 양대국가의 국민이 서로 협조친화(協調親和)하여 생활한 시대가 가장 행복하였다는 것이 입증되었읍니다. 물론 서구라파 자본주의 제국에서는 독, 소 양국과의 이데올로기가 상극(相剋)할 것을 희망할 것도 명백합니다. 그런 까닭에 서구라파 제국은 소련과 군사동맹을 체결하려 하였고 또 소련이 이 동맹 체결을 거절하고 그 이해관계에 의하여 독일과 불가침 조약을 체결한 것을 음험(陰險)한 행동이라고 생각하고 있읍니다.

이 협정을 체결하였다는 것은 독일의 일대전환을 의미하는 것입니다. 그러나 어느 일부에서 이 협정을 독일의 퇴패(退敗)라고 인정한다면 나는 다음과 같이 대답하고 싶습니다.

일부 사람들은 독일의 외교정책에 대해서 최근 수년간 제마음대로 여러 가지를 상상하였읍니다. 독일은 세계제패를 목표로 노력한다고 말하였던 것입니다. 이것을 말한 자는 자기가 4천만 평방킬로미터나 되는 지역을 지배하는 나라입니다(註 ; 영국을 말함). 또 독일이 우크라이나에 야심을 가지고 있는 것처럼 폭로한 것은 결국은 그들의 상상병의 소란에 지나지 않았읍니다.

그러나 유일한 변치않는 결심을 하고 있읍니다. 그것은 독일 동쪽에 확고한 상태를 수립하는 것인데 그를 위해서 우리들은 노력하는 것입니다. 이 점에 있어서 우리들의 의도는 소련의 의도와 완전히 일치합니다. 독일과 소련은 결의를 갖고 과거에 있어서의 분쟁을 매장하고 다시는 다른 손해의 원인이 될 그러한 모든 일을 저지하려는 바입니다. 독일과 소련은 서로 명확한 세력범위의 경계를 확정하여 그 국경선 양쪽에서 서로 평화와 질서를 수립하였읍니다.

당시 독일, 소련간의 감정적 분계선 서쪽지역의 재건에 있어 서독일 정부의 목적을 나는 다음과 같이 성명하는 바입니다.

첫째로 역사상 인종상 경제상에 입각한 정확한 독일국경의 휘정, 둘째로 전 지역에 걸친 민의를 존중하고 재건할 것, 세째로 독일과 그 세력범위에서 완전한 안전 보장, 네째로 경제 문화적 재건, 다섯째로 가장 중요한 인종상태의 신질서 확립입니다. 즉 이민족의 이주로 오늘의 상태보다도 더욱 양호한 분계선을 확립하자는 일입니다. 남부와 동남 구라파에 있어서는 정주하지 않은 소수민족이 이주하고 있읍니다. 민족주의와 인종관념으로 말하여 그와 같은 이민족을 동화(同化) 할 수 있다면 이상적이라고 믿습니다. 그러나 이들 소수민족을 이주시킴으로써 이 분쟁의 소원을 제외하는 것을 구라파에서의 생존 영역의 원대한 질서확립에 대한 중대한 사명으로 봅니다.

독·소 양국은 이 점에 관해서 상호간에 원조하기로 의견이 일치되었읍니다. 독일정부는 남아 있는 신 폴란드가 독·소간의 장애물로 존립하는 것을 허용할 수는 없읍니다.

이 문제는 탁상 공론만으로만 해결할 수 없읍니다. 베르사이유에서 이 중대한 문제를 결정한 정치가의 거의 전부는 역사적 예비지식조차 가지지 않고 실제에 있어서는 전연 무지한 일까지 하였읍니다.

미국이 베르사이유 조약 비준을 거절하고 국제연맹 가입을 거절한 이래 국제연맹이라는 것은 권익국(權益國)의 오합세대(烏合世帶)로 타락한 것입니다. 당초부터 필요하였던 개정이 성취된 것은 하나도 없었읍니다. 국제연맹은 산 것이 아니고 죽은 것이나 마찬가지였읍니다.

그러나 국민은 생존하고 그 생활권을 국제연맹이 무능하기 때문에 해결하지 못할 때에는 스스로 해결하겠다고 주장했읍니다. 국가주의는 국제연맹을 개정할 의사를 막으려는 그러한 악으로써 성장한 듯한 그런 것은 아닙니다. 국제연맹이 무능한 까닭에 스스로 개정하려 한 것에 불과합니다. 만약 외국정치가 일어나서 이 개정을 수행했다는 이유로 나를 신용할 수 없다고 비난하는 자가 있다면 나는 반기고 싶습니다.

원래 나는 독일국가에 대해서 베르사이유 조약을 폐기하고 대국민으로서의 자연적 생존권을 재건하기로 굳게 맹세했읍니다. 내가 확보한 이 생활권의 정도는 극히 적은 것이었읍니다. 영 본국의 4천 6백만 영국인이 4천만 평방킬로미터의 지역을 지배한다면, 8천만 인구를 가진 독일사람은 8천만 평방킬로미터의 땅에서 생존할 권리를 가져야 합니다. 그리고 또 구 식민지를 요구할 권리도 가지게 되는 것입니다. 다행히도 나는 다시 내가 제출한 모든 요구에 대해서는 교섭으로 개정하려 기도했읍니다. 나는 대영제국이 그 생존권익의 존중을 스스로 탄원하리라고 생각되지 않는 동시에 국가사회주의(國家社會主義) 독일로부터도 또한 생존권을 탄원할 것을 기대해서는 안 됩니다.

나는 다음과 같은 제안을 하는 바입니다. 베르사이유 조약에 의한 폴란드는 여하튼 절대로 다시 나타나지 않을 것입니다. 이것은 세계의 2대 강국 독일과 소련이 보증합니다. 잔존하는 폴란드 재건문제는 결코 1, 2주간에 해결될 문제가 아닙니다. 그 결정적 구성은 독·소 양국에 의해서 발전될 것입니다.

유럽의 데모크라시 여러 나라들은 이러한 정서 상태의 초대에 대해서 적어도 최근에 와서는 아무런 능력도 보이지 않았읍니다. 파레되나의 예를 보더라도 타인 문제에 개입하느니보다 자기 자신의 문제에 전념하는 편이 현명하다는 것을 알 수 있읍니다.

독일은 베메이루와 메룬 지방에 질서를 다시 세웠을 뿐만 아니라, 경제적 부흥, 민족간의 이해를 가져왔읍니다. 영국은 이와 같은 것을 실증할 수 있게 되려면 아직도 많이 배워야 합니다. 뿐만 아니라 원래 날 때부터 운이 나쁘다고 할 폴란드를 위해서 수백만의 인명을 희생시키고 수십억의 물자를 잃어버린다는 것은 무릇 불합리하기 짝이 없는 일입니다. 독일은 영국에 대해서 한 가지라도 그 무엇을 요구한 일이 있는가? 독일은 아직 영국에 대해서는 물론이요 불란서에 대해서도 요구한 일이 없읍니다. 그래도 이 전쟁은 오직 신성전과 베르사이유 조약을 만들기 위해서 계속하려는 것입니까?

만일 그렇다고 하면 독일은 그 자체의 붕괴도 원치 않고 또 제2의 베르사이유 조약의 존재도 허용하지 않는 까닭에 수백만의 인간은 싸우겠지요. 그러나 그것이 3년, 5년, 혹은 8년이라는 전쟁 후에 성공하였다고 해도 제2의 베르사이유 체제는 다시 파괴되지 않고는 견디지 못할 것입니다. 왜냐하면 민족의 생명적 이해투쟁은 금후 5년이나 10년을 지나도 베르사이유 조약 후 20년이 지난 오늘날과 조금도 변함이 없을 것이기 때문입니다.

독·소 경계선인 서쪽 구 폴란드에 있어서 독일의 질서재건의 목적은 다음과 같습니다...

첫째로 역사적 민족학적 모든 조건과 합치되는 국경 설정, 둘째로 민족주의에 대한 전체적 생존권의 조정, 세째로 전 동구라파제국에 관해서는 앞서 말씀드린 문제와 관련해서 유태인 문제의 해결을 기도할 것, 네째로 경제 생활 및 교통로의 수복, 다섯째로 대지역의 안녕 회복, 여섯째로 폴란드의 건설 등입니다.

다만 그곳에서는 독일에 대해서 아무런 누도 느끼지 않고 또 독소 양국간의 분쟁 대상이 되지 않는 보증이 부여되는 경우입니다. 폴란드에서의 가혹한 빈곤은 구조에 적절한 조치를 얻어 융화되지 않으면 안 됩니다. 독·소 양국이 이 불안한 지역을 평화로운 지대로 재건하려는 데 대해서 구라파는 감사해야 할 것입니다. 이 일은 독일이 큰 책임을 지는 것을 의미합니다.

이 사명이야말로 결코 제국주의가 아니고 백 년 뒤에까지도 계속하는 대임입니다. 이것을 시인하느냐 않느냐는 이 지방의 정치적 질서 재건과 경제 개혁 여하에 달려 있읍니다.

둘째로는 구라파에 있어서의 안정감을 양성하는 일입니다. 이 제1의 전제조건 구라파 제국은 외교정책의 목표를 절대로 명확히 해야 합니다. 독일에 관한 한 장부는 그 성명의 첫머리에서 다음과 같은 사항을 확인해 둡니다. 즉 베르사이유 조약은 존재한다고 간주하지 않고 따라서 모국에 향해서 당연하고도 적절한 식민관을 요구하는 것, 그 외에 이미 아무런 수정도 필요의 원인도 없읍니다.

우선 첫째로 독일 식민지의 반환을 요구합니다. 이 식민지의 요구는 결코 최후통첩이 아니고 역사상 권리의 요구이며 지구상의 자원 분배에 참여하려는 자연적 권리에 기초를 둔 것입니다. 이것은 참으로 정치적 도의와 일반적 이성의 요구입니다.

둘째로 국내 경제 질서를 전제로 한 국제 경제 부흥의 요구입니다. 이것을 쉽게 하기 위해서 시장의 신질서, 통화의 조정, 통상 장벽의 제거에 대해 노력하지 않으면 안 됩니다.

세째로 구라파의 평화 회복의 중요 조건으로서 나는 구라파 여러 나라들의 보증을 듭니다. 그러나 이성에 뿌리를 둔 군비제한과 현재의 무기사용 제한이 긴요합니다. 광범한 법측을 심리하기 위해서 구라파 각국이 협력한다면 그 시기는 반드시 올 것입니다. 다만 그러한 국제회의는 대포소리나 동원된 군대의 압박하에서는 개최되지 않습니다. 수백만 명이 피를 흘리고 수십억의 물자를 소비하기 전에, 앞서 말씀드린 해결법을 선택하는 편이 보다 이성적이라고 생각하는 바입니다.

서 구라파에 있어서 현상유지의 파괴는 생각할 수 없는 일입니다.

불란서가 자르 브뤼켄을 폭격하면 독일은 대항수단으로써 뮤로하우젠을 분쇄할 것입니다. 불란서가 가루르수르에를 폭격하면 독일은 스트라스부르를 폭격할 것입니다. 포병대가 분쇄할 수 없는 곳은 항공대가 이를 행할 것입니다. 이는 저널리스트에게 흥미있는 일일 것이며 또 비행제작업자에게도 흥미있는 일일 것입니다. 그러나 희생자에게는 단연코 그렇지 않을 것입니다. 더구나 이 파멸의 전쟁인 구라파 전쟁은 구라파 전체에 한하지 않고 해외 저 멀리로 확대될 것입니다. 오늘날 이미 성이라는 것은 존재하지 않습니다. 구라파 국민의 재산은 유탄으로 파괴되고 전장의 유혈이라는 참극으로 국민의 힘은 소모될 것입니다. 그러나 어느 때든지 독일과 불란서 사이의 국경은 이루어질 것입니다. 그러나 동시에 저쪽에서도 이쪽에서도 무수한 무덤과 무한한 공동묘지만이 남을 것입니다. 내가 감히 이러한 성명을 하는 것은 우리 국민에게 고민을 주고 싶지 않기 때문입니다.

그러나 만약 처칠 수상과 그 일파의 의견이 승리를 거둔다면 나의 이 생명은 최후의 것이 될 것입니다. 그야말로 우리는 싸울 뿐입니다. 여하한 무기의 위력도 시간도 독일을 제압할 수는 없습니다. 1918년 11월 독일에서 두번 다시 되풀이하는 일은 절대로 없을 것입니다.

유물 역사상 아직은 두 사람의 승리자는 없었으나 먼젓번의 세계대전에서 양편이 함께 패전자로 마친 것은 역사상의 사실입니다. 보다 나은 해결법의 발견을 믿는 사람이 있다면 나의 손을 붙들 것을 희망하는 바입니다. 신이 우리 군대와 우리의 정의를 찬양해 주신 데 감사를 드리며 동시에 독일 국민과 전 구라파의 평화가 다시 올 수 있는 길을 가르쳐 주시기를 마음속으로 비는 바입니다.

악에 대한 비협력은 인간의 의무다

간디

나는 나에 대하여 검사장이 말한 바 전부를 반겨 확인하는 바입니다. 나는 나의 두 어깨에 지워진 책임이 무엇인지를 아는 까닭에 나에게는 참으로 비통한 의무이지만 이 의무를 완성하지 않으면 안 됩니다. 그리하여 나는 봄베이,마드래스, 죠리주라에서 일어난 사건에 관해서 검사장이 나에게 한 모든 비난을 확인하고 싶습니다. 나는 신중한 마음으로 그 사건들을 생각하였읍니다. 밤마다 꿈속에서도 그 사건을 잊지 않았읍니다. 나는 내 자신을 죠리주라에서 행해진 악과의 죄악으로부터 또는 봄베이의 그 광적 폭행으로부터 관련을 뗄 수 없음을 알고 있읍니다. 나는 책임감이 있는 인간이며 상당한 교육을 받았고 또 세상 경험이 풍부한 인간이므로 나는 모든 행동이 어떠한 결과를 가져오리라는 것을 알 것이라고 검사장이 말한 것은 지당한 말입니다. 나는 내가 불장난을 했다는 것을 알고 있읍니다. 나는 위험한 일을 하였읍니다. 그러나 내가 만약에 자유로운 몸이 된다면 나는 계속해서 똑같은 위험한 일을 감행할 것입니다. 나는 오늘 아침에 내가 지금 여기서 말하고 있는대로 말하지 않는다면 나는 의무에 태만한 것이 된다는 것을 깨달았읍니다.

나는 폭력을 피하고 싶습니다. 비폭력은 나의 신조의 제1장입니다. 동시에 그것은 나의 신조의 종장(終章)입니다. 그런데 나는 두 가지 중에서 하나를 선택하지 않으면 안 되었던 것입니다. 즉 내가 우리 나라에 영원히 씻을 수 없는 해악을 끼치는 것이라고 생각한 제도에 굴복하느냐 그렇지 않으면 우리 국민이 나에게서 진실을 들으면 반드시 그들은 폭발할 것이니 그 광포의 위험을 초래하게 하느냐. 나는 우리 국민이 종종 발광한 일을 알고 있읍니다. 나는 그것을 매우 슬프게 생각하는 바입니다. 그런 까닭에 나는 여기에서 형벌이 아니고 가장 무거운 중형을 나에게 내려주기를 원하는 바입니다.

나는 자비를 구걸하는 자는 아닙니다. 나는 아무런 동정도 애원도 하는 것이 아닙니다. 그러므로 법적으로 고의(故意)의 범죄라는 사유 때문에, 그러나 나에게는 시민으로서의 최고 의무라고 생각되는 일 때문에 나에게 내릴 수 있는 최대한도의 중형을 나는 환영하며 그에 복종하려 합니다. 재판장 각하 ! 오직 두 길이 있을 뿐입니다. 만약에 귀하가 실행하기를 권장하고 있는 제도와 법률이 인도 국민을 위하여 좋은 것이라고 믿는다면 귀하는 나를 엄벌에 처하지 않으면 안 됩니다. 그렇지 않으면 귀하가 현직을 사임하거나 이 두 길 중에 하나 뿐입니다.

나는 인도의 공중(公衆)에게 또는 영국의 공중에게 무슨 까닭으로 내가 충실한 왕당협력자(王黨協力者)로부터 강경한 불평가, 즉 비협력자로 되었는가를 설명하지 않으면 안 될 것입니다. 또 법정에 대하여는 무슨 까닭에 내가 인도의 법상으로 정부에 대해서 불만을 장려한 죄로 문책을 받고 죄에 복종할 것을 원하고 있는지 그 이유를 말하지 않을 수 없읍니다.

나의 공직생활은 1939년 아프리카에서 시작되었읍니다. **나의 최**초의 영국 관리와의 접촉은 행복한 것이 아니었읍니다. 나는 **인간으**

로서 인도인으로서 아무런 권리도 갖지 못하였음을 알았읍니다. 좀 더 정확히 말하면 내가 인도적이었기 때문에 인간으로서의 아무런 권리를 갖지 못하였다는 것을 깨달았던 것입니다.

그러나 그것 때문에 실망하지는 않았읍니다. 나는 이 인도인에게의 악질적인 대우는, 물질적으로 또는 대체로 선량하였던 제도에 있어서의 무사마귀의 일종이라고 생각하였읍니다. 그러나 나는 정부에 충심에서 우러나오는 자발적인 힘을 아끼지 않았읍니다. 나는 제도가 그릇되었다고 생각되는 경우에 자유로 그것을 비판하였지만 결코 그것을 파괴하지는 않았던 것입니다. 그러므로 1899년 대영제국의 존립이 테지스미스 구원 때에 일어난 실전에도 여러 번 참가하였읍니다. 또 나는 1906년 즈루 모반 때에도 역시 운반명단을 판단으로 편성하여 반란이 외압될 때까지 군무에 충실하였읍니다. 이 두 전쟁에서 나는 훈장을 탔고 전시공보(戰時公報) 가운데도 나에 관하여 기록되어 있읍니다. 나의 이러한 모든 노력은 대영제국이 이를 정하고 인도인에게도 동등한 신분을 주게 된 것이라고 믿었기 때문입니다.

그런데 제일 먼저 ‘로라트’ 법안이 나에게 충격을 가져왔읍니다. 그것은 인도 국민으로부터 참다운 자유를 박탈할 수 있게 만들어진 법률인 것입니다. 나는 그것에 대하여 철저히 반대운동을 일으키라고 명령을 받은 몸이라는 것을 깨달았읍니다. 그 후에 계속해서 일어난 것이 편잡에서의 참사였읍니다. 그것은 자리왕와라 공원에서 일어난 살육으로써 시작되어 포도(捕徒) 명령, 거리에서의 무참한 채찍질, 그 외에 형용할수 없는 굴욕으로써 끝났읍니다.

나는 또한 토이기의 회교도의 성지에 관하여 영국 수상이 인도의 회교도에게 준 성약이 거의 실행되지 않는 것을 알게 되었읍니다. 그러나 나는 친구로부터 치열한 경고를 받았으며 또 자신의 어떠한 예감에도 불구하고 나는 1919년 암랏사 회의에서 대영협력과 욘타규 체룸스휘스 개혁안의 실행을 위하여 분투했던 것입니다. 그리하여 나는 영국 수상이 인도 회교도에게 준 약속을 이행하리라, 편잡에서 입은 부상은 나으리라, 그리하여 개혁안이 불만족하고 불완전한 것일지라도 반드시 인도의 새 시대를 자아내는 광명을 가져오리라는 것을 기대했던 것입니다.

그러나 나의 희망은 모조리 깨어지고 말았읍니다. 키라화트 서약은 이해되지 않았읍니다. 편잡의 죄악은 깨끗이 씻어지지 않았읍니다. 법인의 대부분은 처벌당하지 않았읍니다. 뿐만 아니라 그들은 여전히 그 직위에 주저앉아서 연달아 국고(國庫)로부터 은금(恩金)을 받고 어떠한 경우에는 특별 상금까지 받았던 것입니다.

이에 나는 새삼스럽게 개혁안이 결코 인도 인심의 변화를 가져오지 않았을 뿐만 아니라, 도리어 그것은 인도의 부력(富力)을 더한층 고갈시키고 그 노예적 복역(奴隷的僕役)을 연장하는 방법이었음을 알았읍니다.

나는 여기에서 인도와 영국과의 관계는 정치적으로나 경제적으로나 국민을 이전보다도 훨씬 무력하게 하는 것이라는 결론에 이르지 않을 수 없었던 것입니다. 무기 없는 인도는 무기를 가진 외적과 싸우지 않을 수 없게 된다면 어떠한 침략가에 대해서도 적대할 힘을 갖지 못하였읍니다. 인도의 선량한 사람들 중에는 인도가 자치할 권리를 얻으려면 몇 세기는 걸릴 것이라고 생각한 사람도 있읍니다. 영국이 출현하기 이전에 인도는 빈약한 농사세입(農事歲入)의 부족을 보충하기 위하여 몇 백만이나 되는 촌락에서는 손으로 옷감을 짰읍니다. 인도가 살아나는 데 있어서 이처럼 중요한 가정공업(家庭工業)은 이제와서는 잔인하고 몰인정스러운 방법으로 멸망하게 되었읍니다.

도시 생활자들은 인도인의 반 이상이나 되는 굶주린 백성이 어느 정도 어떻게 침울해 가는지를 모르고 있읍니다. 그들 자신의 부끄러운 외국의 착취자가 그의 일에 충실하였다는 보수로써 준 중매금(仲買金)임을 여실히 나타내는 것입니다. 부등이익(不等利益)과 중매금이 민중들에게서 짜낸 것이라는 것을 모르고 있는 것입니다. 도처의 촌락에서 그들은 어떠한 괴변이나 계산의 기술이라도 수많은 영국이 인도에 세운 정부는 민중을 착취함으로써 자라나는 것을 충분히 해당치 못하고 있는 것입니다. 수많은 해골이 눈에 띄는 증거를 속일 수는 없을 것입니다. 만약 하늘에 하느님이 계신다면 영국이나 인도의 도시 생활자는 이 역사상에 거의 유례없는 비인간적인 죄악에 대하여 그 어떠한 대답도 하지 못하리라는 것을 나는 의심치 않는 바입니다.

우리 나라에 있어서 법률 그 자체는 외국의 착취에 알맞게 되어 있읍니다. 나는 공정한 견지에서 편잡에 공포한 전시법령을 검토하여 보았읍니다. 그리하여 나는 유죄로 결정된 자들 가운데서 적어도 95%가 무죄임을 알았읍니다. 내가 인도에서 겪은 정치 경험은 열 사람이면 그 중 아홉 사람은 전연 무실(無實)한 죄로 처벌되고 있다는 결론을 갖게 되었읍니다. 그들의 죄는 필경 조국애에 기인한 것입니다. 100가운데 99의 정의가 인도인에게는 전연 적용되지 않고 있는 것입니다. 나의 의견에 의하면 인도에 있어서의 법률의 집행은 착취자의 편리를 위하여 그것이 의식적이든 무의식적이든 간에 매음화(賣淫化)되고 있는 것입니다.

인도 행정에 관여하고 있는 영국인과 그들의 인도인 친구가 내가 지금 말한 죄악에 참가하고 있다는 사실은 일대 불행이라 하지 않을 수 없읍니다. 또 만약 그들이 그것을 모르고 있다면 그 이상 큰 불행은 없읍니다. 그러나 나는 만족하게 생각하고 있읍니다. 영국인과 인도인 관리들은 세계에서 가장 우수한 제도를 실행하고 있으며, 따라서 인도는 느린 감은 있지만 진보의 길을 걷고 있다는 것을 정직하게 믿고 있음이 좋을 것입니다. 그러나 그들은 공포정치(恐怖政治)라는 미묘하고도 효과적인 제도가 한편으로 조직적인 힘을 발휘하고 다른 한편으로는 복수, 즉 자기방위(自己防衛)의 힘을 박탈하므로써 국민으로 하여금 거세(去勢)하게 되어 거짓 태도를 갖게 하는 습관을 자아내게 하는 줄 모르고 있읍니다. 이 무서운 습관이 인도의 무지 몽매와 겹친 나, 제군의 자기기만에 덮혀 있는 것입니다.

나는 다행히도 1124조에 의하여 고발당하였읍니다. 이 조항은 모르기는 하지만 시민의 자유를 억압하기 위하여 기도된 인도 형법의 정치적 부문 중에서도 왕좌(王座)를 저지하는 것입니다. 애정은 법률의 힘으로 만들어지거나 규정지어지는 것이 아닙니다. 만약 사람이 한 개인에 대해서 또는 어느 제도에 애정을 갖지 않는 경우에 그가 폭설을 생각하거나 시사하거나 장려하지 않는 한 그에게 자유를 주어 그가 무슨 까닭으로 이반(離反)하였는가를 설명하도록 해야 할 것입니다. 그러나 나를 고발한 조항은 이 이반의 장려, 즉 죄악이라고 규정하였읍니다. 나는 이 조항에 의하여 재판 받는 사건 가운데 어느 것을 검토하여 본 바 있읍니다. 그리하여 나는 인도의 애국자로서 가장 존경을 받는 사람들이 이에 의하여 유죄판결을 받은 일을 알고 있읍니다. 그런 까닭에 나도 똑같이 이 조항에 의하여 고발되었다고 생각합니다.

나는 대략 나의 이반 이유를 말하였읍니다. 나는 어느 행정관에게도 개인적 악의는 가지지 않았읍니다. 하물며 영제국의 인격에 이반할 생각을 가지겠읍니까? 그러나 한 정부가 어떠한 전 제도(前制度)보다도 이상가는 해독을 인도에 끼친다면 나는 그것으로부터 이반하는 것이 미덕이라고 확신합니다.

인도는 영국통치에 있으면서 전 시대(前時代)보다 늠름한 모습을 잃었읍니다. 이러한 견지에서 나는 현 제도에 애정을 갖는다는 것은 한 죄악이라고 생각하지 않을 수 없읍니다. 그러므로 내가 지금 증거물이 되어서 제 문장 속에 의견을 기록할 수 있게 되었다는 것은 나에게는 귀중한 내 자신의 특전이었던 것입니다.

실제로 나는 비협력을 설파하여 영·인 양국에 대하여 오늘날의 이 부자연스러운 상태에서 벗어날 길을 지시한 것이 그들을 위하여 도움이 되었다고 믿는 바입니다. 악에 대한 비협력은 선에 대한 협력과 똑같은 인간의 의무입니다. 과거에 있어서 비협력은 고의로 폭력으로써 악자(惡者)에 대항하였읍니다. 그러나 내가 동포들에게 보이려고 노력하고 있는 것은 폭력적 비협력은 다만 악덕(惡德)을 조장할 뿐이라는 것, 그러므로 악덕은 오직 폭력에 의하여 지시되는 까닭에 이 악덕에 대한 지시를 피하려면 폭력에 대한 절대적인 자제심

(自制心)을 요한다는 것입니다.

비폭력은 악덕에 대한 비협력이라는 형벌의 자발적 복종을 의미하는 것입니다. 그러므로 나는 법률상 고의적 범죄이며 더구나 이것은 나에게는 시민의 최고 의무입니다. 이에 대하여 귀하가 나에게 내릴 수 있는 최고 형벌에 나는 기꺼이 복종하려 합니다.

재판장이여 ! 귀하가 취할 길은 오직 하나뿐입니다. 만약 귀하가 맡고 있는 법률이 악이고 내가 실제로 무죄라고 생각된다면 귀하는 모름지기 그 적을 내던지고 귀하 자신부터 악에서 벗어나야 할 것입니다. 또한 만약 귀하가 실행하고 있는 제도와 법률이 우리 인도 국민에게 선량한 것이고 나의 활동이 국민 공통복리(國民共通福利)에 유해한 것이라고 생각한다면 귀하는 모름지기 나에게 엄한 중형을 내려야 할 것입니다.

노병은 결코 죽지 않는다

맥아더

미국 군인 육군원사, 1903년 육군대학 졸업, 육군사관학교장, 육군참모총장, 1941년 미 극동군사령관으로 복무중 태평양전쟁이 일어나 연합군 총사령관이 되었고, 전반 미조리 호상에서 일본 항복 조인식을 거행하였으며, 한국전쟁에 공을 세우고 1951년 4월에 해임되었다.

대통령 각하, 국회의장, 국회의원 여러분! 나는 지금 깊이 겸허한 마음과 자랑스러운 생각을 가지고 이 연단에 섰습니다. 나보다 이전에 이 자리에서 연설을 하던 우리 나라의 위대한 연설자들의 말없는 압력을 느끼는지라 자연히 겸허한 생각이 나고, 또 이 입법은 인류가 오늘날까지 창안해 낸 것 가운데 가장 순수한 형식으로서 인간의 자유를 대표한다는 것을 반성한지라 자연히 자랑스런 생각이 떠오릅니다.

온 인류의 희망과 포부와 신념이 오늘 이 자리에 집중되어 있습니다. 나는 오늘 어떠한 당파적 목적을 옹호하기 위해서 이 자리에 나와 있는 것은 아닙니다. 왜냐하면 문제인즉 근본적이요 따라서 당파적인 고료의 범위를 훨씬 초월한 것이기 때문입니다. 앞으로 우리의 방법이 건전해지고 우리의 장래가 보호되면 이 문제는 국가이익의 최고수준에서 해결되어야 합니다.

그러므로 내가 앞으로 말씀드리는 것은 단순한 한 사람의 동포 미국인이 깊이 고려해 온 그 견해를 표명하는 것이라고 여러분께서 공정하게 받아 주실 것을 믿습니다. 나는 지금 저물어가는 인생의 황혼

기를 맞이하여 아무런 원한도 미움도 없이 오로지 나라를 위해 봉사하겠다는 오직 한 가지 의도 밑에서 여러분에게 말씀드리는 것입니다. (박수 소리) 문제는 세계적이며 또 지극히 착잡하기 때문에 한 지역을 잊고 다른 지역 문제만을 생각한다면 그것은 필경 전체적인 염화를 끌어오게 될 것입니다.

혼히 사람들이 말하기를 아시아는 유럽의 관문이라 하지만, 유럽이 아시아의 관문이라는 것도 역시 진리입니다. 그런지라 한 지역에 나타나는 거대한 힘은 필연코 다른 지역에 대해서도 큰 영향을 주기 마련입니다. 우리의 실력은 세계의 실력을 방위하기에는 부족하며 따라서 우리의 노력을 분할할 수는 없다고 말하는 사람이 있읍니다. 나는 보다 더 큰 패전주의의 표현을 생각해 낼 수가 없읍니다. (박수 소리)

가령 우리의 가상의 적이 그 노력을 양면으로 분할할 수가 있다고 한다면 우리는 응당 그 노력에 대항하여야 합니다. 공산당의 위협이라는 것은 한 지역에 있어서 성공적인 진출을 보게 되면 그것은 다른 지역에 대해서도 파괴의 위협이 됩니다. 아시아 공산주의에 대해서 유화하거나 또는 굴복하면 그와 동시에 그 유럽진출을 막아내려는 우리의 노력은 필연코 내면적으로 무너질 수밖에 없을 것입니다. (박수 소리) 이와 같은 너무나 뻔한 일반론에 대하여는 이만 해두고 나는 나의 논술을 아시아 선 지역에 국한시키려 합니다.

우리가 아시아의 현상을 구체적으로 검토하기 전에 우리는 아시아의 과거와 또 현재까지 지내온 혁명적인 변화를 약간 이해하지 않으면 안됩니다.

소위 식민지 강국들에게 오랫 동안 착취를 당하며 사회의 정의라든지 개인의 존엄성이라든지 생활표준의 향상 같은 것을 전혀 이루어 볼 기회를 갖지 못하였던 아시아 주민들은, 지난번 전쟁에서 이 식민지 통치의 질곡을 벗어날 기회를 가졌고 전에 느껴보지 못한 개인의 존엄성과 정치적 자유의 새로운 기회의 여명을 지금 보게 된 것입니다.

세계 인구의 절반을 차지하고 자연자원의 60%를 보유하고 있는 이 주민들은 도덕과 물질의 양면에 있어서 새 세력을 급속히 결성하고 있읍니다. 그들은 이 힘으로써 그들의 생활 표준을 향상시키며 현대적 진보의 모든 설계를 자신들의 독특한 문화적 환경에다가 적응시키려 노력하고 있읍니다. 우리가 아직도 식민지의 개념을 고집하거나 안하거나 간에 이것이 오늘의 아시아가 걸어가는 방향이며, 그런지라 그 앞길을 막아낼 수는 도저히 없는 것입니다. 그것은 세계문제의 모든 초점이고 발상지로 돌아감에 따라 세계 경제의 경계선이 이동해 간다는 데서 생긴 결과인 것입니다.

이러한 정세 밑에서 우리 나라는 식민지 정치시대가 이미 지났고 아시아 주민들은 그들 자신의 자유로운 운명을 형성할 권리를 갈망하고 있다는 현실에 대하여 맹목적인 방향을 취하는 것보다는, 도리어 기본적인 이 진화 일치되는 정책을 채택하는 것이 근본적으로 필요하게 됩니다.

그들이 지금 바라고 있는 것은 우호적인 지도와 이해와 원조이지 결코 거만스러운 지휘는 아니며, 또 평등의 존엄성이지 결코 예속의 치욕은 아닙니다. (박수 소리)

원래 말할 수 없도록 저열하던 그들의 전전(戰前) 생활수준은 전후에 나타난 황폐로 말미암아 지금 무한히 더 얕아졌읍니다. 세계의 이데올로기는 아시아 사람들의 두뇌 속에서는 큰 구실을 하지 못하며 또 별로 이해되고도 있지 아니합니다. 그 주민들이 지금 노력하고 있는 것은 좀더 배불리 먹고 좀더 따뜻하게 입고 튼튼한 집을 쓰고 살 수 있는 기회와 정치적 연유를 획득하려 하는 정상적인 민족적 갈망의 실현을 위해서입니다. 이와 같은 정치적 사회적 상태는 우리 자신의 국방에 있어서는 다만 간접적인 관계를 가질 뿐입니다. 그러나 그것은 만약 우리가 비현실적인 구렁에 빠지는 것을 회피하려면 철저히 고려해 두어야 할 오늘의 설계의 한 배경이 되는 것입니다.

우리의 국방에 있어 좀더 직접적인 관계를 가지는 문제는 지난번 전쟁 도중 태평양의 전략적 가치에 나타난 여러 가지 변화입니다. 제

2차 세계대전 이전에 있어서 전략적 성계선은 남북 아메리카의 해안선에다 다소 외적에 폭로되어 있는 섬들로서 구성되는 돌출부(突出部)를 가한 것이었는데, 돌출부는 하와이 미드웨이 댐을 경유하여 필리핀에 이르고 있었읍니다. 그런데 이 돌출부는 강력한 전소진지가 못 되고 도리어 적군이 그쪽으로 공격해 올 수 있었으며, 또 사실에 있어 공격해 온 바 통로가 되고 말았읍니다. 태평양은 그 주변 지역에 대하여 공격을 가하려고 열중하는 여하한 약탈적인 군대일지라도 용이하게 침입해 올 수 있는 한 가상진공지대였읍니다.

이러한 시대는 우리의 태평양 전쟁의 승리로 인해서 일변하고 말았읍니다. 그때 우리의 전략적인 경계선은 이동하여 태평양 전체를 품안에 넣게 되었고, 현재에 있어서 그것은 우리가 잘 지키기만 한다면 우리를 능히 보호해 줄 만한 넓고 넓은 호수로 되어 있읍니다. 실로 그것은 남북아메리카의 모든 나라와 태평양 지역의 모든 자유국가들을 위해서 보호적인 방패가 됩니다. 우리는 아류산 열도로부터 마리안나 군도에 이르기까지 커다란 강선을 그리며 깔려 있는 일련의 섬들로 말미암아 아세아의 각 해안선에 이르기까지 태평양을 완전히 지배하고 있읍니다. 우리는 이 도맥을 기지로 삼아 해공군으로써 블라디보스톡으로부터 싱가폴에 이르기까지의 모든 아시아 항구를 지배할 수가 있으며 침입해 오는 여하한 적국일지라도 이를 방위할 수가 있읍니다.

어떤 약탈적 군대가 아세아로부터 침입해 올지라도 그는 수륙협동작전을 하지 않아서는 안 될 것입니다. 또 여하한 수륙협동작전도 제해권과 그를 원호해 줄 만한 제공전 없이는 성공할 수가 없는 것입니다. 제해권과 제공권, 그리고 각 기지를 방어할 약간의 지상 부대만 있다면 아시아로부터 우리를 향하여 또는 태평양에 있는 우리 우방들을 향하여 쳐들어오는 여하한 대공격일지라도 그것은 처음부터 실패할 운명을 짊어지게 될 것입니다. 이러한 상태 아래서 태평양은 앞으로 있을 수 있는 여하한 침략자를 위해서도 이미 위협적인 접근로는 못 됩니다.

그리고 반대로 태평양은 평화적인 호수의 우호적인 용모를 띠고 있습니다. 우리의 방어선은 천연적인 것이며 최소한도의 군사적 노력과 군비로서 능히 유지할 수 있는 것입니다. 앞으로 어느 나라에 대해서나 적군이 태평양을 진공해 올 것을 상상할 수는 없으며, 또 태평양은 여하한 공격작전에 대해서나 본질적인 보호를 제공하지 않습니다. 우리가 적당히 유지만 한다면 그것은 절대로 불패(不敗)의 방어전이 될 것입니다. 서태평양의 해안선을 보위하느냐 못하느냐 하는 것은 그 중에 포함되는 모든 부분을 완전히 보전하는 데 달려 있습니다. 어째서 그러느냐 하면 만약 비우호적인 어떤 나라가 방어선 일부분을 깨뜨리게 되면 그로 인하여 적의 심한 공격을 받게 될 것이니까 말입니다. 이러한 군사적 평가에 대해서 의의를 제출하는 군사지도자들을 나는 아직 발견치 못하였읍니다. (박수 소리)

그러한 까닭으로 나는 여하한 일이 있더라도 대만이 공산당 지배하에 들어가서는 안 된다는 것을 군사적 문제로서 과거 강력히 건의한 바 있었읍니다. 만약에 그와 같은 사태가 벌어진다면 그것은 당장 필리핀의 자유를 위협하게 될 것이며, 일본을 상실케 될 것이며, 결국은 우리의 서부방어선을 캘리포니아, 오레곤, 위싱톤 주의 연안까지 다시 축소케 되는 것입니다.

현재 중국 본토에 나타나 있는 여러 가지 변화를 이해하려면 우리는 최근 50년 동안 중국의 성격과 문화에 나타난 변화를 이해하여야 합니다.

50년 전까지 중국은 비동질적인 사회로서 수 개의 집단으로 분재되어 있었읍니다. 그들은 아직도 평화적 문화에 대한 교육적 이상의 교리를 지키고 있었기 때문에 전쟁을 일삼는 경향은 전혀 없었다고 해도 과언이 아닙니다.

장작림 정권 밑에서 중국사회를 좀더 큰 동족사회로 건설하려는 노력은 민족주의적 갈망의 발족을 이루게 되었읍니다. 이와 같은 경향은 장개석 영도하에 좀더 철저하게 좀더 성공적으로 발전되었읍니다. 그러나 그것은 현 공산당정권 밑에서 최대의 성과를 보게 되었으며 그 결과로서 나날이 심하여져 가는 침략적 경향을 가지고 통일적 민족주의의 성격을 띠게 되었읍니다.

최근 50년 동안에 한민족은 이렇게 그들의 개념과 이상에 있어서 국군화되었읍니다. 그들은 현재 유능한 참모의 지휘관을 가진 우수한 군대를 편성하고 있읍니다. 이것은 아시아 내의 새로운 지배적 세력을 만들어 냈으며 그 세력은 자기 자신의 목적을 달성키 위하여 소련과 동맹을 맺었으나 그 자체의 개념과 방법을 가지고 마침내 침략적 제국주의의 색채를 띠게 되었고, 이와 같은 형태의 제국주의에 으레 따르는 영토확장과 권력증대에 대한 욕망을 나타내게 되었읍니다.

중국 성격 속에는 좌우를 막론하고 이데올로기적인 개념은 별반 없읍니다. 생활 수준이 그처럼 얕고 자본축적이 전쟁으로 인하여 그처럼 탕진되었기 때문에, 일반 대중은 절망에 빠졌으며 참담한 핍박을 완화시켜 줄 것을 약속해 주는 듯 싶은 지도자라면 그 누구를 가리지 않고 열심히 따르도록 되어 있읍니다.

북한에 대한 중공의 원조는 압도적인 것일 거라고 나는 처음부터 믿어 왔읍니다. 그들의 이해는 현재에 있어서 소련의 그것과 일치합니다. 그러나 최근 비단 한국에 있어서 뿐만 아니라 인도지방에서도 명백히 나타나고 있고 또 잠재적으로 남방을 지향하고 있는 그들의 침략성은 역사가 생신 이래로 모든 사칭 성복사 속에서 날뛰고 있던 바와 같이 영토확장과 권력증대에 대한 욕망을 반영하고 있다고 나는 믿습니다. (박수 소리)

전쟁 이래로 일본 국민은 현대 역사에 기록된 것 중 가장 큰 개혁을 치루고 있읍니다. 가상한 의지력과 무엇이든 배우려 하는 열심과 현저한 이해력을 가지고 그들은 전후의 잿더미로부터 개인의 역사와 존엄성을 위주로 하는 전당을 일본 안에다 건설하였읍니다.

그리고 그 뒤에 나타난 과정 중에서 진실로 정치적 도덕과 경제기업의 자유화 및 사회주의를 공약하는 허다한 자유국가들과 어깨를 견주어 나가고 있으며, 앞으로 다시는 세계적 신뢰에 어긋나지 않을 것입니다. 일본이 앞으로 아시아의 사건 진전에 대하여 심대한 호영향(好影響)을 발휘하는 데 있어서 가히 기대할만하다 하는 것은, 그 국민이 최근에 난발을 회피하고 외부로부터 밀려들어와 그들을 둘러싸고 있는 여러 가지 혼란과 불안을 극복하며 전진을 한 걸음도 멈추지 않고 국내에 있는 공산주의를 막아내던 그 찬란한 처사로서 충분히 증명되는 것입니다.

나는 일본군 점령군 사개 사단을 모조리 한국 전선에 파견할 때 그 진공상태로 인해 일본에 생겨날 결과에 대해서는 조그마한 불안감도 없이 일을 처리해 나갈 수 있었던 것입니다. 그 결과는 나의 신념을 충분히 입증해 주었읍니다. (박수 소리) 나는 이렇게 정숙하고 질서 있고 부지런한 백성을 본 적이 없으며 앞으로 인류 발전상 건설적인 공헌에 있어서 이 이상 더 우리에게 높은 희망을 가지게 해 줄 민족은 없을 것입니다.

우리의 전의 보호국인 필리핀에 대해서 말한다면 현재의 그 불안은 앞으로 시정될 것이며 전쟁 끝에 나타나는 좀더 장구한 고난 속에서 강력하고도 건강한 나라가 자라나리라는 것을 기대할 수 있읍니다. 우리는 인내력과 이해를 가져야 하며 과거 우리가 곤란할 때에 그들이 우리의 기대에 어긋나지 않았던 것과 마찬가지로 우리도 그들의 기대에 어긋나서는 안 될 것입니다. (박수 소리)

기독교 국민인 필리핀 국민은 극동에 있어서 이 기독교의 일류보루로 서 있으며 앞으로 아세아에 있어서 도덕적으로 지도해 나갈 그 능력은 참으로 무한한 것입니다.

대만에 관하여 말한다면 세상의 악평가들은 중국에 대한 중화민국 정부의 지배권을 내면적으로 무너뜨렸으나 그 정부는 그 악평의 대부분을 실지 행동으로써 반박할 기회를 이미 가졌읍니다. 대만 주민은 공정하고 개화적인 정치를 받고 있으며 그 결과로서 정부 각기관에는 다수대표제도를 보게 되었읍니다. 그리고 정치적, 경제적, 사회적으로 그들의 건전하고도 건설적인 노선을 좇아 진보하고 있는 듯 보입니다.

둘째의 각지역의 동찰을 간단하게나마 마치고 이제 화제를 한국전쟁으로 옮기겠읍니다. 대통령이 대한 민국을 원조하기 위하여 전투에 참가하기 전 나는 전혀 의논을 받지 않았으나 그것은 군사적 입장으로 보아서 건실한 결정이었다는 것이 증명되었읍니다. (박수 소리) 우리가 그 침략자를 격퇴하고 그 군대를 궤멸시켰을 때에 또 한번 그 결정은 건실한 결정이었다는 것이 증명되었읍니다.

그런데 그때 중공군이 숫자적으로 우수한 군대를 가지고 뛰어들어 왔읍니다. 이것이 새로운 전쟁과 아울러 새로운 사태를 만들어 냈읍니다. 이 사태는 우리가 북한 침략자에 대해서 우리 군대를 파견했을 때에는 전혀 예상조차 못하였던 것입니다. 따라서 외교계로서는 현실주의적 침략 수정을 허가하도록 새로운 결정을 지을 것을 요청하게 되었읍니다. (박수 소리)

똑똑한 정신을 가진 사람이라면 우리의 지상군을 중국본토에까지 파견할 것을 우기는 사람은 없을 것이며, 사실에 있어서 우리의 정치적 목표가 과거의 적을 타도한 것과 마찬가지로, 현재의 새로운 적을 타도하는데 있어서는 우리의 작전 계획을 근본적으로 변경할 것을 절실히 요구하는 새로운 사태였읍니다. (박수 소리)

압록강 이북에서 적군에게 허용되어 있는 은신처의 보유를 무력화하는 것이 군사적으로 필요하다고 나는 보았지만, 그것은 차치하고 나는 전쟁 수행상 다음과 같은 조처가 군사적으로 또 필요하다고 생각합니다.

① 중국에 대하여 경제봉쇄를 강화할 것.
② 중국 연안에 대하여 해안봉쇄를 실시할 것.
③ 중국 연안 지역과 만주의 공중정찰에 대한 제한을 해제할 것.
④ 대만에 있어서 중화민국 군대에 대한 제한을 해제하는 동시에 중국본토에 대한 그들의 효과적인 작전을 돕기 위하여 병점적 원조를 해 줄 것. (박수 소리)

〈중략〉

세계 스피치 명언·명구

■ 편저자 / 강　태　정
■ 발행자 / 남　　　용
■ 발행소 / 一信書籍出版社

주소 : 121-110 서울 마포구 신수동 177-3
등록 : 1969. 9. 12. NO. 10-70
전화 : 영업부 703-3001~6
　　　 편집부 703-3007~8
　　　 FAX 703-3009